中国主要木质林产品
虚拟水测算和虚拟水贸易研究

STUDY ON THE VIRTUAL WATER CONTENT
AND VIRTUAL WATER TRADE OF CHINA'S MAIN WOODY FOREST PRODUCTS

◎ 田明华　高秋杰　刘　诚　等 著

中国林业出版社

图书在版编目（CIP）数据

中国主要木质林产品虚拟水测算和虚拟水贸易研究 ／田明华，高秋杰，刘诚等著 .
－北京 ：中国林业出版社 ，2012.5
北京林业大学经济管理学院"英才计划"出版工程
ISBN 978－7－5038－6521－3

Ⅰ．①中… Ⅱ．①田… ②高… ③刘… Ⅲ．①林产品－含水量－国际贸易－研究－中国
Ⅳ．① F752.652.4

中国版本图书馆 CIP 数据核字（2012）第 052949 号

主要作者 田明华 高秋杰 刘 诚
参编人员（以拼音为序）：

安宝利 陈建成 程宝栋 胡明形 李红勋 彭爱军 宋维明 王富炜
王红缨 王自力 吴红梅 杨秀英 印中华 张卫民 张 元 赵玉荣

出 版 中国林业出版社（100009 北京西城区刘海胡同 7 号）
http://lycb.forestry.gov.cn
E-mail:forestbook@163.com 电话：(010)83222880
发 行 中国林业出版社
印 刷 北京北林印刷厂
版 次 2012 年 5 月第 1 版
印 次 2012 年 5 月第 1 次
开 本 787mm×960mm 1/16
字 数 230 千字
印 张 11.75
印 数 1 ～ 1000 册
定 价 48.00 元

北京林业大学经济管理学院
"英才计划"出版工程

■ 编委会

出版说明
Publication Introduction

　　为加强学院科研团队建设，培养经济管理青年英才，扩大学院学术交流和学术影响，产出高水平标志性成果，促进学院重点学科与基础学科的协调发展，全面提升学院整体学术竞争力和影响力，北京林业大学经济管理学院制定了"英才计划"，该计划由"创新团队工程"、"出版工程"、"奖励工程"和"论坛工程"四个建设项目组成。

　　"英才计划"出版工程是对学院教师完成的，以农林经济管理学科领域为主、包括学院其他学科领域中的具有重要理论意义或重大应用价值及前景，或具有独到见解或新颖体系，对科学发展有重要作用的专著出版提供资助，目的是鼓励学术创新、传播学术思想、加强学术交流、繁荣学术研究、促进学术研究更好地服务社会。

　　"英才计划"出版工程得到了北京东方园林股份有限公司副总经理梁明武、湖南省汨罗市长江铜业有限公司董事长余方然以及中国林业出版社的大力支持，特此鸣谢！

　　School of Economics and Management(SEM) of Beijing Forestry University (BFU) launched Cultivating Talents Programs including Innovation Team Project, Publication Program, Award Program and Forum Project, which aims to enhance the research team of school, to cultivate young faculties in economics and management to output high level benchmark achievement.

　　Cultivating Talents Program-Publication Program provide support to manuscript with significance or critical application value or prospective, or with original idea or innovative system mainly agro-forestry economics and management field and other fields completed by school faculty members

　　Publication Program acknowledge the great support of Mr. Liang Mingwu (Vice president of Beijing Oriental Garden Shares Co. Ltd), Mr. Yu Fangran (Chairman of Changjiang Copper Product Co. Ltd in Miluo city) and China Forestry Publishing House.

北京林业大学经济管理学院
"英才计划"出版工程编委会
2011 年 5 月 10 日

序 言

多年来，北京林业大学经济管理学院以建设和培育国家重点学科——林业经济管理学科为目标，抢抓机遇，深化改革，瞄准学科发展前沿，凝聚全院师生智慧，激发一切可利用资源的活力，团结一致，与时俱进，精思厚德，以人为本，科学发展，敢为人先，在教学、科研、人才培养和社会服务诸方面取得了显著进步。仅 2010 年，学院在高层次科研项目数量、科研经费总量、高质量学术论文数量、学生获奖层次、本科教学质量评价、专业学位建设等 6 方面实现突破，创学院历史最好成绩。2010 年学院获得国家自然基金、国家社科基金和教育部人文社科基金等国家级课题 7 项；被 SCI、EI 和 ISTP 三大检索系统检索的论文共 33 篇；学院教师获全校理论课教学质量评价第一名；学院学生获"全国先进班集体"称号和 58 项省级以上学科竞赛奖；学院新增工商管理硕士（MBA）、应用统计硕士、会计硕士、国际商务硕士四个专业硕士学位授权学科点。这些成绩的取得，为学院的改革和发展奠定了良好的基础。

为了进一步推动学院在"十二五"期间快速发展，从 2010 年起，学院计划用五年时间，在全院推进"英才计划"建设项目。该计划包括"创新团队工程"、"出版工程"、"奖励工程"和"论坛工程"四个建设工程。"创新团队工程"旨在林业经济管理重点学科和其他具有优势和潜力的学科领域，以突出重点团队建设及领军人才培养、突出高水平标志性成果产出为原则，组建学术研究团队，择优提供研究费用资助。"出版工程"旨在鼓励学术创新、传播学术思想、扩大学术影响，资助学院教师多出具有影响力的学术专著。"奖励工程"旨在引导和激励教师申报高层次科研项目、产出高水平学术成果，鼓励教师关心学院发展、积极投身学院教学和科研工作，对在科研、教学和学院发展中取得突出成绩的教师进行奖励。"论坛工程"旨在营造学术氛围、加强学术交流、凝聚学术智慧、扩大学术视野、提倡学术创新，举办各种形式的学术论坛。

"出版工程"作为"英才计划"的重要组成部分，其实施范围在兼顾学院各学科领域的基础上，适当向林业经济管理学科领域倾斜。众所周知，林业经济管理学科在国家生态建设、低碳经济发展及现代林业体系构建中承担越来越重要的人才培养及科学研究责任。北京林业大学林业经济管理学科作为全国同类学科中唯一的国家重点培育学科，在林业经济理论研究方面长期积累，形

序 言

成具有中国特色的林业经济管理学术体系，在林业经济管理学科发展，以及参与国家林业重大问题、前沿和热点问题研究中发挥了积极作用。为促进学科发展，提升学科服务于社会发展的水平，北林林业经济管理学科正努力开展林业经济理论系统研究，以及林业经济重大问题的持续研究，尝试对中国林业经济发展进行理论与实践的梳理和总结，更好地为中国林业发展发挥理论指导作用。

"英才计划"出版工程项目将系统、全面地向社会介绍北林林业经济管理学科及相关学科领域最新的研究成果。主要涉及林业经济管理基础理论，林业经济重点和热点问题，国内外林业经济与政策比较，以及经济学、管理学和政策学最新研究成果在林业上的应用等方面。这些著作中既有青年教师在博士论文基础上形成的最新著作，也有教师最新科学研究成果。该出版工程不求研究内容及形式的系统性和完整性，更注重创新性及探索性；特别是对于新时期中国林业发展与社会经济可持续发展关系、林业在应对全球气候变化中的经济与生态环境政策、当前中国改革与发展中涉及林业与生态环境的关键经济政策问题的创新性研究给予高度重视。

这些著作大多是我校经管院中青年林业经济工作者的研究成果，在学术上可能还有不尽完善之处，一些问题在学术界可能也有不同观点，我以为，实施该出版工程的根本目的是繁荣中国林业经济管理研究，鼓励学术创新，勇于探索林业经济重大问题，更好地为中国林业经济发展服务，同时使有志于中国林业经济研究的广大中青年林业经济工作者有机会发表自己的成果，与学术界交流、沟通和争鸣，提升他们的学术水平，为中国林业发展奠定人才基础。

北京林业大学校长

宋维明

2011 年 5 月 16 日

Foreword

Over the years, School of Economics and Management (SEM) of Beijing Forestry University (BFU) has made a great progress with an aim of building and fostering the national key discipline - forestry economics and management. We seize the opportunity, deepen the reform, aiming at the development of frontier subjects and gather all the wisdom and inspire all available resources and energy of teachers and students. We realize a scientific development, going forward with the times and people-oriented in teaching, research, personnel training and social service. In 2010, SEM got a breakthrough of history because we got 7 major projects from National Natural Science Foundation project, the National Social Science Fund and the Ministry of Education, Humanities and Social Science Fund and other national projects. About 33 papers were cited by SCI,EI and ISTP, with students winning the National Advanced Course Collective and more than 58 provincial level of academic competition awards. Four new programs of graduate studies were approved including Master of Business Administration (MBA), Master of Applied Statistics, Master of Accounting, Master of International Business. All the above achievements have laid a good foundation for the reform and development of SEM.

In order to further promote the development of college in the Twelfth Five-Year Period, from 2010, the college plans to use five years to promote Cultivating Talents Programs. The plan includes Innovation Team Project , Publication Program , Award Program and Forum Project. Innovation Team Project aims to focus on economic management in forestry and other disciplines which have advantages and potentials to highlight the building of the key leader in team and personnel training, highlighting the high level output of the principle of the landmark achievements and provide funds to the formation of research teams in the selection of the best research. Publication Program is to encourage academic innovation, disseminate of academic thinking, and expand academic impact of SEM by funding the publication of academic achievements made by teachers. Award Project aims to guide and encourage the teachers to apply for high-level scientific research projects, and academic achievement of high level, encourage teachers to care about development of the institute by taking an active part in university teaching and research work . Forum Project aims to create academic atmosphere, strengthen academic exchanges and combine academic intelligence by expanding academic horizons and holding various forms of academic forums.

Publication Program is an important part of Cultivating Talents Programs , which will put emphasis on economic management disciplines with the scope of all various disciplines in SEM. As we all know, forestry economics and management assumes an increasingly important responsibility for personnel training and scientific research in the national ecological construction, low-carbon economic development and construction of modern forestry system. Forestry economics and management of BFU, as the only nation greatly supported in all similar universities, has formed an academic system of the forestry economy with Chinese characteristics with long-term accumulation, and played an active role in the development of economic management disciplines and participation in national forestry major issues and hot issues of frontier. To promote academic development and enhance academic services to the community , economics and management disciplines of BFU are working to carry out systematic study on forestry economic system theory and continuous study on major forestry economics issues, trying to summarize and sort out the Chinese forestry economic development in both theory and practice to play a better role in guiding the development of forestry in China.

Publication Program will make a comprehensive introduction of the latest achievements in forestry economics and related disciplines to the society , including forestry management based on economic theory, economic priorities and hot issues in forestry, domestic and international comparison of forestry economics and policy, as well as economics, management and policy studies on the latest academic achievements in the forestry aspects of the application. All of these works include the latest work based on doctoral thesis of young teachers and the latest scientific research of teachers of SEM.

The publication does not seek a systematic integrity in the content and form, just to put more on innovative and exploratory research, particularly focuses on the relationship of forestry development in new period and sustainable economic and social development, including the global climate change in response to the economic and environmental policies, China's current reform and development related to forestry and ecological environment, etc.

These works are mostly works of young research workers in forest economics of SEM of BFU. They may not be quite complete and there may be different point of view in the academia, but our purposes are to make the research of forestry economics more prosperous, encourage academic innovation, the courage to explore major issues of forestry economy and better economic development of China's forestry services, which will give chances to young researchers in forestry economics to publish their achievements, and push the exchanges and communication and contention to improve their academic standards for laying a base of talents for forestry development in China.

President of Beijing Forestry University
Song Weiming
May 16, 2011

前　言

　　随着全球经济发展和人口剧增，水资源已逐渐成为影响世界发展的重要战略要素之一。1993 年，由英国伦敦大学 Tony Allan 教授提出并发展的虚拟水理论，为全球水资源平衡、提高水资源利用效率、缓解水资源短缺提供了新思想和新途径，引起了相关领域诸多学者和专家的广泛关注。中国是全球人均水资源量最贫乏的国家之一，水资源已越来越成为制约中国发展的重要因素。因此研究虚拟水理论和贸易、实施虚拟水战略对解决中国严重的缺水问题和促进中国国民经济的全面发展具有重要意义。国内外农产品领域的虚拟水相关研究比较成熟，农产品虚拟水量化研究也有比较完备的模型，但是，林产品作为特殊的水密集型产品，同时存在巨量的国际贸易，相关领域的虚拟水量化以及虚拟水贸易却鲜有研究。

　　木质林产品来自于森林，对木质林产品虚拟水的研究是建立在森林虚拟水研究基础之上的。本著作在分析森林与水之间关系的基础上，对森林虚拟水含义进行了界定，指出森林虚拟水是指生产"森林"时耗用的水资源量，提出森林虚拟水是一个累积的耗水量，要考虑森林的水源涵养作用。通过对森林虚拟水的构成分析，提出森林虚拟水主要是指森林生长过程中蒸发散作用耗费的水资源量，由土壤蒸发耗水量、林冠蒸发耗水量、林木蒸腾耗水量组成。本著作归纳总结了影响森林虚拟水的内外部因素，认为气候条件、地理环境条件、森林自身条件是影响森林虚拟水的三个方面，其中每个条件都包含许多因素。影响森林蒸发散的因素十分复杂，多种因素交织在一起，相互影响相互作用。限于数据缺乏，本著作在分析总结了森林蒸发散和森林蒸腾量的关系、不同树种森林蒸腾耗水量的特点基础上，采用替代法，用森林蒸腾耗水量来推算森林蒸发散耗水量，运用数学模拟方法以针叶林和阔叶林的代表性树种对针叶林和阔叶林两大森林类型进行森林虚拟水含量计算。本著作是首次提出森林虚拟水的定义和测度理论，并实际对森林虚拟水进行了测算。

　　本著作采用"生产树法"，对原木（包括针叶原木和阔叶原木）、锯材（包括针叶锯材和阔叶锯材）、木质人造板（包括单板、胶合板、刨花板和纤维板）以及以木材为原料的木浆、纸和纸板等主要木质林产品单位虚拟水含量进行了测算。木质林产品虚拟水的含量是由原料（木材及其他）包含的虚拟水量和林产品加工过程耗水量两部分组成,其中木材原料包含的虚拟水量占有绝大部分。林产品加工过程耗水量包括加工过程实际耗水量和能耗所含虚拟水量。研究结果显示:木浆单位产品虚拟水含量最高,在人造板中,胶合板单位产品虚拟水含量最高。总体来看,阔叶类林产品比针叶类林产品虚拟水含量高。由于中国制造木浆的主要原料是阔叶木,造成中国木浆以及由其加工形成的纸和纸板单位产品虚拟水含量远高于国外产单位产品虚拟水含量。总体来说,木质林产品属于水密集型产品,远高于农作物最终产品虚拟水含量。本著作是首次采用"生产树法"、从生产者角度对木质林产品单位虚拟水含量进行测算。

在主要木质林产品单位虚拟水含量值的基础上,本著作结合 2000~2010 年中国主要木质林产品的国际贸易量,计算了木质林产品国际贸易中的虚拟水贸易量,并从贸易规模、贸易结构和贸易平衡三个方面对中国木质林产品虚拟水贸易进行分析,确定了木质林产品虚拟水贸易在中国虚拟水贸易中的地位和对中国水资源利用的影响。并根据比较优势理论和虚拟水理论,结合世界及中国水资源状况,提出了中国木质林产品虚拟水战略:出口高附加值的低耗水型林产品,进口水密集型的林产品,以达到缓减中国水资源短缺、提高水资源利用效率的目的。本著作是首次研究中国木质林产品虚拟水贸易,并提出木质林产品虚拟水战略。

限于研究数据缺乏,研究问题复杂,本著作在森林虚拟水、木质林产品单位虚拟水含量测算中,采用替代、估计等方法,因此,存在一定的误差,仅供后来研究者参考。

著　者

2011 年 10 月 30 日

Preface

Water resources have been becoming one of the important strategic factors affecting world development. In 1993, Tony Allan, a professor in London University, put forward and expanded the virtual water theory. The virtual water theory provides new ideas and new ways to settle global water balance, to improve water use efficiency, and to ease water shortages. So it has attracted many scholars and experts wide attention in related fields. China is one of the poorest countries in the world from per capita water resources. So, it is important for solving China's water resources problems and improving the development of national economy to study virtual water trade theory and implementing virtual water strategy. The researches on the virtual water of agricultural products have been improved more, and the quantization of agricultural products virtual water content has a more complete model. However, forest products, as a water-intensive product with a huge amount of international trade, have few studies on virtual water quantization and virtual water trade.

Woody forest products come from forests, the virtual water study of woody forest products is based on the study of forest virtual water. Based on the study on the relationship between forests and water, this study defines the concept of the forest virtual water. It refers to the amount of water consumed in the production of forest, it is a cumulative water consumption. Through the composition analysis of forest virtual water, this study thinks that the forest virtual water refers to the amount of water consumed by the forest evapotranspiration during the forest growing, consisted from water consumption of soil evaporation, canopy evaporation and forest transpiration. This study summarized the internal and external factors impacting forest virtual water, thinks that the climatic conditions, geographical conditions, forest itself conditions are the three aspects of affecting forest virtual water, each of which conditions include many factors and they are intertwined and influence each other interactions. Limited to lack of data, based on analyzing and summarizing the relationship between forest transpiration and forest evapotranspiration, and the characteristics of water consumption in forest transpiration of different species, this study uses the alternative method, to calculate the amount water consumption of forest evapotranspiration with forest transpiration, to calculate the forest virtual water of coniferous forest and broad-leaved forest with representative tree species of them by mathematical modeling method. This study is the first to propose the definition and measure theory of forest virtual water, and put the calculation of forest virtual water into practice.

In this study,main woody forest products, including logs (including softwood and hardwood timber logs), lumber (including softwood lumber and hardwood lumber), wood-based panels (including veneer, plywood, particleboard and fiberboard) and pulp, paper and cardboard with wood as raw material, are estimated by production tree method. The virtual water of woody forest products are composed of the virtual water contained by raw materials (wood and other raw materials) and the water consumption in forest products processing. The virtual water contained by wood as raw materials occupies most of the virtual water. Water consumption in forest products processing include actual water consumption in forest products processing and the virtual water of energy consumption. The results showed: the virtual water content of wood pulp per unit of product is the highest, and in wood-based panels, the virtual water content of plywood per unit of product is highest. Overall, virtual water content of forest products with broadleaf wood as raw material is higher than ones with coniferous wood as raw material. Overall, woody forest products are water-intensive products, much higher than the crop virtual water content of the final product. This study is the first to measure the virtual water content of wood forest products per unit of product from the point of view of producer by production tree method.

Based on the virtual water content of the main woody forest products per unit of product, with combining China's international trade of main timber products from 2000 to 2010, this study calculates the virtual water trade in the international trade of main timber products, and analyzes it from three aspects as trade size, trade structure and trade balance, to know the position which the virtual water trade of China's woody forest products take up in China's virtual water trade and the impact on China's water use. And in accordance with the theory of comparative advantage and virtual water theory, combined with the world and China's water resources, this study proposes China's virtual water strategy of woody forest products. High value-added and low water-based forest products should be exported, water-intensive forest products should be imported. These will alleviate the shortage of water resources, to improve water use efficiency. This study is the first study of virtual water trade and the virtual water strategy in woody forest products in China.

Limited to the lack of research data and the complex issues, this study uses alternative and estimation methods to measure the virtual water content of woody forest products. So there is a certain error, the results only are the referenced by later researchers.

Author
October 30, 2011

目　录

出版说明

序　言

前　言

第1章　绪　论 ……………………………………………（1）

　　1.1　研究背景和研究意义 ………………………………（1）

　　1.2　国内外研究进展 ……………………………………（5）

　　1.3　研究范畴、研究内容、方法和技术路线 ……………（17）

　　1.4　小　结 ………………………………………………（20）

第2章　虚拟水理论和虚拟水的计算方法 ………………（23）

　　2.1　虚拟水研究的沿革 …………………………………（23）

　　2.2　虚拟水概念和内涵 …………………………………（24）

　　2.3　虚拟水的计算方法 …………………………………（29）

　　2.4　小　结 ………………………………………………（40）

第3章　森林虚拟水理论、测度方法与测算研究 ………（41）

　　3.1　森林与水的研究综述 ………………………………（41）

　　3.2　森林虚拟水的讨论 …………………………………（49）

　　3.3　森林虚拟水测度方法 ………………………………（58）

　　3.4　中国森林虚拟水的初步测算 ………………………（64）

　　3.5　小　结 ………………………………………………（76）

第4章　中国主要木质林产品单位虚拟水含量测算研究 …（77）

　　4.1　单位原木虚拟水含量的测算 ………………………（77）

　　4.2　单位锯材虚拟水含量的测算 ………………………（81）

　　4.3　单位人造板虚拟水含量的测算 ……………………（84）

　　4.4　单位纸浆和纸虚拟水含量的测算 …………………（96）

　　4.5　主要木质林产品单位产品虚拟水含量汇总与分析 …（116）

　　4.6　小　结 ………………………………………………（118）

第5章　中国主要木质林产品国际贸易中虚拟水贸易研究 …（120）

　　5.1　虚拟水进出口贸易量计算方法 ……………………（121）

5.2　中国主要木质林产品进出口贸易分析 ················ （122）

5.3　中国主要木质林产品虚拟水进出口贸易分析 ·········· （130）

5.4　小　结 ···························· （145）

第6章　研究结论与建议 ························ （146）

6.1　研究结论 ··························· （146）

6.2　研究建议 ··························· （149）

6.3　小　结 ··························· （156）

参考文献 ····························· （157）

Contents

Publication Introduction

Foreword

Preface

Chapter 1 Introduction ·· (1)

    1. 1 Background and significance ·································· (1)

    1. 2 Domestic and international research ······················ (5)

    1. 3 Scope of the study、research contents、methods and technology

           roadmap ·· (17)

    1. 4 Summary ·· (20)

Chapter 2 Virtual water theory and the calculation methods ··········· (23)

    2. 1 History of virtual water study ·························· (23)

    2. 2 Concept and content of virtual water ···················· (24)

    2. 3 Calculation methods of virtual water ···················· (29)

    2. 4 Summary ·· (40)

Chapter 3 Forest virtual water theory, measurement methods and

           calculation ·· (41)

    3. 1 Review of forest and water research ···················· (41)

    3. 2 Discussion about forest virtual water ·················· (49)

    3. 3 Measurement methods of forest virtual water ············ (58)

    3. 4 Preliminary estimates of China's forest virtual water ···· (64)

    3. 5 Summary ·· (76)

Chapter 4 Measurement of virtual water content of China's main woody

           forest products ·· (77)

    4. 1 Measurement of log's virtual water content ·············· (77)

    4. 2 Measurement of sawn timber's virtual water content ······ (81)

    4. 3 Measurement of wood – based panel's virtual water content ·········· (84)

    4. 4 Measurement of pulp and paper's virtual water content ·············· (96)

    4. 5 Summary and analysis of virtual water content of China's main woody

         forest products ··· (116)

    4. 6   Summary ··· (118)

Chapter 5   Virtual water trade of China's main woody forest products in
               international trade ··· (120)

    5. 1   Calculation methods of virtual water import and export trade
            ··· (121)

    5. 2   Analysis of China's main woody forest products import and export
            trade ·· (122)

    5. 3   Analysis of virtual water import and export trade of China's main woody
            forest products ··· (130)

    5. 4   Summary ··· (145)

Chapter 6   Conclusions and proposals ································· (146)

    6. 1   Research Conclusion ··· (146)

    6. 2   research proposals ·· (149)

    6. 3   Summary ··· (156)

Reference ·· (157)

第 1 章

绪 论

1.1 研究背景和研究意义

1.1.1 研究背景

1.1.1.1 研究的国际背景

水资源是构成自然生态环境的基本要素之一和重要组成部分，是维系自然界生命系统的源泉，也是人类生存和发展不可缺少的重要物质基础，是经济社会可持续发展的重要物质保障。随着经济社会的不断发展和人口的快速增长，生活、生产和生态的用水量必然会持续增加，水资源的供需矛盾日趋突出。全世界 26 个国家约 2.32 亿人口已经面临缺水，另有 4 亿人口用水速度超过水资源更新速度，世界上约有 1/5 人口得不到符合卫生标准的淡水（林洪孝，2003）。占世界人口 40% 的 80 个国家其淡水供应短缺已成为限制其经济社会发展的重要因素（杨培岭，2003）。

发展是人类社会永恒的主题，实现持续发展的物质基础——水资源及其环境却受到严峻的挑战，水资源短缺、水环境污染以及洪涝灾害严重威胁和制约着人类可持续发展的潜力，已经成为制约世界许多国家社会经济可持续发展的瓶颈之一。根据国际水资源管理学会的研究，2050 年世界总人口的 1/4 或发展中国家人口的 1/3，近 14 亿人将严重缺水；生活在干旱地区的 10 亿多人将面临极度缺水，将没有足够的水资源用于灌溉，以维持 1990 年的人均粮食产量水平，也不能满足生活、工业和环境对水资源的要求；约 3.48 亿多人面临严重的经济缺水（胡习邦，2007）。

因此，水资源安全问题不仅仅是资源环境问题，更是关系到世界各国经济、社会可持续发展的重大战略问题，直接关系到国家的安全，是影响国家安全的关键组成部分，建立水资源安全战略已经成为各国长远稳定发展的必然选择和重要战略问题。21 世纪水资源正在变成一种宝贵的稀缺资源，水资源危机已经成为全球关注的焦点问题。如何有效地解决水资源供需矛盾是当今世界亟待解决的重要战略问题。要解决这一问题，需要创新水资源问题的研究思路和观念，创新水资源管理机制和体制。

1.1.1.2　研究的国内背景

中国是一个严重缺水的国家，水资源安全形势十分严峻：全国水资源总量28124亿 m³，占全球水资源的6%，仅次于巴西、俄罗斯和加拿大，居世界第4位，应该说水资源在总量上相对丰富，属于丰水国；但人均水资源仅为2200m³，（按1997年人口计算。据预测，到2030年，中国人口将增至16亿，人均水资源量将降到1760m³左右），是世界人均量的1/4，在世界上名列110位，是全球13个人均水资源最贫乏的国家之一（张志强等，2004）。全国有18个省份的人均水资源量低于可持续发展的人均占有量2000m³，有400多个城市缺水，其中严重缺水的城市有114个，首都北京严重缺水，被列入世界十大缺水城市之一。每年因缺水造成的直接经济损失达2000亿元，因缺水粮食减产700亿~800亿 t。

同时，中国的水资源供需矛盾不仅仅是表现在总量明显不足上，关键在于水资源的时空分布不均，区域性缺水和季节性缺水严重。另外，中国许多河流和城市的地下水受到不同程度的点状和面状污染，这不仅降低了水资源本身的性能，不利于居民的健康用水和生产用水，还大大缩减了本已稀缺的水资源可供使用的数量，从而造成水质性缺水。中国在水资源紧缺的同时，水资源利用方式粗放、用水效率不高、用水浪费等问题仍然十分突出。与国际先进水平相比，2005年中国每万美元GDP用水量为2500m³，约为世界平均水平的3倍，是国际先进水平的5~10倍；农田灌溉水有效利用系数为0.45，远低于以色列、法国等先进国家0.70以上的水平；2005年全国万元工业增加值用水量169m³，约为发达国家的5~10倍（国家发展和改革委员会等，2006）。由于持续干旱和水资源短缺，干旱半干旱地区国民经济用水挤占生态环境用水严重。据估算，北方地区近些年国民经济用水年平均挤占河道内生态环境需水达149亿 m³，全国不合理的地下水资源开采量达248亿 m³，造成部分河道断流、湖泊和湿地萎缩甚至消失、草原退化和沙化、地面下沉等生态环境问题。随着人口增加、经济社会持续发展，若不采取有效措施，加快节水和治污进程，提高水资源利用效率，改进水资源管理制度，将对中国的生态环境安全构成严重威胁（胡习邦，2007）。

近年来，中国缺水问题日趋严重。2009年下半年，中国西南地区雨量偏少，逐渐出现干旱；2010年春季，随着农业生产的开始，西南地区大规模干旱爆发，并且灾情日益加重。截止2010年3月30日，中国耕地受旱面积1.16亿亩，其中作物受旱9068万亩、重旱2851万亩、干枯1515万亩；有2425万人、1584万头大牲畜因旱饮水困难。根据《21世纪初中国农业发展战略》，中国农业发展的重要任务是，确保粮食生产稳定增长，满足市场需求，保障食物安全，解决农村小康社会建设问题。预计到 2030 年，中国的人口总量将分别达到 16 亿，粮食综合生产能力必须达到 6.5 亿 t 以上。为保证中国粮食作物总量的需求，2030 年全国有效灌溉面积应达到 9.5 亿亩，全国农业需水总量为 4634 亿 m³。根据《中国可持续发展水资源战略研究综合报告及各专题报告》，到 2030 年，农业可用水量为 4200 亿 m³。综上所述，到 2030 年，全国农业缺水量将达到 434 亿 m³。据预测，2030 年全国总需水量将近 10000 亿 m³，供需缺口达 4000 亿 ~ 4500 亿 m³，到 2050 年，全国将缺水 6000 亿 ~ 8000 亿 m³，水资源进一步开发的难度极大（王道龙等，2001）。

因此，水资源作为自然—社会—经济复合体最为敏感的限制性因子，已经成为限制中国社会经济发展的"瓶颈"。在社会经济系统中，因水资源的不合理分配，导致区域内部或区域之间一系列的社会、经济和政治矛盾的发生，危及到区域的社会稳定与经济发展，同时也限制了水资源社会经济效益的有效发挥。如何有效地解决水资源供需矛盾，实现水资源的均衡分配，解决水资源短缺问题已经成为中国亟待解决的重大问题。

1.1.1.3　研究新思路——虚拟水

水资源安全是国家安全的关键组成部分。水资源短缺是各国 21 世纪面临的最主要的社会经济和生态环境问题之一，成为制约社会经济发展和生态环境可持续发展的瓶颈。随着社会经济的发展，缺水矛盾将更加突出，维持水资源的可持续利用是各国可持续发展必须解决的一个重要战略问题。

传统上解决水资源短缺问题总是求助于工程和技术手段，而运用经济、管理和制度手段来解决水资源危机问题并未引起政策制定者和管理工作者的足够重视。传统上研究水资源问题更多地是从实体水出发，局限于本地实体水资源的利用，在问题发生的区域范围内寻求解决问题的方案，而忽略了伴随产品交易流动引起的水资源的隐形转移。如何衡量由产品交易引起的水资源的隐形转移，迫切需要一种合适的概念和工具，虚拟水正是为了满足这种需求而产生的。

1993 年，由英国伦敦大学 Tony Allan 教授提出的虚拟水理论，由于其新颖的研究视角与方法，在全球水资源问题的分析研究中具有独特的说服力和应用价值，引起了相关领域学者的广泛关注，使全球实现水资源合理、均衡地分配成为可能。

虚拟水是生产产品和服务过程中所需要的水资源数量。虚拟水为在更大的范围尺度上解决水资源短缺和分配，提高水资源配置的效率，提供了一种新的可能和手段。一个水资源短缺的国家或地区，可以通过进口在生产过程中需要消耗大量水的产品（水密集型的产品），出口生产过程中耗水少的产品（水稀疏型产品），可以间接地满足区域水资源需求，缓解本国或地区水资源的压力。随着全球经济一体化和地区经济合作的加深，区域经济系统的开放性不断增加，国家（地区）与国家（地区）之间虚拟水贸易被用作提高全球水利用效率和缺水地区获得水安全的一个重要途径。因此，虚拟水贸易为满足水资源紧缺地区的水资源需求"开源"，同时也为干旱区"节流"提供新的思路，是创新传统的水资源管理体制、解决干旱区水资源安全、粮食安全的有效战略工具，是实现水资源可持续发展的重要战略选择，也是实现区域水资源优化配置、提高用水效率的有效工具。

1.1.2　研究意义

自虚拟水概念提出以来，虚拟水理论研究已较为完备，但虚拟水贸易、虚拟水战略等实证研究大部分集中在农产品领域，并没有将虚拟水的实证研究推广到各个领域，如林产品领域。一方面是由于农业是世界上最大的水资源利用部门，农业用水达到全球用水的80%，各种农产品中实际蕴涵、"寄存"了大量的水资源。另一方面，其他产品如工业产品虚拟水含量计算过于复杂并且实际消耗的水资源数量一般较小通常忽略。这样导致目前虚拟水理论和量化方法的研究在对农作物产品虚拟水的计算方面较为成熟。虚拟水概念引入中国的时间比较短，国内的研究只是对国外研究结果的应用，多属于定性论述和概念介绍，定量的研究不多，而且也比较集中在农产品领域。因此，本研究欲将虚拟水贸易理论及虚拟水量化方法拓展到林产品领域。

首先，木质林产品是中国乃至世界上的重要的大宗国际贸易产品。2007年中国主要林产品进出口贸易总额为631.71亿美元，与2008年农产品的991.6亿美元相比，约为农产品的2/3左右，贸易规模比较大。2006年各类进口木质林产品折合原木17355.3万 m^3，进口对外依存度由2000年的38.3%上升至2006年的58.75%，进口木材资源在中国木材供给中成为主体。根据FAO统计数据，中国是第二大木质林产品进口国，仅次于美国，占世界木质林产品进口总额的10.4%。

其次，木质林产品是水密集型产品。木质林产品来自于森林。森林是面积最大、分布最广的陆地自然生态系统。森林具有巨大的蒸散作用。据研究，黄土高原刺槐、油松林地，刺槐林2、3、5、7、13年生刺槐的年需水量，分别为390.54mm、398.73mm、411.26mm、529.45mm、633.66mm；油松在17～19、19～20、25～28共3个龄级段油松的年耗水量，分别为538.05mm、543.25mm、540.15mm（马义虎，2005）。由于森林的生长周期长，成熟期、采伐期至少几年通常几十年乃至上百年，这样累积下来，单位面积成熟林的总需水量相当巨大。由此决定了由森林而来的木质林产品是水密集型产品。木质林产品水密度的研究目前几乎没有。这正是本研究要解决的问题。

第三，木质林产品虚拟水理论和测度方法完全不同于农产品。木质林产品具有其特殊性：①林产品来自于森林。森林具有巨大的蒸散作用，同时森林系统又是巨大的水源涵养系统：森林冠层可以对降雨进行再分配、森林的枯枝落叶层涵养水源、森林下层灌木与草本具有截流降水功能，通过各种生态过程，在森林系统中涵养大量水分，进而影响水分分配和运动过程，包括降雨、降雨截持、干流、蒸散、地表径流等。这与农作物产品基本作为耗水产品完全不同。②森林的生长周期长，成熟期、采伐期至少几年通常几十年乃至上百年，与农作物一年、一季成熟完全不同。③不同林龄、树种、林种、林相、地形的森林水作用具有很大差异。④不同于一般工业产品，林产品在加工过程中也需要消耗大量水资源，例如人造板、纸等，不同的加工工艺也有很大差别。

因此，林产品虚拟水的理论、测度方法与农作物产品等有很大的不同，需要专门进行理论探讨与方法研究。不同于以往农业产品和工业产品虚拟水的单独研究，林产品虚拟水研究横跨了农业产品和工业产品两个领域，林产品虚拟水研究开拓了虚拟水研究新的领域。

林产品作为特殊的水密集型产品，林产品贸易中蕴含了巨量的虚拟水贸易。通过调整林产品贸易政策，出口我国具有高效益水资源的林产品，进口我国没有足够水资源生产的林产品；通过对林产品虚拟水的测度，制定相关产业政策，调整我国森林布局和林产品生产区域分布，可以提高我国水资源的利用效率，缓解我国水资源严重短缺的问题。

林产品虚拟水研究拓展了解决水资源短缺问题的选择范围，开辟了林产品贸易研究新领域，有利于完善我国林业政策和水资源政策，对更好地运用两个市场、两种资源起到积极的指导作用，有效地减轻水资源紧张的压力，缓解经济发展与水资源短缺之间的矛盾。因此，具有较高的理论研究和实践意义。

1.2 国内外研究进展

1.2.1 国外研究进展

"虚拟水"是伦敦大学 Tony Allan 教授于 1993 年首次创造性的提出的。经过近 20 年的发展，国外的虚拟水研究相对而言已成果丰硕，当前其主要研究集中在以下几方面：

（1）产品虚拟水的量化研究。评价一种产品的虚拟水含量并不容易。由于不同产品生产流程不同，生产地点和时间、衡量的尺度（流域尺度或农田尺度）、生产方法和用水效率、中间产品用水量的计算方法等复杂程度不一，尤其是涉及加工产品和副产品时，产品虚拟水含量研究计算十分复杂，从当前国际上的研究情况来看，有些研究以生产地法计算虚拟水含量，有些以消费地的角度计算，有些以田间净用水量计算，有些则考虑了用水过程中的损失，因此测算的结果差别很大。已知的测算小麦、稻谷和玉米的虚拟水含量变化范围分别为 1160～2000m³/t，1400～3600m³/t，450～1900m³/t。国外比较成功的虚拟水含量的计算方法有两种，一种是 A. K. Chapagain，A. Y. Hoekstra（2003）建立的"生产树"法，另一种是 Zimmer and Renault（2003）基于对不同产品类型分区的计算方法。日本的 Taikan Oki，Shinjiro Kanae 等（2003）提出，将农作物生产过程中水资源蒸发考虑进去的"单位水资源需求"方法，他们在计算时考虑了水资源蒸发、作物可食用产出率、动物生命周期所需水资源等因素。A. K. Chapagain，A. Y. Hoekstra（2003 年）分析了荷兰的咖啡和茶的虚拟水的计算过程，估算出1995～1999 年期间荷兰咖啡和茶的虚拟水贸易量，还对牛的生长需要虚拟水量和牛产生的畜产品的虚拟水含量做了详细的定性描述，并给出了具体的计算方法和步骤。随着计量方法的成熟，虚拟水的标准化研究越来越普遍。Mr. Hllel（2000）指出虚拟水所包含的范围不能仅局限于粮食，它应该包括各种生产所需要的水。农作物的虚拟水量化已有相对成熟的计算体系，畜产品和工业品尚处于探索阶段。

（2）水足迹研究。水资源足迹由联合国教科文组织和荷兰国家公共健康与环境研究院（UNESCO-IHE）所属水资源教育研究所（Institute for water Education）的 A. Y. Hoekstra & P. Q. Hung 教授在 2002 年提出，同"生态足迹"（Ecological Foot Print）的含义相类似。他们认为：产品都包含虚拟水的观点告诉人们，消费某种产品会对水资源和环境造成某种影响，而人类所消费的所有商品和服务所包含的虚拟水总量，可以比较准确地衡量这种影响的程度。因此，任何已知人口（包括个人、城市、国家或全球）的水资源足迹是生产这些人口所消费的所有商品和服务所需要的水资源总量。它由已知人口国内水资源利用总量（WU-total domestic Water Use）与净虚拟水进口量（NVW-Net Virtual Water Import）相加而得到（Hoekstra and Hung，2002）。水资源足迹是向世人展示其生产和消费行为对水资源影响大小的重要工具。

与其他自然资源如土地资源相比，水资源领域鲜有评价资源利用和消费类型关系的研究，迄今为止水足迹的研究还非常少。Renault（2003）研究表明每个人每天需要 1m³ 水来维持生存，而以动物产品为主的生活方式每人每天则需要 10m³ 水，少量动物产品摄取的消费方式每人每天需要 2.5m³。以欧美为代表的大量摄取动物产品的消费方式平均每人每天要消耗 5m³ 的水。A. K. Chapagain，A. Y. Hoekstra（2004）估算了全球的水足迹情况，1995～2001 年间全球的水足迹是 74500 亿 m³/年，人均 1240m³/年。研究结果表明：各国的水资源足迹差别很大，如美国的水资源足迹是每人每年 2600m³；比利时和荷兰的水资源足迹是每人每年 2000m³；日本的水资源足迹是每人每年 1100m³，其中 60% 由来自国外进口的虚拟水满足；而中国的水资源足迹是每人每年 775m³，其中只有 3% 由来自国外进口的虚拟水满足(Hoekstra and Hung, 2003)。人均水足迹相对较高的国家有比利时和荷兰，人均水足迹中等的国家有日本、美国、墨西哥，人均水足迹相对较低的国家包括中国、印度和印度尼西亚等。各国水资源足迹出现差异的主要原因在于国民收入、气候、水资源和传统文化造成的饮食习惯不同。在一些水蒸发量较高的地区，农作物单位产量的耗水量会更高。工业产品的高消费也将提高一国的水足迹。倾向于消费肉类食品的国家会有更高的水足迹。如果世界各国都转向美国的饮食习惯，那么世界水资源足迹将提高 75%(Hoekstra, 2003)。

Hoekstra 和 Chapagain(2007)将半干旱国家摩洛哥和湿润国家荷兰作为估算对象，计算了两国的水足迹，显示摩洛哥和荷兰的虚拟水进口大于出口，两国对外水资源依赖度分别是 95% 和 14%。P. R. Vanolel 等(2008)估算荷兰的水足迹为人均每年 2300m³，是世界人均水平的两倍，其中 67% 涉及农产品，31% 用于工业产品消费，2% 为国内生活用水。

(3)全球虚拟水贸易量的计算。计算国家或地区间的虚拟水贸易量 2002 年才开始进行，一般采用贸易产品数量乘以单位商品的虚拟水含量来计算。一个国家或地区的净虚拟水进口贸易量是总的虚拟水进口减去总的虚拟水出口。荷兰国际水文和环境工程研究所(IHE)、联合国粮食及农业组织(FAO)与世界水资源理事会(WWC)联合以及日本研究小组三者分别进行的全球虚拟水贸易量计算，由于计量基础、计量方法、数据来源和所计算商品的数量不同，而存在一定的差异。由 A. YHoekstra、P. Q. Hung(2002, 2003)和 Chapagain、Hoekstra(2003)主持完成的 IHE 研究报告，以出口国产品的虚拟水含量为测算基础，计算的全球 1995～1999 年平均虚拟水贸易量为 1040 亿 m³，世界各国在全球虚拟水贸易中并不具有完全等同的地位。主要的虚拟水出口国为美国、加拿大、澳大利亚、阿根廷和泰国。而大量进口虚拟水的国家有日本、斯里兰卡、意大利、韩国以及荷兰。而由 Zimmer 和 Renault(2003)主持完成的 WWC-FAO 研究报告，以进口国产品的虚拟水含量为测算基础，所计算的全球 2000 年虚拟水贸易总量为 1340 亿 m³。由 Oki 等日本学者(2003)组成的专家组完成的研究报告，所计算的全球 2000 年虚拟水贸易总量为分别为 683 亿 m³ 和 1138 亿 m³，前者是以出口国产品的虚拟水含量为测算基础计算出的结果，后者是以进口国产品的虚拟水含量为测算基础计算出的结果，两者存在 455 亿 m³ 的差距。两者的差距从一定程度上显示：虚拟水贸易出口国生产商品的水资源利用效率要高于进口国，这也从很大程度上证明，虚拟水进口对进口国节约水资源、提高水资源利用效率、提高国家水安全和粮食安全的重要性(Hoekstra，2003)。

（4）虚拟水贸易节水量、虚拟水储量、水资源利用效率的研究。虚拟水概念的一个应用思路是从资源优化配置的角度出发，对于国家间进行的虚拟水贸易，如果生产国的水资源利用效率比消费国的高，虚拟水贸易实际上就节省了水资源。那么，生产某一种产品用水量较小的国家应该向生产这种产品用水量较大的国家出口这种产品，以达到优化水资源配置、节省水资源的目的。

通常情况下，生产地的水资源生产力比消费地的要高，这意味着用生产地计算的产品真实虚拟水含量一般要低于用消费地计算的产品虚拟水含量。Oki 等(2003)估算了因全球粮食贸易大约能为全球节水 $4.55 \times 10^{11} m^3/$年，占全球总用水量的 8%。Oki and Kanae(2004)、DeFraiture 等(2004)、A. K. Chapagain 等(2006)及 Yang 等(2006)的研究认为农产品的全球贸易为世界节省了水资源。A. K. Chapagain 等(2006)的估算结果显示：若进口国生产所有进口产品需消耗水资源16050 亿 $m^3/$年，而这些产品由出口国生产只需消耗水资源12530 亿 $m^3/$年，这样每年就为全球节省了水资源 3520 亿 m^3，这一节水量相当于每年全球农产品贸易总量的 28%，占全球农业用水的 6%。但是，这些研究都没有提到相关用水的机会成本问题。

当然，从优化水资源配置的角度来看，最佳的生产不仅要选择生产的地点，还要考虑生产的时间。例如，我们可以通过修建水库工程等手段来人为地控制水资源的时间分配，我们也可以通过贮存粮食等手段储存虚拟的水资源，而后者比用建造大坝的方式来调节水资源分配可能更为有效，对环境也会更为良好。据Renault(2003)测算全球范围内的农产品储备储存了 4600 亿 m^3 的虚拟水资源，这相当于实体水储存的77%，如再加上储备的糖、肉类和食用油则达到8300 亿 m^3，占世界虚拟水总量的14%。

（5）粮食安全与虚拟水战略研究。虚拟水以"虚拟"的形式蕴涵在产品当中，便于运输和储存的特点使产品贸易变成了一种缓解局部地区水资源短缺的有用工具。虚拟水概念最初以及最主要的应用思路是，贫水国可以通过进口水资源密集型产品(water-intensive products)，出口水资源稀缺型产品(water-extensive products)，来缓解本国水资源短缺的问题，即虚拟水战略。研究者们认为虚拟水战略可以帮助贫水国实现水资源与粮食的安全。因此，一个国家或地区能否应用虚拟水战略以及如何制定虚拟水战略下的应对措施和适应对策就成为虚拟水问题的研究重点。Dennis Wichelns(2000)以埃及为研究区域，阐述了虚拟水对获得粮食安全和国家其他目标的作用。Anton Earle(2001)分析计算了南非一些国家近年来农产品虚拟水进出口量的变化情况，阐述了虚拟水对南非粮食安全的作用。

Hong Yang, Alexander J. B. Zehnder(2002)对南部地中海的一些国家在水资源匮乏与粮食进口的关系上作了一定研究。J. A. Allan(2003)研究表明，中东地区仅2000年就进口了5000t粮食，每年通过实物贸易进口的虚拟水量相当于其所有淡水资源的25%左右，为国内节省了大量水资源，对中东地区的水安全与粮食安全发挥了巨大作用，J. A. Allan 甚至认为虚拟水贸易避免了争夺水资源的战争。中东和日本都属于水资源缺乏的地区，在虚拟水贸易中有意识地进口水资源密集型产品而出口水资源稀缺型产品，用较为"温和"的方式缓解了国内水资源的使用压力。

（6）各国实施虚拟水战略的实证分析。随着虚拟水概念的普及和研究的不断深入，各国研究者分别以某些国家或地区为研究区域，估算出各国或地区虚拟水的贸易量。主要有：

①中东北非地区是虚拟水贸易的巨大受益者。1970～2000年30年间，中东北非地区粮食进口每年以10%的速度递增，主要是从北美进口粮食。截止2000年，中东北非地区年均进口粮食 5×10^6t，农产品贸易达到总消费量的1/3，成为全球最大的农产品进口地区。其虚拟水贸易进口规模相当于尼罗河的年径流量，占该地区淡水资源总量的30%（Allan，2003）。Akacem认为，这种状况反映了该地区矿产资源的丰富，也说明了中东北非地区在解决人口粮食问题上的失败；Tony Allan(1997)认为，中东北非地区水资源短缺不单纯是自然禀赋原因，更取决于农业、政府和国际制度适应资源短缺的能力和采取的应对措施及寻求替代品的能力。该地区大规模的进口粮食是基于本地严重水赤字而做出的决定，通过全球贸易系统进口大量粮食，不但没有形成威胁，反而为解决日益加剧的水赤字提供了机遇。实践也证明中东北非地区是国际贸易的巨大受益者。

②日本是虚拟水净进口国。日本学者 Taikan Oki 在计算本国农、畜产品虚拟水含量的基础上估算了日本2000年虚拟水进口量（包括通过工业品进口的 $1.3 \times 10^9 m^3$）约为 $6.4 \times 10^{10} m^3$，其中88%来源于世界上最大的虚拟水出口国美国、澳大利业和加拿大，大于日本当年的灌溉饮用水 $5.9 \times 10^{10} m^3$，并且绝大多数进口主要是为了满足畜产品消费。因为70%的玉米、50%的大麦和几乎全部的大豆用于生产家畜饲料。值得一提的是，日本在虚拟水贸易中的逆差并不源于其水资源的短缺，而在于其国内有限的耕地面积（Oki et al，2003）。

③南部非洲发展共同体的虚拟水贸易。RichardMeissner研究表明，干旱是导致该地区粮食短缺的直接原因，各成员国（南非除外）都受到不同程度的影响。联合国粮农组织预测：2001年南非发展共同体仅生产了 1.92×10^7t粮食，粮食缺口达 3.9×10^7t。为了使南非发展共同体的经济发展突破水资源短缺的瓶颈，各国已普遍签订了一系列贸易协议，在未来，博茨瓦纳、南非和纳米比亚三个水

资源相对短缺的国家将依靠强大的加工业成为虚拟水净进口国，刚果、赞比亚和莱索托三个水资源相对丰富的国家有望成为虚拟水净出口国，而刚果、赞比亚和莱索托三个水资源相对丰富的国家有望成为虚拟水净出口国（Turton，2000）。

④孟加拉国与印度之间的虚拟水贸易。Karimetal（1996）、Ahmad（2000）、Faisal 与 Parveen（2003）等先后研究了孟加拉国粮食安全的影响因素，认为水资源短缺是其最主要的制约因素，而孟加拉国与印度两国间的贸易发展使得孟加拉国每年约从印度进口 $2.87 \times 10^{10} \mathrm{m}^3$ 的虚拟水，占印度总虚拟水出口量的 17.8%，进口替代战略是确保孟加拉国粮食安全的客观要求。印度是世界第五大虚拟水净出口，未来农业发展战略及其他优势有助于粮食出口。种种迹象表明未来两国粮食贸易运行状况良好（Parveen et al，2003）。

⑤埃及。Dennis Wichelns（2001）将虚拟水概念与比较优势进行了有效的结合，认为虚拟水是以水资源为关键生产要素的比较优势的具体应用，以埃及为例进行了丰富的实证研究，认为埃及劳动力相当丰富，应大力支持劳动密集型产品的生产和出口，以增加农民收入，提升粮食安全。埃及年均进口小麦、玉米分别达 $6.1 \times 10^6 \mathrm{t}$ 和 $2.4 \times 10^6 \mathrm{t}$，如果在埃及本国生产同等数量的小麦和玉米，则需要耕地和水资源分别为 $1.2 \times 10^6 \mathrm{hm}^2$、$4.6 \times 10^9 \mathrm{m}^3$ 和 $4 \times 10^5 \mathrm{hm}^2$、$2.7 \times 10^9 \mathrm{m}^3$，共 $7.3 \times 10^9 \mathrm{m}^3$ 的水资源，相当于埃及现有农田面积的 48% 和每年尼罗河利用量的 13%。

⑥荷兰。A. K. Chapagain 和 A. Y. Hoekstra（2003）计算出茶叶、咖啡的全球平均虚拟水含量分别为 $11.4 \mathrm{m}^3/\mathrm{kg}$ 和 $20.4 \mathrm{m}^3/\mathrm{kg}$。并以此为基础，估算了 1995～1999 年期间，荷兰平均每年关于茶叶、咖啡的虚拟水贸易和消费状况。可以看出，尽管荷兰居民年茶叶、咖啡消费量占本国农产品虚拟水净进口量的比重不大，但绝对量相当大，分别为 $9.0 \times 10^7 \mathrm{m}^3$ 和 $2.639 \times 10^9 \mathrm{m}^3$，反映出荷兰是一个虚拟水净进口国的现实。而全球茶叶和咖啡的虚拟水消费量为 300 亿 m³ 和 1100 亿 m³，分别达到 meuse 河年径流量的 4 倍和 15 倍。同时计算得出，一标准杯 250ml 茶饮料的虚拟水为 34.2L 水，一标准杯 125ml 咖啡饮料的虚拟水为 140L 水。相比较，获得同样单位的咖啡饮料所需水量是茶叶饮料的 8 倍。因此，人们的消费行为对水资源系统产生重大影响。

⑦湄公河流域的越南和泰国。湄公河流域国家于 1975 年 1 月通过的《关于湄公河水资源合理利用原则的联合声明》（以下简称《75 联合声明》）明确规定湄公河干流的水资源是公共财产，任何临岸国没有经其他流域国家的允许不能私自占用。1991 年泰国为了向其东北地区引入水资源，提出 Kong-Chi-Moom 方案以代替已经运行了 16 年的《75 联合声明》。而越南考虑到该方案的实施会影响其号称"米仓"的湄公河三角洲的用水状况，因而持坚决的反对态度。这个矛盾经过流

域国家间长达 5 年的谈判才得到解决。1995 年柬埔寨、老挝、泰国和越南签署了《湄公河流域可持续发展合作协议》，为湄公河的保护与管理，持续、高效利用提供了基本准则。越南和泰国的水资源分配问题也可以从虚拟水角度来解决，起码可以解决以下几个问题：泰国和越南通过农产品贸易而出口的虚拟水在多大程度影响着该流域国家在湄公河水资源分配中的关系？这些国家的经济结构应如何调整才能减少将来虚拟水出口量？获得"实体"水资源是否是泰国解决其东北部地区经济发展的唯一有效途径？

综上所述，虚拟水引起越来越多的学者关注。研究工作从国际贸易的角度、国际食品安全的角度、政治经济学的角度、社会和环境的角度等不同角度对全球、一些国家和地区具体的虚拟水贸易量进行了统计、计算、分析，并取得了巨大成就。国外对虚拟水的研究主要集中在粮食问题上，通过虚拟水贸易将世界粮食和本国的水资源结合起来，同时虚拟水的研究地向食物消费领域和流域水资源管理不断拓展，但尚处于一个探索阶段。大部分研究都将一个国家或地区作为一个整体来考量，对一个国家内部虚拟水流动的研究较少。但虚拟水战略的制定和实施绝不是简单地让贫水国家和地区进口虚拟水，世界水理事会的 Hofwegen 认为：要将虚拟水战略作为政策的一部分，则需要彻底了解虚拟水贸易对于当地社会、经济、环境以及文化状况的影响以及它们之间的相互作用。应从货币（通货）、粮食安全、粮食主权、就业和水资源等几个方面来研究。Wichelns（2000）在研究中也指出：从经济学角度分析虚拟水的比较优势有助于增强其政策相关性和实际应用性。

1.2.2 国内研究进展

虚拟水贸易与虚拟水战略已成为国际上的一个前沿研究领域。自引入我国以来，虚拟水在解决我国水资源短缺与粮食安全及生态环境等问题中得到初步应用，但到目前为止，其研究还处于起步和应用阶段。

程国栋院士（2003）首先应用"虚拟水"的理论，以西北干旱区为例，初步计算了 2000 年西北各省（自治区）虚拟水消费量。结果表明：2000 年新疆、甘肃、青海、陕西 4 省（自治区）全社会全年日常生活消费的虚拟水数量分别为 $1.35 \times 10^{10} \text{m}^3$、$1.83 \times 10^{10} \text{m}^3$、$4.58 \times 10^{9} \text{m}^3$、$2.04 \times 10^{10} \text{m}^3$，分别为各省（自治区）实际总用水量的 0.28 倍，1.53 倍，1.66 倍，3.7 倍；除宁夏外的 4 省（自治区）社会经济系统中存在着 $5.68 \times 10^{10} \text{m}^3$ 的虚拟水资源，其数量巨大而且通常难以为人们认识，更重要的是这部分虚拟水可以通过贸易流通，这一点为水资源管理的决策增加了新的内容。根据以上计算结果程国栋进一步提出：在目前全国粮食供求的基本平衡状况能够满足西北缺粮省（自治区）的粮食调入的情况下，运用虚拟水战略缓解缺水地区自身水资源的短缺压力和生态压力,实现区域水资源的可持续利用,保障西北地区乃至全国生态安全。同时,程国栋采用三种不同情况初步测算了采用虚拟水的效益,模拟结果表明采用虚拟水战略对经济增长有明显促进作用。

柯兵、柳文华等(2004)在前人对2010和2020年中国粮食进口需求量的预测分别为:$8.4 \times 10^7 t$ 和 $9.1 \times 10^7 t$ 的基础上,对相应进口的虚拟水量进行了估算,得出2010和2020年中国相应的虚拟水进口量分别为 $8.8 \times 10^{10} m^3$ 和 $9.5 \times 10^{10} m^3$。这就是说,进口 $8.4 \times 10^7 t$ 粮食相当于进口了 $8.8 \times 10^{10} m^3$ 的水。如果在本国生产该数量的粮食,按照中国综合的作物水分生产力 $0.8 kg/m^3$ 来计算,2010年和2020年的需水量分别为 $1.05 \times 10^{11} m^3$ 和 $1.37 \times 10^{11} m^3$,分别比进口的虚拟水量多出 $1.70 \times 10^{10} m^3$ 和 $1.875 \times 10^{10} m^3$,通过虚拟水缓解的农业生产用水量比虚拟水量要多,这意味着我国生产等量粮食所需水量比通过粮食进口的虚拟水量高,实行虚拟水贸易战略效益明显。其中,2010年虚拟水进口量占估算的2010年农业用水量的18.9%,而粮食进口量只占粮食需求量的15.7%。虚拟水量占农业用水比例高于粮食进口量占粮食需求量的比例,从另一方面说明了在我国水资源短缺和利用效率比较低的条件下,虚拟水能够成为解决农业用水问题的有效途径。

龙爱华、徐中民、张志强(2003)将虚拟水的理论方法应用到甘肃等西北4省(自治区),对西北4省(自治区)2000年的水资源足迹进行了研究,结果表明以虚拟水为基础的水资源足迹更真实的衡量了社会经济系统对水资源消费利用状况。还对农作物和动物产品的虚拟水含量的计算方法做了一定的阐述。指出:虚拟水为解决区域水资源短缺和创新水资源管理体制提供了新思路,产品形式的虚拟水贸易是解决干旱区水资源安全,粮食安全的有效战略工具。

张敦强(2004)采用中国作物主产区的气象数据和中国国家统计局的统计数据,计算了10种主要农畜产品单位重量的虚拟水含量。同时计算出 1995～1999 年,中国通过农畜产品进口而进口了1710亿 m^3 的虚拟水,平均每年进口343亿 m^3。其中89%来自粮食,11%来自畜牧产品。同期,我国通过出口农畜产品而出口了840亿 m^3 的虚拟水,相当于平均每年出口170亿 m^3 虚拟水,其中71%是农产品,29%是畜牧产品。从以上数据中可以看出,1995～1999 年我国是一个虚拟水净进口国家,净进口虚拟水870亿 m^3,相当于每年净进口173亿 m^3 的虚拟水资源,农产品是虚拟水贸易的主要组成部分。

马静等(2005)研究计算了中国各地区内部的虚拟水流量,结果显示1999年我国北方(华北、东北、黄淮海及西北)通过粮食贸易向南方(东南、长江中下游地区、华南及西南)地区输出的虚拟水量达到184亿 m^3。

马静等(2006)通过对未来中国在不同粮食发展战略下的粮食供需情况,确定我国粮食进口基本规模，对未来我国虚拟水贸易格局进行展望。分析结果表明，1999 年我国北方通过粮食贸易向南方地区输出的虚拟水量达到 184 亿 m^3。我国北方地区以有限的水资源在支持其他区域发展、确保国家粮食安全方面发挥了不可替代的作用。未来 30 年中国将面临新增粮食需求 1.4 亿~2.0 亿 t 的巨大压力，在保持较高自给水平的前提下，我国虚拟水贸易的格局不会发生重大变化。外流域调水工程是保障国家粮食安全、维护社会稳定、促进可持续发展和造福中国人民的重大举措。虚拟水战略可作为跨流域调水的补充在保障缺水地区水安全方面发挥重要作用。

王新华（2006）研究发现改革开放以来，我国城乡居民生活水平有了很大的提高，消费模式发生了很大的变化，人均粮食和蔬菜的需求量下降，肉蛋奶及副食品的需求上升，这些变化导致城市人均虚拟水消费量增加了 54.72m^3，农村人均虚拟水消费量增加了 58.94m^3，全国由于消费结构变化导致人均虚拟需水量增加了 746.35m^3。

孙克（2007）将虚拟水作为一种重要的生产要素，以中美农作物产品贸易为例讨论了比较优势理论在虚拟水贸易中的应用。研究结果表明，2004 年中美农作物产品贸易基本符合虚拟水要素的比较优势原则，小麦和棉籽例外。如果中国变进口小麦和棉籽为出口小麦和棉籽，可为全球节水 $2.5174 \times 10^9 m^3$。对研究结果的分析表明，要通过国际贸易节约全球有限的水资源，应充分考虑虚拟水要素比较优势，生产具有虚拟水要素比较优势的产品并出口，而进口比较劣势的产品。

刘红梅等（2007）分析了美国、日本和印度的虚拟水贸易情况，可以看出虚拟水贸易在国际上已广泛存在，虚拟水贸易除了受水资源因素的影响外，还受到很多因素的影响。我国水资源短缺，因此应该重视虚拟水战略的实施，可以从国际贸易和国内地区贸易两方面进行。

杨阿强等（2008）使用 FAO 推荐的彭曼公式计算 2005 年中国在与东盟的农产品贸易中出口虚拟水 $36 \times 10^8 m^3$，进口 $43.3 \times 10^8 m^3$，净进口 $7.3 \times 10^8 m^3$。

任大朋等（2008）计算了北京市国民经济贸易中的虚拟水量，研究了北京市虚拟水贸易的历史和发展趋势，在此基础上建立了基于虚拟水战略的水资源配置模型，并将其应用于北京市农业产业结构调整研究。结果表明，在水资源约束下北京市农业在国民经济中的比重将进一步下降，生态农业、观光农业等都市农业类型是北京市农业发展的方向。

刘哲等（2009）基于 FAO 提供的 CropWat 软件以及 ClimWat 数据库来计算粮食作物虚拟水含量，采用联合国教科文组织水资源教育研究院提供的虚拟水相关公式来计算虚拟水流量，得出了东北 3 省份五种主要粮食作物 2000~2007 年的虚拟水含量及该地区虚拟水的时序流量。最后得出结论：东北地区的粮食作物具有普遍的节水种植优势；东北地区的虚拟水输出量可观，进入量稀少。

朱启荣等（2009）利用投入产出分析方法，测算了2002～2007年中国对外贸易的虚拟水量，结果表明，2002年以来，中国出口贸易向国外输出的虚拟水量大于进口贸易从国外输入虚拟水量，而且由于前者的增长速度明显快于后者，导致我国对外贸易净输出水资源量迅速增长；研究还表明，我国出口贸易中的高耗水产品所占比重较大，而进口贸易中高耗水产品所占比重较小，这说明，我国的外贸结构不利于节约水资源。

邹君等（2009）提出虚拟水战略优势度的概念并对其概念内涵及影响因素进行分析，从4个方面构建包含12个具体指标的综合定量评价指标体系；运用数学方法对中国31个省级行政区虚拟水战略优势度进行定量评价。发现中国虚拟水战略优势度存在显著的地域差异，区域优势度等级存在"两头多，中间少"的结构特点和"东部高、西部低"，"南部和北部高、中间低"带状空间分布规律。其中北方4省份和东南8省份优势度最大，是全球虚拟水战略背景对其影响最深远的区域，也是中国虚拟水研究及虚拟水战略实践的关键区域。

孙才志等（2009）在测算中国各地区农畜产品虚拟水总量的基础上，利用伪基尼系数对虚拟水区域差异的成因进行因子分解，表明畜产品中的禽蛋、猪肉、牛肉和农产品中稻谷、小麦、玉米成为影响中国虚拟水空间差异的主要因子。同时，借助锡尔指数对1996～2006年的中国8大区域虚拟水 - 耕地资源空间差异进行分解，结果表明：虚拟水 - 耕地资源区域总体差异在不断缩小，影响区域总体差异形成的主导因素是八大区域间的差异。

赵晋陵等（2009）采用FAO的CROPWAT Model计算模型，借助CropWat for Windows计算软件，从资源当量转换的角度出发，计算中国自进入WTO以来与欧盟国家的棉花贸易中水资源转换以及虚拟水贸易情况。计算结果表明，2003～2005年中国在与欧盟的棉花贸易中，间接进口了$151.28 \times 10^6 m^3$的水资源，相当于节约了国内同等数量的水资源。

此外，黄晓荣等（2005）对宁夏，崔亚楠（2005）、王红瑞等（2007）对北京，王学全（2005）对青海，狄乾斌（2006）对大连，郭斌（2006）对陕西，胡习邦（2007）对重庆，邹君等（2008）对湖南，田颖等（2008）对湖北，李磊等（2008）对黑龙江，徐振辞等（2008）对河北，邓晓军等（2007）、李素娟等（2009）对山东，马忠等（2008）对张掖，焦文献等（2006）、尚海洋等（2009）对甘肃，覃德华等（2009）对福建，于茜（2009）对新疆等地的虚拟水含量计算、虚拟水贸易及虚拟水消费、水足迹等进行了相关的研究探讨。

综上所述，近年来对虚拟水的重要研究进展主要体现在以下几个方面：①对虚拟水作为缓解全球水资源短缺的新思维基本形成共识，即通过虚拟水战略可以缓解部分缺水地区的水危机，促进水资源的合理配置；②基本明确了虚拟水战略在促进水资源合理流动的同时，更是对传统水资源管理模式的拓展；③基本形成了对虚拟水的客观认识，即看到虚拟水在解决区域水安全的同时，也存在一定的风险因素(刘七军等，2009)。我国水资源情况不容乐观，缺水地区随着人口的增加和经济的发展日益增加，借助虚拟水贸易来解决水资源短缺问题将成为水管理的重要战略抉择。虚拟水及虚拟水贸易的研究对我国地区的生态环境和社会经济可持续发展都具有重要的理论和现实意义。因此，以省市为单位研究农业虚拟水含量测算、虚拟水贸易、虚拟水战略的也越来越多。

然而应该看到，现有关于虚拟水的研究仍处于起步阶段。由于虚拟水提出的时间不长，无论国外还是国内，关于虚拟水的研究方法和理论尚不成熟，研究对象还比较单一。大多数研究主要集中在虚拟水的基础理论、农产品虚拟水贸易等方面，仅有少量的关于动物产品虚拟水贸易的研究，鲜有关于工业产品虚拟水的研究。定量研究仅限于对我国农产品虚拟水含量的计算，而且关于农产品虚拟水量化的研究还过于粗糙，国内外有关虚拟水含量计算尚没有形成统一的体系，仍存在诸多问题亟待进一步研究解决。

因此，迫切需要从以下几方面进一步开展对虚拟水问题的科学研究：①实施虚拟水战略对当地粮食安全、就业、水资源以及社会、经济、环境、政治等方面的影响；②拓展虚拟水研究范围，进一步开展除农产品虚拟水外的其他研究，如工业虚拟水、服务中的虚拟水等研究；③虚拟水与实体水的耦合问题，以及在考虑虚拟水资源时如何将再生水从整个虚拟水中分离出来并计算其价值等问题，还需进一步展开研究；④从宏观、中观和微观层面对虚拟水进行全方位的系统研究，逐步建立虚拟水流量共享数据库。同时，还应加强对基于虚拟水的水资源理论、水安全理论和可持续发展的研究。

1. 2. 3　森林和林产品虚拟水问题

如前所述，林产品作为特殊的水密集型产品，林产品贸易中蕴含了巨量的虚拟水贸易，十分值得研究。

目前还没有人提出研究森林虚拟水问题。但国内外有关森林或树木需水量、蒸散量、水平衡的研究还是有的。因国外森林、树木与国内差异很大，这里就不做综述。例如 Schulte Bisping 等(2005)研究了德国树木山毛榉水平衡动态。胡广录、赵文智等(2008)介绍了植被生态需水的概念，评述了干旱半干旱区植被生态需水量常用的几种计算方法——面积定额法、潜水蒸发法、植物蒸散发量法、水量平衡法、生物量法、基于遥感技术的计算法。朱仲元(2005)研究了干旱半干旱地区天然植被蒸散发模型与植被需水量。何志斌等（2005）以水量平衡关系为理论基础，引用 1956～2000 年黑河中游地区各县的气象资料和 2002 年 4 月至 2003 年 10 月不同类型植被区的土壤水分动态监测数据，并采用 GIS 技术进行生态分区的基础上估算黑河中游地区每年最适生态需水量在 $9.48 \times 10^8 ～ 11.58 \times 10^8 m^3$ 之间，除去相应植被区域上的有效降水量 $4.74 \times 10^8 m^3$，还需要从径流中补给 $4.74 \times 10^8 ～ 6.84 \times 10^8 m^3$。马义虎等（2005）根据气象资料，运用彭曼公式和桑斯维特公式，计算并分析了晋南黄土高原刺槐林的潜在蒸散量，结合 2、3、5、7、13 年生刺槐的耗水特性系数，计算得出其生长季（5～10 月份）的需水量和需水总量；最后分析了刺槐林地水分供需状况。马义虎（2005）在分析黄土高原刺槐、油松林地的水分生态条件，刺槐、油松在不同生长发育阶段的耗水与需水量，以及影响林木耗水与需水的因素的基础上，根据气象资料，运用彭曼公式和桑斯维特公式，计算并分析了刺槐林 2、3、5、7、13 年生刺槐的年需水量，分别为 390.54mm、398.73mm、411.26mm、529.45mm、633.66mm。利用试验推算方法得出了油松在 17～19、19～20、25～28 共 3 个龄级段油松的年耗水量，分别为 538.05mm、543.25mm、540.15mm。

有关林产品虚拟水或林产品虚拟水贸易的研究主要散见在国家或区域虚拟水研究中，主要是运用投入产出法研究，没有具体到林产品，没有与具体的森林类型关联，没有对林产品虚拟水贸易的独立研究。谢鸿宇等（2008）通过分析纸浆结构的变化、纸浆与纸的关系、纸浆耗木量、废纸成浆率等，定量地表征了废纸回收对纸张木材消耗的影响，得出 1t 纸消耗的木材应为 $3.879m^3$ 而略小于原来的 $4m^3$ 的结论。在此基础上，重新计算纸张的生态足迹，得出 1t 纸的生态足迹为 $2.569hm^2$ 森林。项学敏等（2006）以营口造纸有限责任公司生产工艺为例，计算了中国草浆造纸工艺产品虚拟水含量，提出了从实体水和虚拟水两方面降低造纸行业水资源利用量的观点和具体的节水措施，为合理规划我国造纸行业的发展提供了坚实的理论基础。朱启荣等（2009）利用投入产出分析方法，测算了 2002～2007 年中国对外贸易的虚拟水量，其中涉及木材加工及家具制造业、造纸印刷及文教用品制造业单位最终产值耗水强度的计算。周姣等（2008）提出改进的水资源投入产出表的计算方法，得到木材加工、造纸印刷业的计算结果。

可见，基于森林耗水量，采用 Chapagain 和 Hoekstra 提出的计算畜产品和工业产品的虚拟水含量的"生产树法"（Chapagain et al，2003），测度木质林产品虚拟水含量，进而研究木质林产品虚拟水贸易的到目前为止还没有见到。因此本研究具有开拓性和创新性。

1.3 研究范畴、研究内容、方法和技术路线

1.3.1 研究范畴

本研究是关于中国主要木质林产品的研究，而国内外对林产品的定义和分类体系，以及木质林产品的范围，认识和统计口径并不一致。

一般而言，林产品是指整个林业产业全部生产活动中所形成的各种产品的总和（文飞宇，2006）。林产品种类繁多，划分的角度也不同。按是否是木质材料来划分，林产品分为木质林产品和非木质林产品两大类。

在国际贸易商品标准分类（SITC）口径下，林产品包含在第 2 和第 6 两大类下，具体产品有原木、木炭、木片、碎料和剩余物、锯木、人造板、木浆和回收纸、纸和纸板。在 UNCOMTRADE（United Nations Commodity Trade Statistics Database）商品名称及编码协调制度（HS）口径下，林产品包括第 44、47 和 48 章，相对于 SITC 口径，HS 体系中的林产品数据更加详尽，统计口径更加简化。

联合国粮食及农业组织林业署和联合国粮食及农业组织 - 欧洲经济委员会农林联合署，共同于 1981 年 3 月提出了林产品的最新分类方法，新的分类法把林产品共分十大类：初加工材、再加工剩余物和可回收利用木产品、木片和刨花、简易加工材、成材、人造板、纸浆、纸和纸板、废纸、栓皮。木质林产品主要分为六种类型：工业原木、锯材、木制人造板、木材纸浆、纸、薪材与木炭（FAO，1982）。广义上，用木材产品代称 FAO 所定义的林产品，而将林产品界定为木材产品、林化产品、竹产品、经济林产品的统称。

综上所述，从国际通用的统计口径来看，林产品是包括以森林资源为基础生产的木材和以木材为原料的各种产品，主要包括原木、锯材、木质人造板、各种木质成品和半成品、木浆、以木材为原料的各种纸及纸制品、林化产品等。

《中国林业统计指标解释》定义林产品为"依托森林资源生产的所有有形生物产品和提供的森林服务，包括木质林产品、非木质林产品、森林服务"。木质林产品包括原木、锯材、人造板、木浆、纸和纸板、木炭、木片、碎料和剩余物。非木质林产品包括来自森林、其他林地和森林以外的林木的非木质生物有形产品，即包括植物和植物产品，动物和动物产品。森林服务包括两部分，一是由森林资源本身提供的服务，如森林旅游、生态服务等；二是林业生产过程中，以森林资源为对象的林业生产服务，如森林防火、森林病虫害防治等（国家林业局，2000）。

从中国的海关统计口径来看，林产品除包括林业部门和其他部门生产的上述

产品外，还包括种苗、花卉、林化机械、园林机械、林区土特产品、林果类产品等（中华人民共和国海关总署，2010）。

　　根据《中国林业统计年鉴》，我国的林产品分为木质林产品和非木质林产品，木质林产品划分为8类：原木、锯材（包括特形材）、人造板（包括单板、刨花板、纤维板、胶合板和强化木）、木制品、纸类（包括木浆、纸和纸制品）、家具、木片和其他（薪材、木炭等）。非木质林产品划分为7类：苗木类，菌、竹笋、山野菜类，果类，茶、咖啡类，调料、药材、补品类，林化产品类（松香等），竹藤、软木类（含竹藤家具）。

　　国内研究者在有关林产品的研究中，使用的林产品的定义和分类也有很大不同。有采用《中国林业统计年鉴》定义和分类的，如国内林业部门以及部分学者（姚昌恬，2002；缪东玲，2004；田红娜，2004）。也有采用EFIDAS数据库的林产品统计数据的（刘番，2004）。宋元媛（2004）根据研究需要，将HS体系中的第13、14、40、44、45和48章下的所有产品界定为林产品；林凤鸣（1999）采用SITC统计中部分摘要数据，研究大宗林产品生产和贸易情况。陈勇（2008）将林产品界定为原木（海关编码4403）、锯材（4406~4407）、单板（4408）、家具半成品（4409）、刨花板（4410）、纤维板（4411）、胶合板（4412）、木制品（4413~4421）、木浆（47减4707）、废纸（4707）、纸及纸板（48）、纸制品（49）、木制家具（94016100~94036099）。高爱芳（2010）从FAO林产品定义出发，根据林产品的FAO分类与SITC Rev2分类对应表，以SITC Rev2分类为基础，确定林产品包括原木（244、245、246、247）、锯木（248）、木浆（25）、人造板（634、6416）以及纸和纸板（6411、6412、6413、6415、6417、6418、6419、642）等五大类。

　　因本文有关林产品的数据，基本来自《中国林业统计年鉴》，因此本研究所使用的林产品、木质林产品的概念，与《中国林业统计年鉴》相同。即林产品分为木质林产品和非木质林产品两部分。考虑涉及国际贸易，根据FAO对林产品的定义，本研究所说木质林产品，主要包括原木（包括针叶原木和阔叶原木）、锯材（包括针叶锯材和阔叶锯材）、木质人造板（包括单板、胶合板、刨花板和纤维板）以及以木材为原料的木浆、纸和纸板，用"主要木质林产品"代称，在《中国林业统计年鉴》所称的木质林产品范围之内，但"主要木质林产品"不包括木制品、家具、木片、废纸、木炭等。

　　之所以将木制品、家具、木片、废纸、木炭等剔除出去，还有一个技术问题的原因。首先，所谓"主要木质林产品"，有代表性，是我国林产品贸易的主体，其加工过程和产品相对统一规范，计算其虚拟水含量比较容易。其次，木制品、家具，虽然我国出口量很大，但原料来源难以确定，产品种类多样，形制不统一，加工过程迥异更大，难以统计和计算。第三，木片、木炭等的贸易量很小，废纸则不是加工产品，属于回收再利用，其虚拟水含量已在第一次生产使用时计算过了。

这样，本研究的研究范畴为"主要木质林产品"，包括原木(包括针叶原木和阔叶原木)、锯材(包括针叶锯材和阔叶锯材)、木质人造板(包括单板、胶合板、刨花板和纤维板)以及以木材为原料的木浆、纸和纸板等4大类8种产品。但有时为简便，用"林产品"代称"主要木质林产品"。

(1)原木(log)：指未加工的木材，包括全部采伐所得的木材。这里的未加工实际指未深加工。

(2)锯材(sawn timber)：由原木锯制而成的一定尺寸的成品材或半成品材。包括：纵向锯制或用剖面切削的方法加工而成，厚度超过6mm的成材，但不包括特型材。

(3)木质人造板(wood – based panels)：是指单板、胶合板、刨花板及纤维板。

(4)木浆(pulp)：包括用机械、半化学、化学方法制成的纸浆，但不包括非木材纤维的其他纸浆。

(5)纸和纸板(paper and paperboard)：包括以木材纤维为原料的新闻纸、印刷纸、书写纸、其他纸和纸板，或称纸和纸制品。但在引用一些数据时包括非木材纤维的纸和纸制品。

1.3.2　研究内容

本研究的研究思路是测度不同类型森林单位蓄积的虚拟水量，继而测算主要木质林产品的单位虚拟水量(原木、锯材、单板、胶合板、刨花板、纤维板、木浆、纸和纸板)，根据中国林产品国际贸易的产品流动，测定中国林产品国际贸易中的虚拟水贸易流量、构成，进而评价中国木质林产品虚拟水贸易和制定中国林产品虚拟水战略。

全书共分为六章。第一章是引言部分，主要就本研究的研究背景和意义、研究内容、研究方法和技术路线做出简要论述，综述国内外虚拟水相关内容的研究进展，以及森林虚拟水相关研究进展。第二章主要介绍虚拟水理论及其相关概念，研究分析农作物产品、动物产品、工业产品和生态系统服务虚拟水含量的计算方法。第三章主要研究森林虚拟水理论与测度方法，提出森林虚拟水的定义，分析森林虚拟水的构成、影响因素，分析森林虚拟水测度方法，并计算中国针叶林和阔叶林的单位面积虚拟水含量。第四章考虑木质林产品生产中主要原材料和加工过程，计算出中国主要木质林产品(原木、锯材、单板、胶合板、刨花板、纤维板、木浆、纸和纸板)的虚拟水含量。第五章在主要木质林产品虚拟水含量值的基础上，结合2000~2010年中国林产品国际贸易量，计算出中国林产品国际贸易中包含的虚拟水贸易量，并从贸易规模、贸易结构和贸易平衡三个方面对中国林产品虚拟水贸易进行分析，确定林产品虚拟水贸易在林产品国际贸易中和我国水资源利用中的地位。第六章是主要总结了本研究的研究结论和研究成果，并提出了研究建议。

1.3.3　研究方法和技术路线

本研究在研究过程中主要运用归纳与演绎分析方法，即文献研究方法，归纳总结国内外现有的虚拟水贸易理论和测度方法。在实证研究方面，借鉴农产品虚拟水的相关研究，采用定性分析与定量分析相结合，在定性的理论分析基础上，采用数学方法和权威数据进行实证分析，预期得出森林虚拟水含量和不同林产品的虚拟水含量。本研究是跨森林水文和林产品贸易两个学科进行的研究，将宏观分析与微观分析、定性分析与定量分析、实证研究与理论研究相结合，从而使本文的结论和建议更具有科学性和全面性。

技术路线图如图1-1，本研究在一定的研究背景、研究目的和研究意义的宏观指导下，首先运用文献研究方法，综述国内外虚拟水理论和测度方法的相关研究。由于林产品源自于森林树木，因此首先对森林虚拟水理论和测度方法进行研究。本研究运用理论分析法介绍了森林虚拟水概念及影响因素，并运用实证分析和模型分析的方法计算了我国森林的虚拟水含量。在测算出森林虚拟水含量的基础上，运用"产品生产树法"计算出中国主要木质林产品的虚拟水含量。在得到各种林产品虚拟水含量之后，采用实证分析法，结合中国林产品国际贸易量，计算中国林产品贸易中虚拟水贸易量，并对结果加以分析。最后，从水资源角度出发，结合我国林产品虚拟水贸易，提出调整当前我国林产品国际贸易政策的对策建议。

1.4　小　结

本章主要介绍研究背景和研究意义，综述国内外研究进展，提出研究内容、方法和技术路线。

首先介绍了本研究的研究背景和研究意义。水资源安全问题不仅仅是资源环境问题，更是关系到世界各国经济、社会可持续发展的重大战略问题，我国是一个严重缺水的国家，水资源安全形势十分严峻。Tony Allan 教授提出的虚拟水理论，以全新的视角对全球水资源合理分配、缓减全球水资源短缺问题提供了新的研究方法。目前虚拟水贸易理论和量化方法的研究集中在农产品领域，而林产品作为一种典型的水密集型产品，其虚拟水相关研究尚处于空白。研究林产品虚拟水具有重要战略意义。

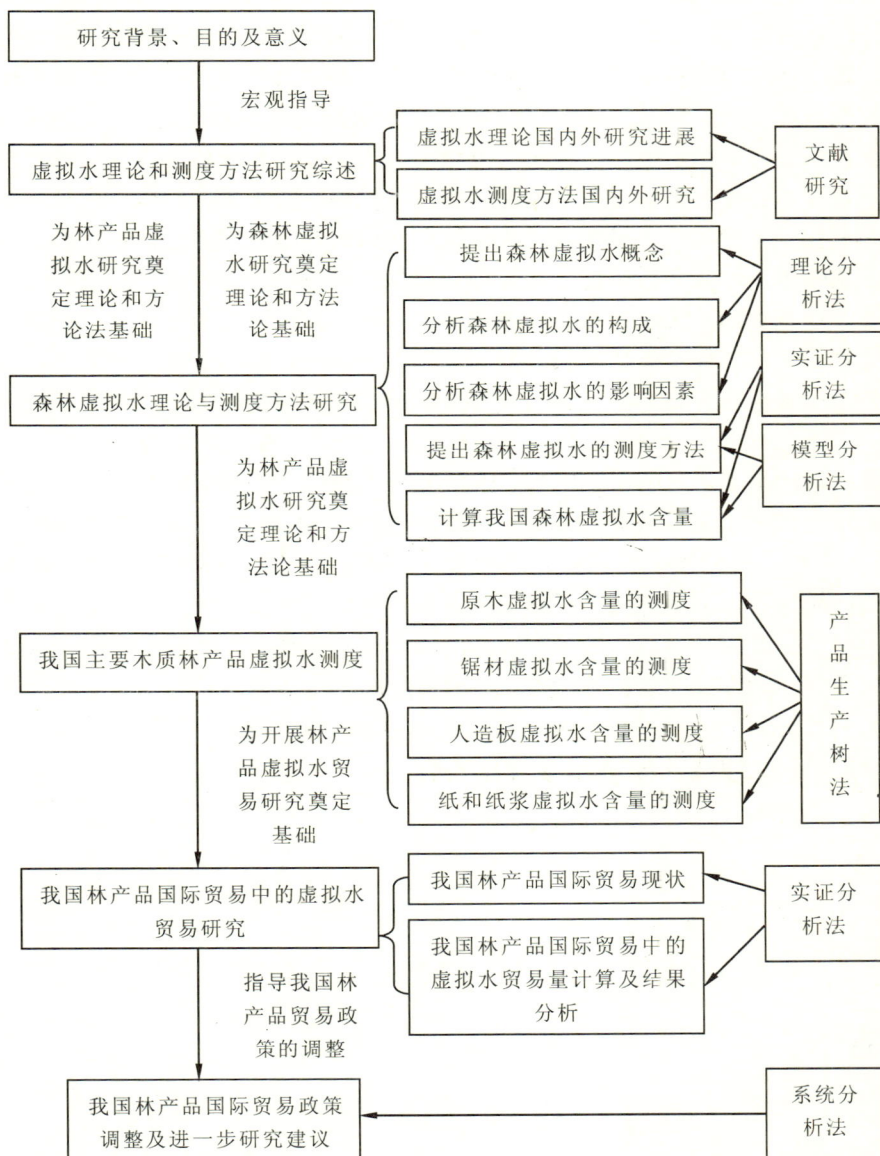

图 1-1 技术路线图
Fig. 1-1 Technology roadmap

其次，综述了国内外研究进展。自虚拟水提出以来，虚拟水引起越来越多的学者关注。学者们从国际贸易的角度、国际食品安全的角度、政治经济学的角度、社会和环境的角度等不同角度对全球、一些国家和地区具体的虚拟水贸易量进行了统计、计算、分析，并取得了巨大成就。国外对虚拟水的研究主要集中在粮食问题上，通过虚拟水贸易将世界粮食和本国的水资源结合起来，同时虚拟水的研究地向食物消费领域和流域水资源管理不断拓展，但尚处于一个探索阶段。国内在经历了对虚拟水概念、理论、方法的引进、介绍阶段后，以省市为单位研究农业虚拟水含量测算、虚拟水贸易、虚拟水战略的越来越多。由于虚拟水提出的时间不长，无论国外还是国内，关于虚拟水的研究方法和理论尚不成熟，研究对象还比较单一。大多数研究主要集中在虚拟水的基础理论、农产品虚拟水贸易等方面，仅有少量的关于动物产品虚拟水贸易的研究，鲜有关于工业产品虚拟水的研究。基于森林耗水量，采用 Chapagain 和 Hoekstra 提出的"生产树法"，测度木质林产品虚拟水含量，进而研究木质林产品虚拟水贸易的到目前为止还没有见到。

最后，提出本研究的研究内容、方法和技术路线。本研究的研究思路是测算不同类型森林单位蓄积的虚拟水量，继而测算主要木质林产品的单位虚拟水量（原木、锯材、刨花板、纤维板、刨花板、木浆、纸等），根据中国林产品国际贸易的产品流动，测定中国林产品国际贸易中的虚拟水贸易流量、构成，进而评价中国林产品虚拟水贸易和制定中国林产品虚拟水战略。在研究过程中主要运用归纳与演绎分析方法，定性分析与定量分析相结合方法，跨森林水文、林产品贸易、工业经济多个学科进行研究，将宏观分析与微观分析、定性分析与定量分析、实证研究与理论研究相结合。

第 **2** 章

虚拟水理论和虚拟水的计算方法

2.1　虚拟水研究的沿革

虚拟水概念是逐渐派生出来的。虚拟水贸易其实并不是新生的事物，它伴随人类贸易活动而产生，其历史同粮食贸易一样悠久，而且数量也随贸易的增长一直在稳定地增长。虚拟水理论的发展大致经历了 3 个阶段：

（1）虚拟水含义酝酿阶段。早在 20 世纪 80 年代，以色列经济学家就从经济学的角度论述了一个事实：生产 1t 粮食需要消耗 1000m³ 水，如果这 1t 粮食被运送到水资源匮乏的国家（或地区），则可以缓解该国（或地区）提供 1000m³ 水的经济和政治双重压力。指出出口有限的水资源的不合理性，提出要有意识地减少耗水量大的产品（如农作物产品）的出口，增加耗水量大的产品的进口，放弃水资源自给自足的想法，将这种包含大量水资源的产品的进口作为本国重要的水资源来源（J. A. Allan，2003）。

（2）虚拟水含义提出阶段。1993 年，来自于英国伦敦大学非洲和东亚研究学院的 Tony Allan 教授，首次提出了虚拟水的概念。该概念的独特性在世界经济领域引起了极大的反响。但 Tony Allan 教授仅将其用于农业，是指生产农产品所需要的水。此前，他已使用"嵌入水"（embedded water）这个术语，但并没有引起水管理机构的重视。Haddadin 称虚拟水为"外来水"（exogenous water），这种定义源于虚拟水进口对进口国家来说是外来的这种事实。Haddadin 的定义只是对进行了事实的描述，但没有揭示出虚拟水更为深刻的影响。此后，虚拟水的概念扩展到研究生产非农产品所需的水资源量，如动物产品和工业产品（程国栋，2003）。

（3）虚拟水理论发展与完善阶段。20 世纪 90 年代后期，随着对虚拟水理解的深入，人们逐渐认识到地区的严重缺水可以通过全球经济过程得到有效改善，越来越多的学者展开了虚拟水的相关研究，虚拟水研究得到了长足的进展。Tony Allan 教授于 1996 年界定了虚拟水概念：生产商品或服务所需要的水资源量。虚拟水贸易、虚拟水平衡、虚拟水流、虚拟水战略以及水足迹等虚拟水相关概念相继提出，使虚拟水理论更加完善和丰满。此外，虚拟水实证方面的研究在农产品领域得到了非常深入发展，形成了成熟的量化模型。荷兰国际水文与环境工程研究所(IHE)为虚拟水定量分析提供了一套较为全面的方法体系。2002 年 12 月在荷兰举行了一次国际虚拟水贸易专家会议，2003 年在日本京都举行的第 3 届世界水论坛，对"虚拟水"展开了特别讨论。两次国际会议肯定了虚拟水贸易在解决全球水安全方面的作用，标志着虚拟水贸易研究的成熟(钟华平，耿雷华，2004)。2006 年 8 月在瑞典首都斯德哥尔摩举行的第 4 届世界水论坛，虚拟水的理论再次得到探讨和关注。

2.2　虚拟水概念和内涵

2.2.1　虚拟水的定义

"虚拟水"(Virtual Water)是由英国伦敦大学非洲和东亚研究学院的 Tony Allan 教授于 1993 年首次创造性提出的新概念，现已成国际上与水资源相关专家谈论的热门话题。

1993 年 Tony Allan 教授提出，虚拟水是指生产农产品所需要的水资源(Tony Allan，2003；Stephen Merrett，2003)。例如，生产 1t 小麦约耗费 1000m³ 水资源量，生产 1t 大米约耗费 2000m³ 水资源量。这时的虚拟水概念仅局限于农业，并未扩展到生产非农产品所需的水资源量。1996 年，Allan 又对虚拟水概念做了深入界定，即虚拟水是生产商品和提供服务所需要的水资源数量(程国栋，2003)。随后，有研究进一步拓展了虚拟水的概念范围。认为虚拟水概念可以扩展到服务、加工以及材料，也可以理解为服务过程中或材料形成过程中所消耗的水资源(方为华，2005)。

虚拟水不是真实意义上的水，是以"虚拟"的形式包含在产品中的"具体化(embodied)"的水。因此，虚拟水同时也被称为"嵌入水(embedded water)"和"外生水(exogenous water)"。"嵌入水"意指特定的产品以不同的形式包含有一定数量的水，"外生水"意指一个国家或地区进口了包含虚拟水的商品和服务，消费使用了非本国或本地区的水资源，暗指进口虚拟水的国家或地区使用了非本国或本地区的水这一事实(钟华平等，2004)。如生产 1kg 粮食大约需要 1m³ 水资源，生产 1kg 牛肉分别需要大约 5m³ 的水资源。当消费 1kg 粮食，实际上一并消费了生产这些粮食所需要的 1m³ 水资源，当消费 1kg 牛肉，便消费了 5m³ 用来生产这 1kg 牛肉的水资源。这些体现在国际粮食作物贸易中的水就是虚拟水，因为粮食商品的生产需要消耗水资源，粮食贸易的背后隐藏着看不见的水资源交易，这一部分水被称为虚拟水。它以这种形式蕴涵在各种产品当中。虚拟水的理论结合了农业科学和经济学的思想，强调了水是农业生产乃至整个经济社会发展的关键因素。

由于不同地区在生产某种商品和某种提供服务所需要的水资源数量不同，例如，一般情况下，干旱地区生产1kg粮食要比湿润地区用水量多2～3倍（A. K. Chapagain et al，2003）。这时就出现了在考量虚拟水贸易时到底是采用这种商品或服务生产地所需要的水资源量还是这种商品或服务使用地所需要的水资源量的问题，由此出现了两种虚拟水定义：

（1）从生产者角度定义：虚拟水是生产商品和提供服务所实际使用的水资源量，它取决于生产地的生产状况（包括时间和地点）和水资源利用效率。一般情况下，干旱地区生产1kg粮食要比湿润地区用水量多2～3倍（A. K. Chapagain et al，2003）。

（2）从使用者角度定义：虚拟水是在使用地生产该商品和提供该服务的需水量。该定义对于平衡缺水地区水资源赤字时（如采用进口代替生产一种水密集产品时给地区节约了多少水量）特别有用（Renault D.，2003）。

2.2.2 虚拟水的概念框架

虚拟水概念是一个总体概念，其中包含了许多子概念：

（1）虚拟水含量（virtual water content），是指生产某种商品或服务时所耗费的水资源量。虚拟水含量的计算有两种方法：①按照生产地生产该商品时所耗费的水资源量来计算；②按照消费地生产该商品所耗费的水资源量来计算（刘宝勤等，2006）。

（2）虚拟水出口量（virtual water export），是指一个国家或地区出口的商品或服务中所包含的虚拟水量（刘宝勤等，2006），虚拟水出口意味着水资源流出本国或本地区。

（3）虚拟水进口量（virtual water lmport），是指一个国家或地区进口的商品或者服务中所包含的虚拟水量（刘宝勤等，2006），虚拟水进口意味着水资源流入本国或本地区。

（4）虚拟水流（virtual water flow），是指不同国家或地区间通过商品或服务贸易而产生的相互之间虚拟水流动，方向是从出口国家或地区指向进口国家或地区（刘宝勤等，2006）。

（5）虚拟水平衡（virtual water balance），是指一个国家或地区一定时期内，虚拟水进口总量与虚拟水出口总量之差，即虚拟水净进口量。虚拟水净进口量为正表明虚拟水贸易存在逆差，水资源流入该国或地区；反之为负，表明虚拟水贸易存在顺差，水资源流出该国或地区（刘宝勤等，2006）。

(6)虚拟水贸易(virtual water trade),是指通过水密集型商品或服务的实体贸易形式,一国或地区从另一国或地区进口水密集型产品,从而进口水资源。水密集型商品或服务的贸易包含大量虚拟水贸易,因此,可以作为进口国(或地区)获得水资源的途径(刘宝勤等,2006)。

(7)虚拟水战略(virtual water strategy),是指一个国家或地区以贸易的形式从另一个国家或地区进口水密集型产品,进而进口水资源,达到水资源安全和粮食安全的目的(李新文等,2005)。

2.2.3   虚拟水的特征

相对于实体水而言,虚拟水在经济上是无形的,在政治上是无声的,具有其显著的特征:

(1)非真实性或者说虚拟性。顾名思义,虚拟水不是真实意义上的水,而是以"虚拟"的形式包含在产品中的"看不见"的水,以虚拟的形式隐含在商品中,而非实际意义上的水(辛颖等,2004)。因此虚拟水也被称为"嵌入水"和"外生水"。

(2)贸易性或者说社会交易性。虚拟水以"无形"的形式寄存于其他商品中,因而携带水资源极为方便,能通过商品交易来实现。虚拟水是通过商品交易即虚拟水贸易的形式来实现的,没有商品交易或服务就不存在虚拟水。虚拟水贸易包含于商品贸易或服务贸易中,以商品贸易或服务贸易作为表现形式(辛颖等,2004)。并且这是一种社会整体交易,而非个体交易,商品交易或服务越多,虚拟水就越多(钟华平等,2004)。没有商品或服务交易就不存在虚拟水。

(3)便利性、便捷性或者说灵活性。由于实体的水贸易即跨流域调水运输距离较长而且成本高昂,这种贸易在具体操作上具有较大困难,往往是不现实的,而虚拟水以"无形"的形式附存在产品与服务中,相对于跨流域调水而言,运输和储藏十分便利,明显优于其他水资源储备类型,与实体水资源转移方式相比,其转移方式更加具有灵活性(李素娟,2007)。

(4)规模性。虚拟水在经济上的无形性确保了它具有优于其他水资源储备类型的规模性,它既可以被携带在各类产品的进出口贸易中,数量也会随之显著增长,也能够涵盖在其他实体形式(如粮食等)中进行贸易(李素娟,2007)。

(5)价值隐含性。虚拟水的价值是商品或服务价值的一部分,隐含于商品或服务中。由于虚拟水是不真实的水,所以其价值是难以直接体现的,往往不被人们认识和关注,具有隐含性。即没有一个单位或者个人为了虚拟水愿意付出价格,但虚拟水的价值体现在各种产品的进出口贸易中以及对进出口地区社会、生态环境和水资源供需矛盾等各方面(姜文来等,2005)。

　　(6)市场性。商品的流动受市场的影响，总是流向价值高的地方，因此虚拟水也随着流向商品价值较高的地方，但这并不等同于虚拟水流向高价值地区。对于一个地区而言，虚拟水的流向需要进行综合考虑，并进行综合的进出口分析（姜文来等，2005）。

　　(7)前瞻性。虚拟水理论突破了传统的"以水论水"的观念和思维，转向从问题发生的区域之外寻求解决水资源分配和水资源管理的途径和方法，有利于克服传统水资源治理方案的诸多弊端，实现水资源的可持续发展（刘七军等，2009）。

2. 2. 4　虚拟水的理论基础

　　(1)资源流动理论。随着经济全球化的发展，世界资源与环境问题日益严重。地球上自然资源数量在减少而人们对自然资源的需求在增加，资源供给能力远远赶不上日益增长的资源需求，因此，有效利用有限的资源，同时有效控制生态破坏与环境污染成为当今世界各国共同关注的课题。

　　资源流动理论要求把握"动态"理念，通过测算维持区域正常运行所需要的自然资源量，揭示区域自然资源代谢的动态过程，最终清晰地认识到该区域经济发展与自然资源供给之间的关系。资源流动理论为制定有效利用自然资源、消除生态破坏和环境污染的政策提供理论依据。资源流动理论这一注重过程、反映资源动态运动的研究逐渐成为资源科学研究领域新的生长点。

　　虚拟水研究本质上也属于资源流动研究的范畴。虚拟水理论以水资源为研究对象，虚拟水研究从水资源利用过程和机理入手，通过准确估算区域社会经济运转所需要的水资源量，揭示人类活动对水资源系统的影响以及水资源在社会经济各环节以及区域间的流动过程，为缓解区域水资源短缺、提高区域水资源利用效率、制定合理的水资源安全战略提供科学依据与技术支持（苏筠等，2003）。

　　从资源流动分析和水循环经济的相互关系来看，资源流动分析的调控作用主要有：①减少水资源供应总量。通过资源流动分析，可以发现各部门、各环节水资源输入量的多少，进而通过技术和管理手段，不断提高水资源利用率和增加水资源循环利用。②提高水资源利用效率。通过资源流动分析，可以分析和掌握水资源消耗和产值之间的关系，并通过技术、工艺改造和更新，减少水资源的消耗定额，达到尽可能少的水资源消耗从而获得预期经济与环境可持续发展的目的。③增加水资源重复利用量。通过对生产过程的水资源利用的物质流分析，寻求提高水资源的重复利用率的途径，可以增加水资源的循环使用量，延长水资源的使用寿命，减少水资源的初始投入，最终减少水资源的投入量。④减少最终水污染排放量。在发展水循环经济的过程中，可以通过提高水资源利用率和循环利用率，实行节约用水，达到减少水污染物排放的目的。

（2）资源替代理论。地球上的自然资源是有限的，而且有些稀缺资源是不可再生的。从可持续发展的角度考虑，只能寻找替代资源才能满足日益增长的需求。资源替代理论正是建立在这样的理论基础上。

在人类社会经济发展过程中，水资源的地位和作用是独一无二、不可替代的，但从另一个角度来看，国与国之间或区域与区域之间的水资源是可替代的。一般情况下，水资源稀缺的国家或区域可以通过水资源调度，利用其他国家或区域的水资源来代替本国或本区域的水资源，从而缓减本国或本区域水资源短缺的问题；此外，虚拟水贸易为水资源稀缺的国家或区域提供了新的获取途径，通过进口水密集型产品替代本国或本区域生产耗水产品，达到节约水资源的目的。实物资源替代上升到资源功能替代是现代资源替代理论的新转变（姚治君，2004）。

资源替代理论是可持续发展经济的基本原理之一。从可持续发展角度分析，技术进步的意义是实现资源替代。从一定意义上讲，人类文明进程是建立在不断发现新的资源和更加有效地利用资源的基础上的，是一部开发利用和不断替换资源的发展史。从广义上理解，"资源替代"意味着在生产规模扩大当中，外部的资源替代自身资源、较高层次的资源取代着较低层次资源所起的作用（姚治君等，2004）。一般认为水资源在人类社会经济发展中的作用是无法代替的，但就区域或者国家个体来说，水作为一种资源同样具有可替代性，一方面，缺水地区可以通过跨地区调水，用其他地区的水资源来替代本地区的水资源，但是富水地区和贫水地区之间的实体水贸易由于多种原因难于实施。更高层次上，缺水地区可以通过虚拟水贸易直接获得需要用水资源进行生产的产品，如粮食和动物等水密集型产品，从而替代参与生产的那部分水资源，获取水和粮食的安全，缓解贫水地区淡水资源的短缺。事实上，这种替代已不再是资源本身的替代，而是资源功能的替代。

（3）比较优势理论体系。比较优势理论属于国际贸易理论的范畴，是以斯密的绝对成本论为基础，以李嘉图的比较成本论为核心，经赫克歇尔－俄林的要素禀赋论的补充和完善而形成的一个完整的理论体系（马惠兰，2004）。该理论认为各国或各地区之间在要素禀赋上存在差异，由此生产投入要素价格也相应存在差异，进而导致生产成本和产品价格的差异。该理论解释了国际或区域比较优势的差异，这种比较优势就是不同国家与地区之间发生贸易的基础。一个国家或地区可以通过国际或地区之间的贸易，出口具有相对其他国家或地区具有优势的产品或服务，而进口自身存在比较劣势的产品或服务来谋求自身效益的最大化，实现资源的最优配置。

区域间虚拟水流动是与区域间贸易相伴生的，因此，作为国际贸易基本理论，比较优势理论从水资源角度必然也反映和揭示着虚拟水贸易发生动力和机制

（刘宝勤等，2006）。由于富水国家或地区生产单位产品所需要的水资源数量比贫水国家或地区要低，而且水资源利用的负外部性也相对小，因此从经济角度看，富水国家或地区向贫水国家或地区提供水密集型产品，意味着贫水国家或地区实体水资源的节约，也意味着水资源配置效率在全球和国家范围内的提高。如法国生产的 1kg 玉米的虚拟水含量是 $0.6m^3$，而埃及是 $1.12m^3$，因此从法国出口 1kg 玉米给埃及，在全球范围内可以节约 $0.52m^3$ 的水，对埃及来说则节约了 $1.12m^3$ 的水。因此，虚拟水贸易是从水资源作为生产要素的角度，以不同的水资源禀赋产生的比较优势为基础的贸易。

在此基础上，虚拟水战略可以理解为水资源稀缺的国家或地区通过从水资源丰富的国家或地区进口水资源密集型产品来达到缓减其水资源短缺的策略。以水资源作为关键生产要素进行比较优势分析，实施虚拟水贸易战略，将为解决水资源短缺、保障水资源安全开辟新的道路。

此外，在强调水资源要素禀赋的同时，还应考虑生产条件、技术革新等因素。这是因为，是否进口虚拟水不仅取决于一个国家的水资源状况，还取决于产品的机会成本和相对优势（刘妍、郑丕谔，2008）。也就是说，如果一个缺水国家可以以较低成本生产产品，即使水资源是一个十分关键的要素，这个缺水国家生产这种产品仍会具有绝对优势。因此，虚拟水不仅反映一个国家拥有水资源的情况，还反映了生产技术水平及有限资源的机会成本。

2.3　虚拟水的计算方法

水作为绝大多数商品生产所必需的资源要素，最终六多都以虚拟的形式凝聚在产品中。虚拟水的计算同生态足迹的研究一样，是尝试采用账户的方式解释水资源在社会经济系统中的迁移转换。农业用水占全球淡水总淡水 80% 左右，农产品作为人类的生活必需品携带有大量的虚拟水，主要包括农作物产品中包含的虚拟水和动物产品中包含的虚拟水，是当前世界贸易中数量最大的商品，因此，农作物和动物产品的虚拟水含量，在虚拟水命题中占有比较重要的位置，是虚拟水研究的重点，是虚拟水计算的最主要部分。当前工业产品虚拟水含量由于其复杂的生产流程计算过于复杂，并且实际消耗的水资源数量一般较小，通常忽略不计。

虚拟水的定量分析主要有两种取向（Hoekstra，2003）：一是从生产者的角度将虚拟水定义为生产这种产品所实际使用的水资源量，它取决于生产地的生产状况（包括时间和地点）和水资源利用效率。一般情况下，干旱地区生产 1kg 粮食要比湿润地区用水量多 2 ~ 3 倍（A. K. Chapagain et al，2003）。使用这种定义时，会出现这样的情况：此进口国（地区）由于气候条件不能生产某种产品。这时可采用营养物质与之等价的产品代替计算。二是从消费者角度出发，定义为在产品消费地生产同质产品所需要的水资源量。该定义对于平衡缺水地区水资源赤字时（如采用进口代替生产一种水密集产品时给地区节约了多少水量）特别有用（Renault D.，2003）。这2种取向各有侧重，前种定义主要反映的是产品生产地的生产条件和用水效益等因素，其计算结果能有效地指导当地的生产部门更好地做好水资源的配置和利用工作；而后者的计算以产品消费地为基准，直接反映的是采取进口替代战略后所能节约的本地的水资源量，其计算结果能帮助当地的政策制定部门，在进行贸易结构调整时科学地决策应对哪些产品实施进口替代战略。

2.3.1　农作物产品虚拟水含量计算

2.3.1.1　不同类型农产品虚拟水含量计算原理

几乎所有的农作物产品在生产过程中都要消耗水资源，影响农作物产品需水量的因素很多，主要有农作物的类型、生长区域的自然地理条件、使用的灌溉系统、生产效率及其管理方式等。因此农产品的虚拟水估计只是特定地点的一种粗略估计。如果农作物产品生产过程中水的消费主要是通过蒸发和蒸腾作用，则农作物产品与水的消费之间的关系就相当清晰。但如果涉及其他的过程，如对农作物产品加工处理和与其他农作物产品一起加工处理，就需要采用价值构成比例和产品质量比列因子来进行虚拟水含量计算。

目前计算农产品虚拟水含量的方法主要有两种：一种是 Chapagain 和 Hoekstra 提出的研究不同产品生产树的方法；另一种是 Zimmer 和 Remault 基于对不同产品类型进行区分的计算方法。两者大同小异，这里主要介绍后者。

Zimmer 和 Remault 将农产品分为初级产品、加工产品、副产品和非耗水产品4 大类（Daniel Zimmer，Daniel Renavlt，2003），农产品的虚拟水含量的具体计算过程以不同产品的分类有所差异。

（1）初级产品虚拟水的计算：初级产品是指直接从作物身上提取的产品，包括谷物、蔬菜、水果等。首先，考虑气候影响因素并采用联合国粮农组织推荐的标准彭曼公式计算参考作物需水量，然后，用参考作物需水量乘以调整后的作物系数得到具体地区具体作物单位面积作物需水量，最后，通过单位面积作物需水量除以单位面积作物产量得到单位质量初级产品的虚拟水含量。

（2）加工产品虚拟水含量的计算：加工产品以初级产品为原料进行加工后的产品，如糖（原材料为甘蔗、甜菜）、植物油（原材料为菜籽、胡麻、花生等）、面粉、加工饲料、酒精饮料（原材料为粮食）等。加工产品的虚拟水含量取决于加工过程中初级产品的投入比例，通常按照初级产品投入重量比例加权得到。同时，加工产品还需要考虑加工转化效率，如果涉及与其他农作物产品一起加工处理时，就需要采用价值构成比例和产品重量比例因子来共同进行虚拟水含量分配的计算。例如生产 1kg 菜籽油通常需要 2～3kg 的油菜籽，从而 1kg 菜籽油的虚拟水含量是 1kg 油菜籽的 2～3 倍。

（3）副产品虚拟水的计算：副产品是指该类农产品的生产主要是为了其他目的而不是他们的营养价值。如棉油就是一种副产品，因为棉花的生产主要是为了获得棉花纤维，但棉花的籽粒可以榨油供人们使用。副产品的计算可以采用所有副产品重量比例、副产品价值量比例或营养均衡规律等不同方法进行计算分配。如 1kg 棉花可以提供 0.625kg 的纤维和 0.375kg 的种子，纤维和种子的虚拟水含量就按照它们的重量比例来分配，如果重量比例难以统计还可以按价值比进行虚拟水的分配，即 1kg 棉花生产出的纤维卖 4 元，生产出的种子卖 6 元，纤维和种子的虚拟水含量之比就是 4:6。

（4）非耗水产品虚拟水的计算：非耗水产品主要指水产品类，海产品不消耗淡水，淡水鱼通过天然河流水体的蒸发和用于喂养鱼类的初级产品（鱼饲料）而消耗少量淡水。还有一些动物是用作物秸秆和家庭生活的残余物喂养的，如中国 80% 的猪肉生产是这种类型。这类产品生产的虚拟水消费量的计算相当困难。目前提出的方法是将虚拟水与实际生产过程相分离，通常采用营养均衡规律计算虚拟水含量，即供同样能量和蛋白质的替代动物产品的虚拟水含量得到的。例如海产品和鱼属于非耗水产品，它们虚拟水含量的计算是通过计算提供同样能量和蛋白质的替代动物产品的虚拟水含量得到的。

在虚拟水研究中，还提出了多重产品和转化产品的概念。多重产品是指某种产品的生产是为了多种目的，如有些农产品的生产就是为了多重目的，如苹果树，本身可以提供果实供人们实用，还可以提供木材，当然还有生态价值。还有所有的动物产品几乎都是多重产品，如牛，可以提供牛肉，还可以提供牛皮等。动物产品就是一种转化产品，动物的生长需要利用原始的初级产品，如粮食类的产品和其他副产品，该类产品虚拟水含量的计算在动物产品虚拟水的计算中再详细介绍。

2.3.1.2 农作物产品虚拟水含量计算

农作物产品虚拟水含量计算是不同类型农产品虚拟水含量计算的基础。不论是加工产品还是副产品，均依赖于农作物产品虚拟水含量计算。

一般来说，根据联合国粮食及农业组织的作物需水量和作物产量的资料，计算在不同国家每种作物的虚拟水含量。计算某种作物虚拟水的步骤如图 2-1。

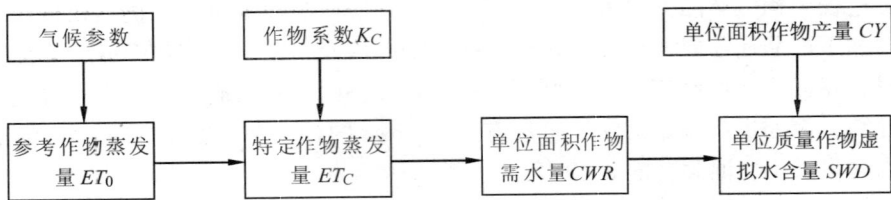

图 2-1　农作物虚拟水计算步骤

Fig. 2-1　Steps in calculation of virtual water of crops

农产品虚拟水含量的计算应首先从农作物生长过程的需水量入手。衡量作物需水量的有效指标是作物用水，它指的是作物在生长发育期间蒸发蒸腾所消耗的全部水资源量，通常采用联合国粮农组织所推荐的 CROPWAT 模型计算。CROPWAT 模型采用标准彭曼公式（Penman-Monteith），以一定的参考作物需水量为基准，通过不同的作物系数对其数值进行修正，得到具体作物的需水量。即单位面积作物需水量 CWR 的结果是由 ET_c 得来的，ET 表示在 c 农作物的整个种植过程中，农作物累积的蒸发蒸腾量，它等于参考作物的蒸发蒸腾水量 ET_0 与农作物系数 K_c 的乘积，由式（2-1）表示：

$$ET_C = K_C \times ET_0 \tag{2-1}$$

式中：ET_C 为作物实际累积蒸发蒸腾总量（mm/天）；ET_0 为参考作物蒸发蒸腾水量（mm/天）；K_c 为作物系数。

一般情况下，影响作物需水的因素包括：气象因素（降水、气温、水气压、日照时数和风速）、作物类型、土壤条件以及种植时间等。

K_c 反映农作物本身生物学特性（如叶面积、蜡质层、产量水平、土壤、栽培条件）以及各具体作物与参考作物表面植被覆盖与空气动力学阻力以及生理与物理特征的差异，是实际作物与参考作物的物理和生理等各种不同的综合反映。通常用作物高度、土壤表面反射率、覆盖层阻力和土壤蒸发这 4 个区别于参考作物特征的综合指标来表示。计算中需注意 K_c 取值的大小与植物的各生长阶段紧密相关。

ET_0 的概念是联合国粮食及农业组织在研究农作物的环境独立性，农作物的种植以及管理措施对蒸发的需求量时所引入的概念。在计算 ET_0 时，基于一个假想的作物参考面，将各种气候条件的影响融合在参考作物需水量中，而忽略了作物类型、作物发育和管理措施等因素对作物需水的影响。即唯一影响 ET_0 的因素是气候因素，只有一些环境参数能够影响 ET_0 的大小。参考作物的蒸发蒸腾水量的界定为，假定的参考作物为 12cm 高，固定的作物表面粗糙率为 70s/m，反射率为 0.23 的情况下的蒸腾量，这个蒸腾量接近于广阔的均一高度的绿草地全部覆盖地表、土壤充分湿润下的蒸发蒸腾量(Smith M., R. G. Allen, J. L. Monteith, 1991)。

ET_0可根据 FAO 推荐并修正的标准彭曼(Penman-Monteith)公式(2-2)进行计算:

$$ET_0 = \frac{0.48\Delta(R_n - G) + \gamma \dfrac{900V_2(P_a - P_d)}{T + 273}}{\Delta + \gamma(1 - 0.3)V_2} \tag{2-2}$$

式中:ET_0为参考作物蒸发蒸腾水量(mm/天);R_n为作物表面净辐射量[MJ/(m² · 天)];G为土壤热流量[MJ/(m² · 天)];T为平均气温(℃);V_2为离地面2m 高处风速(m/s);P_a为饱和状态下的蒸气压力(kPa);P_d为实际蒸气压力(kPa);$P_a - P_d$为蒸气压力差异(kPa);Δ为蒸气压力曲线斜率(kPa/℃);γ为干湿度常量(kPa/℃)。

公式中具体指标的计算参考以下公式:

(1)作物表面净辐射量 R_n:作物表面净辐射量 R_n为净射入短波辐射量 R_{ns}与净射出长波辐射量 R_{nl}之差。

$$R_n = R_{ns} - R_{nl} \tag{2-3}$$

流入短波净辐射量 R_{ns}和长波净辐射量 R_{nl}可根据 Stefan-Boltzmann 公式分别求出:

$$R_{ns} = (1 - \alpha) \times R_s \tag{2-4}$$

式中:R_{ns}为净射入短波辐射量[MJ/(m² · 天)];α为反照率系数,参考作物定义取 0.23;R_s为太阳射入辐射量[MJ/(m² · 天)]。

$$R_{nl} = \sigma \times \left[\frac{T^4(max,K) + T^4(min,K)}{2}\right] \times (0.34 - 0.14\sqrt{e_a}) \times \left(1.35 \times \frac{R_s}{R_{s0}} - 0.35\right) \tag{2-5}$$

式中:R_{nl}为净射出长波辐射量[MJ/(m² · 天)];σ为 Stefan-Boltzmann 常数,等于 4.903×10^{-9}[MJ/(K⁴ · m² · 天)];$T(max, K)$为 24h 内绝对温度最高值,$K = ℃ + 273.16$。$T(min, K)$为 24h 内绝对温度最低值,$K = ℃ - 273.16$;e_a为饱和状态下的蒸气压力(kPa);R_s/R_{s0}为短波辐射相对值(限定于≤1.0);R_s为太阳辐射量[MJ/(m² · 天)];R_{s0}为晴空辐射量[MJ/(m² · 天)]。

(2)饱和状态下的蒸气压力 e_a:

$$e_a = \frac{e^0(Tmax) + e^0(Tmin)}{2} \tag{2-6}$$

式中:$e^0(T max)$、$e^0(T min)$的计算公式如下:

$$e^0(T) = 0.6108 \times \exp\left(\frac{17.27 \times T}{T + 237.3}\right) \tag{2-7}$$

（3）蒸气压力曲线斜率 Δ：

$$\Delta = \frac{4098 \times \left[0.6108 \times \exp\left(\frac{17.27 \times T}{T + 237.3}\right) \right]}{(T + 237.3)^2} \qquad (2\text{-}8)$$

式中：T 为空气温度（℃），由每日的最高气温和最低气温的平均值计算可得。

（4）干湿度常量 γ：

$$\gamma = \frac{C_p \times P}{\varepsilon \times \lambda} = 0.665 \times 10^{-3} \times P \qquad (2\text{-}9)$$

式中：P 为大气压力（kPa）；λ 为汽化潜伏热量，取 2.45（MJ/kg）；C_P 为定压比热，取 1.013×10^{-3}［MJ/(kg·℃)］；ε 为水蒸气与干燥空气分子量比，取 0.622。

海平面高 Z 米处的大气压力 P 为：

$$P = 101.3 \times \left(\frac{293 - 0.0065 \times Z}{293}\right)^{5.26} \qquad (2\text{-}10)$$

根据各地区的上述气候和环境参数可以计算出 ET_0，然后乘以修正后的作物系数 K_C，就可得到该作物生长期间的需水量，再通过采集作物单位面积产量，计算出该作物单位质量中的虚拟水含量。因此，单一农作物产品虚拟水含量可以用公式（2-11）来计算：

$$SWD_c[n,c] = \frac{CWR[n,c]}{CY[n,c]} \qquad (2\text{-}11)$$

式中：$SWD_c[n,c]$ 为区域 n 内作物 c 单位重量的虚拟水含量（m^3/t）；$CWR[n,c]$ 为区域 n 内作物 c 的需水量（m^3/hm^2）；$CY[n,c]$ 为区域 n 内作物 c 的产量（t/hm^2）。

2.3.2　动物产品虚拟水含量计算

动物产品属于转化产品，也就是说动物的生长需要利用原始的初级产品，如粮食类的产品和其他副产品，因此动物产品虚拟水的计算要以农作物产品虚拟水的计算为基础。其计算是 Chapagain 和 Hoekstra 提出的研究不同产品生产树（production tree）的方法。动物产品虚拟水含量主要依赖于动物类型、饲养结构和动物成长的自然地理环境等条件，计算比较复杂。因此，对动物产品虚拟水的量化应分两步进行，首先需要确定活动物对水资源的消耗，然后再在不同的动物产品之间进行分配。动物产品虚拟水含量的量化分析过程如图 2-2 所示。

2.3.2.1　活体动物的虚拟水计算

活动物虚拟水含量指动物从生命开始到生命结束的时期内，动物生存生长所消耗的总水量，包括饲料所含的虚拟水 VWC_{feed}、饮用水 VWC_{drink}、动物饲舍清洁用水 VWC_{serve} 等。计算公式如(2-12)所示：

$$VWC_a[e,\ a] = VWC_{feed}[e,\ a] + VWC_{drink}[e,\ a] + VWC_{serve}[e,\ a] \quad (2\text{-}12)$$

其中：$VWC_a[e,\ a]$ 为出口地区 e 的动物 a 的虚拟水含量(m^3/t)；$VWC_{feed}[e,\ a]$ 为出口地区 e 的动物 a 的饲养用水量(m^3/t)；$VWC_{drink}[e,\ a]$ 为出口地区 e 的动物 a 的饮用水量(m^3/t)；$VWC_{serve}[e,\ a]$ 为出口地区 e 的动物 a 的服务用水量(m^3/t)。

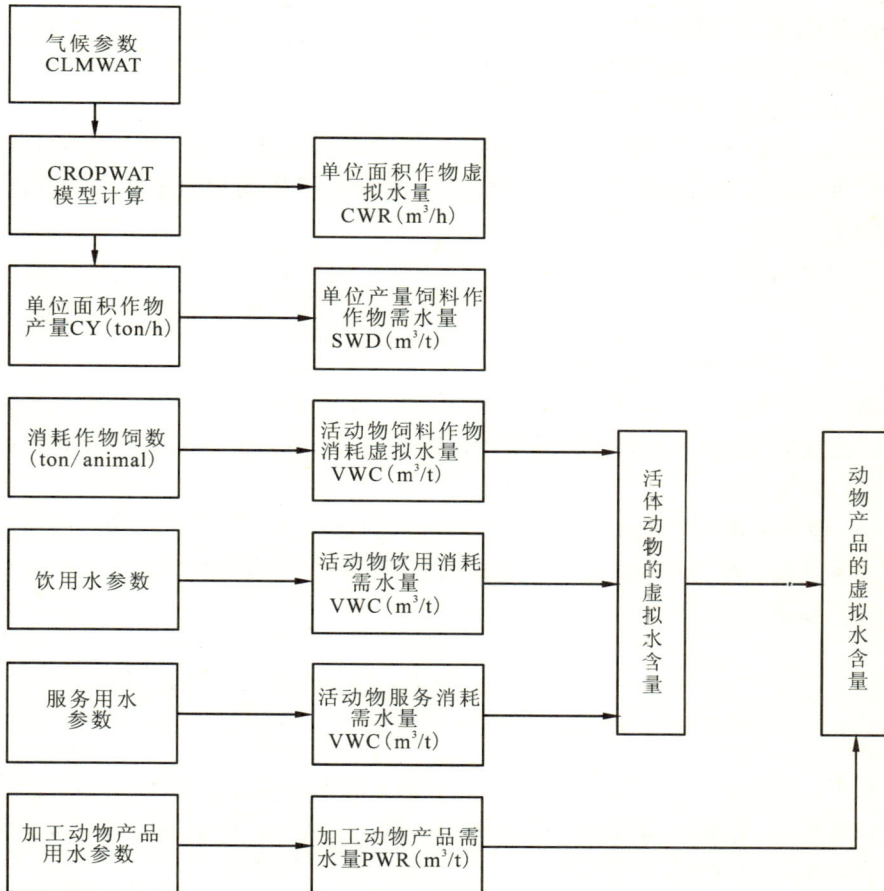

图 2-2　动物及动物产品虚拟水计算步骤

Fig. 2-2　Steps in calculation of virtual water of livestock and livestock product

(1)饲养用水的虚拟水含量。饲养使用的虚拟水含量有两部分组成：一是混合饲料所需的水，二是不同种饲料成分所含有的虚拟水含量。饲料作物中不同成分作物的虚拟水含量采用前面介绍的方法计算，然后按照在饲料作物中的重量比例加权得到饲料作物虚拟水含量。动物的生命周期中饲养用虚拟水含量如下：

$$VWC_{feed}[e,a] = \frac{\int_{出生}^{出栏}\{q_{mixing}[e,a] + \sum_{C=t}^{N_C} SWD[e,c] \times C[e,a,c]\}dt}{W_a[e,a]} \quad (2\text{-}13)$$

式中：$VWC_{feed}[e,a]$ 为在出口地区 e，动物饲料中所含虚拟水量（m³/t）；q_{mixing} 为在出口地区 e，用来混合动物 a 的饲料所需的水量(m³/天)；$C[e,a,c]$ 为在出口地区 e，动物 a 所消耗的饲料 c 的数量(t/天)；$SWD[e,c]$ 为在出口地区 e，农产品饲料 c 所需要的具体的水量(m³/t)；$W_a[e,a]$ 为在出口地区 e，活体动物 a 在出栏时的平均重量(t)。

(2)饮用水中的虚拟水含量。动物饮用水的虚拟水含量等于饮用水的总供给量，即为动物在生命周期中饮用水的总量，用每吨活体动物的虚拟水含量表示，公式如下：

$$VWC_{drink}[e,a] = \frac{\int_{出生}^{出栏}q_d[e,a]dt}{W_a[e,a]} \quad (2\text{-}14)$$

式中：$VWC_{drink}[e,a]$ 为出口地区 e，动物 a 饮用虚拟水含量(m³/t)；$q_d[e,a]$ 为出口地区 e，动物 a 每日需要的饮用水数量(m³/天)；$W_a[e,a]$ 为动物出栏时的重量(t)。

(3)服务用水的虚拟水含量。动物服务水的虚拟水含量等于在动物寿命期内清理农家庭院、维持环境清洁和其他的服务所消耗的水资源量。服务水的虚拟水含量计算如下：

$$VWC_{serv}[e,a] = \frac{\int_{出生}^{出栏}q_{serv}[e,a]dt}{W_a[e,a]} \quad (2\text{-}15)$$

式中：$VWC_{serv}[e,a]$ 为出口地区 e，动物 a 的虚拟水含量(m³/t)；$q_{serv}[e,a]$ 为出口地区 e，动物 a 每日服务需水量(m³/天)；$W_a[e,a]$ 为出口地区 e，活动物 a 寿命结束的时的平均重量(t)。

2.3.2.2　动物产品生产过程中虚拟水含量的分配

计算不同动物产品的虚拟水含量需要将活动物的虚拟水含量在动物产品间进行分配。将产品按状态进行划分，直接由活动物提供的产品称为第一类动物产品，如动物肉体、内脏、皮毛等。第一类产品经过进一步加工变成第二类动物产品，如奶酪、黄油、加工肉等。依此类推，再经过进一步加工的动物产品称为第三类动物产品和第四类动物产品。

第一类动物产品虚拟水含量包括活动物虚拟水和为得到不同第一类初级产品加工所需要的水资源量。为了在不同的第一类动物产品间分配活动物的虚拟水含量和加工需水，需要引进产品比例因子和价值比例因子两个概念。产品比例因子定义为从活动物得到的不同第一类动物产品的数量比例，如一头奶牛 500kg，宰杀后得到 300kg 的畜体，则畜体的产品重量比例因子是 0.6。价值比例因子是第一类产品的市场价值与所有第一类产品市场价值总和的比例。活动物的虚拟水和加工需水可以按这两类比例因子在不同的第一类产品之间进行分配。第二类动物产品的虚拟水由第一类产品的虚拟水和加工用水构成，产品间虚拟水分配可以采用与第一类动物产品类似的产品比例因子和价值比例因子方法进行分配。同样，可以计算第三、四类动物产品的虚拟水分配，需要注意的是计算过程应该避免重复计算。例如不能将一头奶牛的虚拟水含量全部先分给牛奶，再分给肉类产品。同时也要注意的是不要忽略一些重要的产品。

2.3.3　工业产品虚拟水含量计算

工业产品虚拟水就是在工业产品生产和加工过程中所需用的水量。由于全球工业部门年取水量仅为 $716Gm^3/$年，相当于全球总用水量的 10% 左右，而且相对于农产品和畜产品，其加工流程更多，工艺更为复杂，迄今为止对工业品虚拟水含量计算方法的研究还处于刚刚起步阶段（牛树海，2004）。A. K. Chapagain 和 A. Y. Hoekstra（2004）简要计算了与工业产品贸易相关的虚拟水量，指出工业产品虚拟水含量可以用跟早期农业产品相类似的方法进行计算。

然而，由于生产方法不同工业产品种类不计其数，很难找到与工业产品生产和消费相关的详细且标准的国家统计数字。

总的来说，在工业产品生产过程中，根据工业产品生产中水及虚拟水的消耗途径，从生产者角度设定虚拟水的消耗主要有以下几部分：原材料和燃料生产用水，原材料和燃料运输用水，生产过程中机械损耗折合生产用水，生产人员生产生活用水，生产过程中的添加水，服务性用水。从生产者角度设定虚拟水的计算公式，由式（2-16）、式（2-17）表示。

某工厂年产工业产品所含虚拟水总量＝年原材料和燃料生产用水＋年原材料和燃料运输用水＋年生产过程中机械损耗折合用水＋年生产人员生产生活用水＋生产过程中的添加水＋服务性用水

$$（2-16）$$

单位产品虚拟水的含量 = 年产工业产品所含虚拟水总量 ÷ 年产产品数量

$$(2-17)$$

但是，对于多项产品，还应按照这些产品的共同属性（如质量、价值等）把虚拟水总量分配到各种产品中。

具体说来，工业用水是指工、矿企业的各部门在工业生产过程中制造、加工、冷却、空调、洗涤、锅炉等处使用的水及厂内职工生活用水的总称，其用水来源及分类如图 2-3。

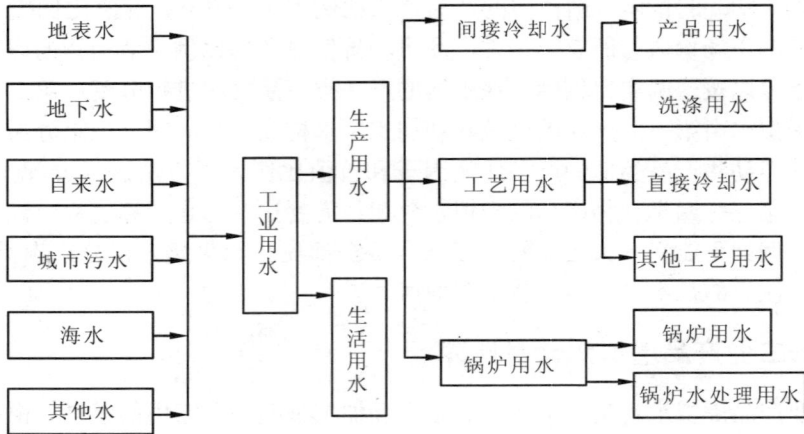

图 2-3　工业用水的水源分类与用途分类

Fig. 2-3　**Classification of industrial water and the water use classification**

2.3.4　生态系统服务虚拟水含量计算

生态需水的概念分为广义的生态需水和狭义的生态需水。广义的生态需水是指维持全球生物生理过程水分平衡所需要的水量，包括水热平衡、水沙平衡、水盐平衡等。狭义的生态需水是指为维持生态系统自身存在和发展以及发挥应有的生态经济效益所需要的水量，即为基本遏制生态环境恶化趋势，并逐步改善生态环境质量所需要的水量。广义的生态需水量概念对研究不同尺度的水资源系统和考虑各系统的功能及其相应的物质运动较为适用，而狭义的生态需水定义对水资源供需矛盾突出和生态环境相对脆弱的干旱、半干旱区及其季节性干旱的半湿润区的系统分析相对适合。

由于人类生活与生产消耗了大量的水资源，挤占了生态用水，致使生态系统退化，其结果表现为森林，草场与植被的严重退化，包括荒漠化与沙尘暴的蔓延，使生态系统为人类提供生态服务的功能逐渐丧失，实际上这是由于人类生活与生产挤占生态用水产生的必然结果。

Falkenmark 将"绿水"的概念从其他水资源中分离出来，与蓝水相区别，指出绿水是存在于土壤中非饱和含水量（包气带）中的土壤水以蒸发的形式由植被所利用，提醒人们注意生态系统对水资源的需求。不同植被类型条件和不同的土壤物理性质都会导致生态需水量的不同。

方文松等根据河南省台站土壤墒情数据库1997年10月至2003年6月资料做出的土壤有效水分含量分析表明：壤土最大，黏土次之，沙土最小。开封站土壤类型为沙土。开封站的沙土性质：土壤平均含水量较小，土壤水分贮存能力较差，易旱易涝。0～50cm土壤墒情平均为10.6%，最大值22.8%，最小值1.4%，0～50cm平均土壤容重按1.3g/cm³计算，则0～50cm平均含水量为68.9mm，减去凋萎湿度4%以下的无效含水量26mm，平均有效含水量仅为42.9mm。台前站土壤类型为黏土。该站黏土的性质：土壤总体含水量较大，且无效含水量也较大，0～50cm多年平均土壤墒情27.1%，最大值39.2%，最小值16.2%，0～50cm平均土壤容重按1.55g/cm³计算，则0～50cm平均含水量为210mm，减去凋萎湿度14%以下的无效含水量108.5mm，平均有效含水量101.5mm，比沙土多58.6mm。杞县站土壤类型为壤土，该站壤土的性质：土壤总体含水量介于沙土和黏土之间，但其平均有效含水量较大。0～50cm多年平均土壤墒情22.1%，最大值30.8%，最小值12.4%，0～50cm平均土壤容重按1.45g/cm³计算，则0～50cm平均含水量为160.2mm，减去凋萎湿度8%以下的无效含水量58mm，平均有效含水量102.2mm，比沙土多59.3mm，比黏土略大一点。河南省大部分地区土壤田间持水量处于20%～25%之间，属于壤土，其有效含水量较大，利于作物的生长发育；而信阳大部、驻马店东南部、南阳南部、周口北部及商丘、开封、新乡的部分地区，其土壤田间持水量大于25%，属于黏土，虽然保持土壤水分的能力较强，但作物利用起来也比较困难；郑州东部、西南部、开封西部、三门峡和安阳的部分地区，土壤田间持水量小于20%，属于沙土，其土壤结构松，贮水能力特别差，作物极容易受旱（方文松等，2005）。

各种生态类型最大生态需水量计算，如下式：

$$E_0 = \sum_{i=1}^{n} E_{0i} F_i \tag{2-18}$$

式中：E_0 为蒸发能力或潜在蒸发量（mm）；F_i 为不同生态区折算系数。

式（2-18）中采用气象方法得出潜在蒸发来分类测定估算，可用计算得到的 E_0 折算生态区（F_i）的生态需水量（E）值。上式表示了最大生态需水量，i 为该保护生态类型的规定面积，F_i 是一个折算系数。

2.4　小　结

本章主要是归纳总结了国内外虚拟水的相关理论和虚拟水的计算方法。

首先，从虚拟水的含义、概念框架、特征、理论基础四个方面进行介绍和分析。虚拟水是生产商品和提供服务所需要的水资源数量，可从生产者角度定义，也可从使用者角度定义。虚拟水概念是一个总体概念，其中包含了许多子概念，如虚拟水出口量、虚拟水进口量、虚拟水流、虚拟水平衡、虚拟水贸易、虚拟水战略等。相对于实体水而言，虚拟水具有非真实性、贸易性、便利性、规模性、价值隐含性等特征。资源流动理论、资源替代理论、比较优势理论体系是虚拟水的理论基础。

然后，分别对农作物产品、动物产品、工业产品和生态系统服务虚拟水含量的计算方法进行了介绍。农作物产品生产过程中水的消费主要是通过蒸发和蒸腾作用，通常采用联合国粮农组织所推荐的 CROPWAT 模型计算。CROPWAT 模型采用标准彭曼公式（Penman-Monteith），以一定的参考作物需水量为基准，通过不同的作物系数对其数值进行修正，得到具体作物的需水量。如果涉及其他的过程，如对农作物产品加工处理和与其他农作物产品一起加工处理，就需要采用价值构成比例和产品质量比例因子来进行虚拟水含量计算。动物产品属于转化产品，动物产品虚拟水的计算要以农作物产品虚拟水的计算为基础，其计算是 Chapagain 和 Hoekstra 提出的产品生产树（production tree）的方法。工业品虚拟水含量计算方法的研究还处于刚刚起步阶段，从生产者角度设定虚拟水的消耗主要有以下几部分：原材料和燃料生产用水，原材料和燃料运输用水，生产过程中机械损耗折合生产用水，生产人员生产生活用水，生产过程中的添加水，服务性用水。

虚拟水概念提出的 20 年时间里，理论已经比较成熟，方法也日益完善。尤其是农作物产品虚拟水含量的计算最为成熟。但几乎没有涉及木质林产品虚拟水的理论与方法。

第 **3** 章

森林虚拟水理论、测度方法与测算研究

虚拟水是指生产商品和服务时耗费的水资源量。木质林产品来自于森林，因此，要研究林产品虚拟水，首先要研究森林虚拟水。森林虚拟水是森林生长周期内保持机体正常代谢的总需水量。研究森林系统需水量需要研究森林与水的关系，围绕森林蒸腾发散和水源涵养的双重水作用进行深入探讨。森林具有巨大的蒸散作用，同时森林系统又是巨大的水源涵养系统：森林冠层可以对降雨进行再分配、森林的枯枝落叶层涵养水源、森林下层灌木与草本具有截流降水功能，通过各种生态过程，在森林系统中涵养大量水分，进而影响水分分配和运动过程，包括降雨、降雨截持、干流、蒸散、地表径流等。这与农作物产品基本作为耗水产品完全不同。

3.1 森林与水的研究综述

3.1.1 森林与水的关系

森林系统是陆地上面积最大、分布最广的生态系统，是陆地生态系统的主体，是人类赖以生存与发展的重要环境资源。森林资源作为地球上重要的可再生资源，具有现存量大、物种多样、结构复杂、生产力高、稳定性强等特点，在人类社会的起源与发展中起着极为重要的作用。森林不仅能够为人们的生产生活提供木材、林副产品等物质资料，而且还具有广泛的生态功能与效益，包括调节气候、涵养水源、防风固沙、净化空气、保护环境、维护生物多样性和维持生态平衡等。

水是万物生命之源。森林生长发育的最基本条件包括光照、热量、水分和空气等气候条件和土壤等，水是森林生态系统中最活跃、最有影响的一个因素（韩永刚、杨玉盛，2007）。一方面，它作为物质存在的一和形式作用于森林生态系统；另一方面，水又是森林生态系统物质和能量循环的重要载体。森林或树木生长依赖光合作用。光合作用就是绿色植物利用光能将其所吸收的二氧化碳和水同化为有机物。生物圈的存在、运转和发展一刻也离不开光合作用，只有光合作用才能为无数生物提供它们所需要的食物、氧气和能量。水分既是光合作用的原料之一，又可影响叶片气孔的开闭，间接影响 CO_2 的吸收。缺乏水时会使光合速率下降。因此，水是森林生态系统物质循环的重要物质，森林生态系统的水分状况对系统的稳定性、连续性等都有很大的影响，它直接影响着森林或树木的生长、分布。

在 19 世纪，植物地理学家就注意到，大的植被类型(荒漠、草原、落叶林、针叶林)和气候有密切关系，也就是植被的外貌随降水和温度而变。世界温带各顶极生物群落类型同年平均降水有关(E. P. Odem)，见表 3-1。

表 3-1　世界温带各顶极生物群落类型与年平均降水

Tab. 3-1　The top biome types and the average annual precipitation in temperate zone

年降水量(mm)	植被类型
0 ~ 24.5	荒漠
24.5 ~ 73.5	草原
73.5 ~ 1225	森林
> 1225	湿润森林

实际上，顶极群落的区域性不单由降水量决定，而且也决定于降水量和潜在蒸发量(自由水面的蒸发量)之间的平衡。常用的指标是 P/E 和 K。P/E 即湿润度，年平均降水量(mm)与潜在蒸发量(mm)之比。K 为干燥度，潜在蒸发量与同期降水量之比。我国对 K 值($K = 0.16 \sum \geqslant 10℃/r$，即 10℃ 以上的活动积温乘以 0.16 近似等于潜在蒸发量，与同期降水量之比)的计算结果是，由东南向西北增大，依次为湿润、半干旱和干旱气候区域，相应出现森林、草原和荒漠三个植被类型(表 3-2)。

表 3-2　中国水分状况与自然植被

Tab. 3-2　China water condition and the natural vegetation

干燥度	水分状况	自然植被
≤0.99	湿润	森林
1 ~ 1.49	半湿润	森林草原
1.50 ~ 3.99	半干旱	草甸、草原、荒漠草原
≥4.0	干旱	荒漠

中国森林主要分布在湿润与半湿润地区。森林分布多寡的分界线为漠河—大兴安岭—吕梁山—六盘山—青藏高原东南缘一线，大致与 400mm 降水等值线相吻合，界线以西多为草原与荒漠。除大兴安岭林区外，中国绝大多数针叶林、阔叶林及针阔混交林均分布于 600mm 降水等值线的东南部。400mm 与 600mm 降水等值线之间则主要为阔叶林区与防护林体系。新疆西北部阿尔泰山与天山山脉大

于 300mm 与 400mm 降水等值线的高山区存有我国西北罕见的森林。

森林水循环是陆地水循环中的重要组成部分，不但影响森林植被的结构、功能与分布格局，还影响地球表面系统的能量收支、转换和分配，在陆地生态系统的碳氮平衡过程中发挥着重要作用(刘世荣等，2007)。

另一方面，由于不同类型的森林对大气降水的林内降雨量、树干截留量等的影响不同，产生的地表径流、地下径流也不尽相同，林地蒸发散也可能不一样。因此，不同地带、不同类型的森林对水分的大循环、小循环、水量平衡等各个方面的影响自然存在差异，甚至这种变化是很大的。森林植被变化对森林水文过程的影响将会改变水量平衡的各个环节，影响森林的水分状况和河川径流(韩永刚、杨玉盛，2007)。

所以，森林与水之间关系十分复杂，它们之间相互影响、相辅相成，不仅受森林生态系统发展本身的影响，而且还受地形、地质、土壤类型、植被等的空间变异性以及气象通量诸如降雨、入渗和蒸发等的时空变化性的影响(郑绍伟等，2009)。这与农作物产品基本作为耗水产品完全不同。因此，森林与水的关系问题仍是当今生态学与水文学研究的中心议题之一。

3.1.2 森林的水文运动过程

森林的水文运动过程在森林系统的四个层次上发挥作用：乔木层、灌草层、枯枝落叶层和土壤层。水分受森林的影响而表现出来的水分分配和运动过程，包括降雨、降雨截持、干流、蒸散、地表径流等，这些构成了森林的水文过程(辛颖等，2004)。其中，蒸散是陆地生态系统在降水量输入后系统中的水分和大气中的水分进行交换的重要生态过程，主要包括土壤蒸发过程和林木蒸腾作用，其中，水分散失以林木的蒸腾作用为主。森林生态系统的蒸散作用对于区域水平衡和全球水循环有着重要意义。其中，林木蒸腾作用是森林生态系统水分平衡的重要组成部分，受到冠层结构及其发展变化、土壤特性和自然环境因子等多种因素的影响。

(1)林冠层对降水的截留作用：大气降水落到森林表层，首先受到林冠截留，引起降水的第一次分配。截留的水约占降水量的 5% ~ 10%(顾宇书，2010)，这部分水从叶面蒸发到大气，不能为森林贮存。其余大部分降水(小部分林内降雨直接到达地面，另一部分降水顺着树干流到地面)通过林内降水形式到达地面枯枝落叶层，形成土壤蓄水。

林冠层截留降雨的能力因不同树种、不同器官有很大差异，主要由林冠层叶面积指数、枝叶的生物量以及持水率所决定。大量研究证明，因降水频率、降水强度、降水历时、风速、树种、林冠蒸发能力、郁闭度等影响因素的不同，林冠截留量的大小也存在差异（辛颖、赵雨森等，2004）。目前 Rutter 模型和 Gash 解析模型是较为完善且应用广泛的林冠截流模型（韩永刚、杨玉盛，2007）。截留的降水会直接蒸发到大气中，森林贮存量很少。但林冠截留作用以及截留雨量再蒸发作用在森林生态系统水平衡中占有重要地位。林冠截留作用大大减弱了降水对地面的直接冲击力，从而对林地土壤起到保护作用。

我国主要森林生态系统林冠截留量平均为 134.0 ~ 626.7mm，变动系数为 14.27% ~ 40.53%，截留率平均为 11.40% ~ 34.13%，变动系数为 6.86% ~ 55.05%（顾宇书，2010）。树冠截留功能波动性大，稳定性小，其中以亚热带西部高山常绿针叶林最大，亚热带山地常绿落叶阔叶混交林最小（具有复杂结构的热带山地雨林和季雨林除外）。而国外一般认为温带针叶林林冠截留率为 20% ~ 40%。林冠截留率与降水量呈紧密的负相关，一般表现为负幂函数关系（韩永刚、杨玉盛，2007）。

（2）林下灌木草本层对降水的截留作用：鲍文等（2004）指出林下灌木草本层主要有以下两点功能：①截留雨水作用；②分散林内降雨动能。林下灌木草本层是森林截留降水的主要组成部分，在减弱降水对地面的直接冲击力方面也有重要的作用：降雨通过林冠层到达林下植被层是再次被截留，从而使雨滴击溅土壤的动能大大减弱。

不同森林类型林下植被层持水量变化较大。林下植被的种类以及数量受林分结构的影响，使得不同林分林下植被层的持水性能存在差异。灌草层居于林内近地层，林内与林外相比，具有温度低、风速小的特点。在降雨过程中，林下几乎没有产生蒸发，用浸水法测得的灌草层最大持水量可近似地认为是其对降雨的截留量。一般以林下植被层的最大持水量来表示林下植被层持水功能的大小。林下植被层持水量是林下灌木层持水量和草本层持水量之和（韩永刚，杨玉盛，2007）。

林下灌木草本层的截留量与覆盖度呈正相关，与林分郁闭度成负相关，林下灌木草本层的截留量约为林冠截留量的 1/10。如果林下灌木草本覆盖度低，即灌木少，而且林冠郁闭度高，则灌木草本层的截留量就小；反之，如果林下灌木草本覆盖度高，即灌木较多，而且林冠郁闭度低，则灌木草本层的截留量就大。此外，林下灌木草本层截留量也会因植被种类和密度的不同而不同。通常情况下天然林林下植被层的持水量较大，这是因为天然林受人为干扰较少，易形成复层林，林冠层疏开，郁闭度降低，林下的光照条件好，林下植被繁茂，林下植被层生物量一般较高，所以林下植被层持水量较高。

（3）枯枝落叶层截持水作用：森林的枯枝落叶层是由林地植物地上的器官（如树皮、枝、叶、花、果实、种子等）枯死脱落而形成的。枯枝落叶层的上部是枯枝落叶，没有腐烂，而且疏松有弹性；下部是由菌丝缠绕的半分解状态的残枝败叶，透水性强，也疏松有弹性。森林的枯枝落叶层在森林水源涵养作用中占据重要地位，其主要功能有以下三点：①本身具有很强的截留降水和贮水能力；②提高地表的粗糙程度，增强地面渗透能力；③减弱降雨对地表土壤直接打击，抑制地表径流冲刷土壤。枯枝落叶层还有增加土壤腐殖质和有机质的作用，并参与土壤团粒结构的形成，有效地增加了土壤孔隙度，减缓地表径流速度，为林地土壤层蓄水、滞洪提供了物质基础(韩永刚、杨玉盛，2007)。

　　林地凋落物形成的枯枝落叶层具有很强的截留功能。有关资料表明：在林冠层、枯枝落叶层和土壤层这3个层次中，枯枝落叶层的贡献很大。枯枝落叶层约能截持总降水量的8%～10%，而其吸水量则可以达到自身干重的2～4倍，各种森林的枯枝落叶层的最大持水率平均约为309.54%(刘永杰、刘文耀等，2010)。我国主要森林类型的凋落物生物量是3.5～26.8t/hm^2，其变异系数为18%～68%，其中冷温型或温型的山地落叶松森林最大，热带山地雨林最小。而针阔混交林凋落物的持水能力要高于阔叶林或针叶林(孔维健等，2009)。枯枝落叶层具有比土壤更多更大的空隙，因而水分易蒸发。Kelliher(1989)研究表明，不同类型的森林枯枝落叶层的蒸发散占林地总蒸发散的3%～21%。

　　影响枯枝落叶层对水分的截留蓄积能力的因素主要是凋落物的覆盖面积和持水能力，并受林分类型、林龄、枯落物分解状况、累积状况、前期水分状况、降雨特点等因素的影响(韩永刚、杨玉盛，2007)。

　　(4)林地土壤层水分入渗及贮水作用：森林中透过林冠层的降水量有70%～80%进入土壤，进行再次分配。一般森林土壤疏松，物理结构好，孔隙度高，具有比其他土地利用类型高的入渗率。对于良好的森林土壤，其土壤稳定入渗率高达8.0cm/h以上，林地入渗过程的模拟以Philip模型为主。土壤渗透能力通常与非毛管孔隙度呈显著正线性相关，林地土壤具有较大孔隙度，特别是非毛管孔隙度大，从而加大了林地土壤入渗率、入渗量。研究表明，阔叶红松林皆伐形成的草地的初渗率和稳渗率只相当于原始红松林的30%～60%，大大降低了森林土壤的渗透性能。降落到林地上的雨水，大部分都直接从土壤孔隙渗入到土壤下层中，即使是激烈暴雨，也不至于急速流出，对地面产生很大的冲击力，从而避免了洪水以及水土流失，同时也涵养了水源。

　　森林土壤贮水量常因森林类型、土壤类型不同而异。据研究，杉木人工林、间伐林和皆伐迹地土壤贮水能力分别为1220、1030和850t/hm^2，皆伐迹地土壤贮水能力最低。森林土壤层的最大贮水量与土壤结构和土壤孔隙度密切相关。其中与土壤层容重相关关系最密切，其他影响因素影响程度大小依次为非毛管孔隙度、有机质含量、毛管孔隙度(韩永刚、杨玉盛，2007)。

　　(5)森林的蒸发散作用:森林蒸发散包括两个过程:蒸发是指林地土壤和植物枝、干、叶表面的水分蒸发,这是个物理过程;蒸腾是指森林中所有植物通过叶片气孔和皮孔散发出水分的生理过程。蒸发散是森林生态系统的水分循环中最主要的输出项,又由于在蒸发过程中要消耗大量热能,因此,它又是森林生态系统热量平衡中最主要的过程,这也是森林能调节局域温度和湿度的机理所在(韩永刚、杨玉盛,2007)。

　　森林蒸发散受树种、林龄、海拔、降水量及其他气象因子的影响,影响因素较多,又具有极大的时空变异性。Riekerk 采用窝式双箱渗透计测定树木最大蒸腾量可达 11mm/天,Dunin 等采用氘示踪法测定 67 年生的挪威云杉,其蒸腾量占降水量的 88%(张建列、李庆夏,1988)。我国 20 世纪 60 年代初开始了森林蒸发散研究工作,多数研究结果表明,蒸发散最大约占降雨量的 40% ~80%(马雪华,1992)。随纬度的降低、降水量增加,森林蒸发散略呈增加趋势,相对蒸发散则减少。

　　森林系统的地面蒸发和树冠蒸腾作用是陆地自然系统水分循环过程的重要环节,其中蒸腾作用所占比例较大(林木从环境中吸收的水约有 99% 用于蒸腾作用,只有 1% 保存在体内),在林分耗水过程中占有重要地位。一般说来在低温地区和低温季节,植物的蒸腾量小,生长缓慢;在高温地区和高温季节,植物的蒸腾量大,生产量也大,在这种情况下必须供应更多的水才能满足植物对水的需求和获得较高的产量。所以,林木蒸腾耗水量一直是森林水文生态过程研究的重要指标。国内外进行了大量深入研究,并提出了许多测定方法和模型。

3.1.3　森林的水文效应

　　森林水文效应是生态系统中森林和水相互作用及其功能的综合体现。森林水文学作为一门研究森林与水之间关系的独立学科,起始于 19 世纪末 20 世纪初欧美国家,早期主要集中在研究森林变化对流域产水量的影响上,属于小尺度的"对比流域试验",1900 年瑞士 Emmental 山区 2 个小流域对比试验是这类研究的开端,也是现代实验森林水文学的标志。1909 年美国在 Wagon Wheel Gap 的实验是严格意义上的对比流域实验。后来,对比流域试验研究方法被公认为森林水文学研究最有效的手段(郑绍伟等,2009)。各国对森林水文的研究因各国情况而不同,欧美各国对森林水文的研究比较早且比较系统,注重定性与定量的结合,研究手段较为先进。我国的森林水文研究多为小尺度(径流小区、径流场)对个别水文过程的研究(孙阁等,2007)。近几十年来,森林水文效应研究的焦点主要集中于以下几个方面:

　　(1)森林对降水量的影响:森林是否能增加森林流域的降水量,一直是国内外学术界争论的一个焦点问题。从理论上讲，降水包括降雨和降雪，森林对降水量的影响可分为对水平降水和对垂直降水两个方面的影响。①森林对水平降水的影响。国内外学术界对这方面的研究结论比较一致，认为森林在一定程度上能增加水平降水。这是因为森林的层次结构多而复杂，枝叶茂盛，对雾等凝结水有较强的捕获能力，可以在林内形成降水（陈军锋等，2001；杨清平等，2006）。②森林对垂直降水的影响。在这方面存在许多争论，主要有 2 种观点（郑绍伟等，2009）。一种认为森林能增加降水量，其理论解释是：森林可以吸收深层土壤水分以供林木自身的蒸腾消耗，从而给大气输送了大量水分，这些气态水有相当一部分反馈于林区及附近地区，且由于森林上空湿度大，温度低，成为一个冷却的下垫面，有利于成云致雨，因此可增加降水。另外，森林使下垫面平均粗糙度增加，使空气扰动高度抬高，气流系统抬升，促使对流形成而增加降水。另一种观点认为森林对降水量影响不大，甚至没有影响。另外有人认为，森林致雨的结论可能是由于降水量观测误差造成的。总的来说，森林的存在对降水量有着一定的影响，但是这种作用并不明显。因此关于森林能否增加降水的问题，不能简单地用"是"与"否"来处理，或者说森林的存在对降水没有影响。

（2）森林对径流的影响：总结国内外研究结果，有以下 3 种不同的观点：①森林植被的存在增加年径流量。这一观点以原苏联学者为代表。原苏联斯莫列斯克、季洛夫和伏尔加河左岸的 3 个地区的统计资料表明，在相同的气候条件下，有林流域较无林流域径流量增加 144mm，即森林覆被率每增加 1%，年平均径流量增加 1.1mm（耿运生，2003；马雪华，1993）。我国的一些学者也有过相同的结论（郑绍伟等，2009）。②森林植被的存在减少年径流量。这一观点以美国和日本学者为代表，国内外其他学者也较多地得出过相似结论（郑绍伟等，2009）。刘昌明等（1978）分析了黄河中游降雨及径流资料，结果表明：黄土高原林区的年径流深显著低于周边的非林区，林区的径流系数较非林区小 40% ~ 60%，周围非林区的年径流量为林区的 1.7 ~ 3.0 倍。以小流域森林影响径流计算，黄土高原森林减少年径流大约在 37% 以上。马雪华等（1987）、王礼先等（1998）研究表明，在北方地区森林植被覆盖率增加，流域年径流量减少；在南方亚热带地区森林植被覆盖率增加，流域年径流量增加。刘世荣等（1996）对我国森林水文生态作用集水区研究做了比较全面细致的总结和对比。从地跨我国寒温带、温带、亚热带和热带的小集水区实验以及黄河流域、长江流域等较大集水区的研究结果来看，多数结论认为：森林覆盖率的减少会不同程度地增加河川年径流量。其他一些学者也得出过相似结论。③森林植被的存在对年径流量基本无影响。比如在匈牙利西部阿巴拉契山坡，生长有枫树、橡树林的集水区，1957年实施 13% 强度的择伐，伐区与未经采伐的对照区相比较，其径流量和洪水性质、水质没有发生任何变化（孙铁珩等，1996）。总的来说，森林对径流有一定的调节作用，但在不同的森林结构、林分类型、立地条件等背景下，森林对径流的调节作用有着不同的趋向。所谓森林是否增加径流的问题，实际上可归结为流域被森林覆盖以后蒸发量是减少还是增加的问题，如果流域蒸散发量增大，势必引起径流量的减少；而在降水输入不变的条件下，流域蒸散发量的大小取决于能源条件和供水条件，以我国湿润地区为例，森林对于以热效应为主的太阳红光与近红外辐射波段的反射率高达58%，兼之森林有降低风速、保持空气湿度、降低温度等功效，致使蒸散发能力下降，仅从能量供应角度看，森林将造成蒸散发量减少，径流量增加。而就供水条件而言，当森林因蒸散发能力减小而增加的径流量不足以抵偿因森林供水条件改善蒸散发量增大而减少的径流量时，森林流域径流量就将减少。因此，流域蒸发散是一个重要的影响因子。另外对于同一个流域而言，由于年内降水分配不均，也会引起径流的不同变化趋势（郑绍伟等，2009）。

（3）森林对洪水的调节：森林可以在汛期削减洪峰流量，推迟洪水时间，这已经在很多人头脑里形成了定论。而且，国内外有很多学者也确实在不同的条件下得出了相同的结论。据何固心（1986）报道，在美国韦勒克河流域森林衰落前后径流量的试验表明，在暴雨量相当的情况下，森林植被减少以后，洪峰流量增大，洪水历时缩短。在国内也有许多学者做了相似的试验，并且得出相似的结论，认为森林的存在可以削减洪峰流量、推迟洪水时间（郑绍伟等，2009）。但也有一些学者认为，森林拦蓄洪水的作用是有限的，国内外已有研究表明：森林对洪水的影响随外界条件的变化而变化，随暴雨的增加而减弱，对小流域的作用大于大流域，在降雨强度较小的情况下，森林对洪水的影响较大，对于连续降雨，森林的作用逐渐减弱，甚至接近于零，当连续性大雨雨量超过400mm时，森林与洪水径流已无关系（中野秀章，1983）。

虽然森林对洪水的调蓄作用在不同地区会因为土壤、森林覆盖率大小及森林结构等不同而出现一定的差异，但并不可否认森林的确可起到调蓄洪水的作用，由于林冠、树干、枯落物层对降水的截留作用以及森林土壤的涵养水源作用，可使流域降水得到充分的截留和吸收，地表径流减少，快速流变为慢速流，延迟了流域洪水汇流时间，也削减了洪峰流量。但是相对于大的洪水，降雨量和森林的截蓄量相比，森林的作用是次要的，Chang（2002）系统地总结了森林对洪水的影响，其主要结论是：森林的减少会增加洪峰流量；对于小流域（5~10km^2）而言，其洪水过程主要由坡面过程控制；对于大流域（大于1000km^2），主要由地形因素和河网控制；总的来说，森林植被对洪水的作用不大，原因是在大暴雨时，森林对降雨的截留、入渗以及森林土壤的储水量是有限的。在国内程根伟（1996）也得出了相似的结论。而且到目前为止，对于已知的破坏性很大的洪水事件来说，几乎没有科学证据来支持砍伐森林是直接的原因的观点。

(4)森林对水质的影响：近几年由于大气污染对森林流域水文循环以及森林水质的影响，受到了人们广泛的关注。前苏联研究表明，农田集水区下部的森林有助于从本质上净化径流水质，排除污染成分和固体径流。日本观测结果表明，林内降雨和树干径流中的 Na、K、Ca、Mg、P、NO_3-N 等的含量均有所增加，而树干径流增幅较大，地表径流中 Na 含量有较大增加，而 NH_4-N、NO_3-N 含量有较大减少（韩永刚、杨玉盛，2007）。

我国这方面研究主要集中在森林生态系统本身的营养循环上，有关森林植被变化对溪流、水库水质的影响研究较少，是一个比较薄弱的环节。田大伦等研究表明，大气降水中含有 85 种以上有机化合物，且多数为环境污染物，这些污染物经过林冠层、地被物和土壤层的过滤、截留作用，种类不仅减少，而且数量大为降低，可使有害物质的浓度低于 $1\mu g/L$（马雪华，1989）。

由上节的分析可见，森林与水之间关系十分复杂，它们之间相互影响、相辅相成。这与农作物产品基本作为耗水产品完全不同。一方面，水直接影响着森林或树木的生长，影响森林植被的结构、功能与分布格局，另一方面，由于不同类型的森林对大气降水的林内降雨量、树干截留量等的影响不同，产生的地表径流、地下径流也不尽相同，林地蒸发散也可能不一样。森林可能影响降水量、影响径流、调节洪水，乃至影响水质。森林生态系统是一个巨大的水循环系统，水循环过程包括水分收入（水源涵养作用）和水分支出（蒸散作用）两个过程。

3.2　森林虚拟水的讨论

3.2.1　森林虚拟水的含义

根据虚拟水的定义，虚拟水是指生产商品和服务时耗费的水资源量，那么，森林虚拟水是指生产"森林"时耗用的水资源量。

在认识森林虚拟水时，要注意几个问题：

(1)森林是一个生态系统，森林不是一个具体的产品。森林不仅能够为人们的生产生活提供木材、林副产品等物质资料，而且还具有广泛的生态功能与效益，包括调节气候、涵养水源、防风固沙、净化空气、保护环境、维护生物多样性和维持生态平衡等。也就是说，森林具有多重功能，这些功能依赖森林而存在，有的相斥，有的相容。在研究源于森林功能的各类产品或服务虚拟水时要注意森林虚拟水的这一特征，具有多重产品观念。可以认为，森林是初级产品，源于森林的产品和服务需要加以转换。

（2）森林虚拟水应该是一个净消耗的概念。森林生态系统是一个巨大的水循环系统，水循环过程包括水分收入（水源涵养作用）和水分支出（蒸散作用）两个过程。严格意义上讲，不能仅仅用森林的蒸散作用的耗水量简单表示森林虚拟水量。这一点与农作物虚拟水是不同的。当然，由于森林与水的关系极为复杂，森林的水源涵养作用受到多种因素影响，难以测定和量化，在森林虚拟水的测度中，可能忽略森林的水源涵养作用，但不能否定森林虚拟水应该是一个净消耗的概念。

（3）森林虚拟水是一个累积的耗水量。森林的生长周期长，成熟期、采伐期至少几年通常几十年乃至上百年，与农作物一年、一季成熟期完全不同。因此，森林虚拟水是森林在全生命周期的耗水量，是森林生长过程中每年耗水量的累积。

（4）森林作为耗水性产品，包含有大量的虚拟水。以森林生长过程中蒸腾作用耗费的水资源量做森林虚拟水得简单替代，25 年生的华北落叶松生长期内累计蒸腾量为 56143.76m³/hm²，可以说生产"25 年生华北落叶松"需要耗费 56143.76m³/hm²水资源量，那么 25 年生华北落叶松的虚拟水含量为 56143.76m³/hm²。与农产品虚拟水含量相比，如 1t 小麦的虚拟水含量约为 1000m³/t，25 年生华北落叶松包含了更多的虚拟水资源。

（5）森林虚拟水同样具备非实在性、价值隐含性的特征，但因森林具有不可以移动性，因此并不具有贸易性、便利性、市场性等特点。森林虚拟水不是指树木等的实际含水量，森林虚拟水是非实际意义上的水，隐含于森林中，其价值是森林价值的组成部分。

3.2.2　森林虚拟水的构成

3.2.2.1　森林水分运动

根据森林虚拟水的含义，森林虚拟水是指生产"森林"时耗用的水资源量。但森林系统水分运动过程是一个水量平衡过程。水量平衡研究就是通过对森林系统的水分收入（水源涵养）和水分支出（蒸腾发散）进行定量分析来揭示森林系统中水分的运动规律。也就是说，在研究森林虚拟水时不能只考虑森林对水的消耗、支出过程。

森林的水分收入过程主要是凭借森林的水源涵养功能对降水进行截留与再分配从而将水分储存在系统内。森林系统中由树木及其他植被覆盖地面，以林冠层、林下灌木草本层、以及枯枝落叶层截持降水，来调节和吸收地表径流，使水分下渗贮存到土壤里，从而减弱降水对地面的冲刷，达到保持水土、贮存降水、提高水分有效蒸腾的目的，并还能够促进降水增加，最终对人类生产和生活产生有益影响。

　　森林中树木的蒸腾耗水和土壤的蒸发耗水是森林水分支出过程的主要环节，其中，以树木的蒸腾耗水作用为主。而森林系统土壤主要功能是贮水，土壤蒸发耗水量相对于树木蒸腾耗水量来说较小。森林的蒸腾作用受到许多因素的影响，如气候条件、林种、林龄、林相、土壤状况等。

　　与农作物相比，森林除了有蒸发蒸腾作用之外，还具有水源涵养的作用，即对于森林来说，水分运动是收入和支出的双向过程，比农作物单纯的水分支出过程要复杂得多。

3. 2. 2. 2　基于森林流域水量平衡式的分析

　　根据森林水文学的研究，如果森林流域是闭合流域，森林流域没有水量的内外交换，就能准确测定系统的水分输入和输出。系统任一时段内的水量平衡方程如下：

$$P = R + E_t + \Delta W \qquad\qquad (3-1)$$

　　式中：P 为大气降水；R 为系统流出的径流量，包括地表径流（R_s）和地下径流（R_g）两部分；ΔW 为系统蓄水变化，在森林生态系统中植物和空气蓄水量的变化，与降水量相比非常小，可以忽略不计，因此 ΔW 即为土壤蓄水变化量；E_t 为系统蒸散量。

　　根据森林水文学的研究，森林的水源涵养作用主要体现在影响降水量、影响径流、调节洪水和影响水质。森林对径流的影响有 3 种不同的观点：①森林植被的存在增加年径流量；②森林植被的存在减少年径流量；③森林植被的存在对年径流量基本无影响。不管是否有影响，影响大与小，这都是相对于没有森林存在的情况，并不影响森林流域水量平衡。而且，森林的生长并不一定依赖是否有地表径流（R_s）和地下径流（R_g），因此，森林对径流的影响并不影响式(3-1)。类似，森林对洪水的调节也不影响式(3-1)。森林对水质的影响因不涉及水量变化，所以也不影响式(3-1)。

　　根据森林水文学的研究，森林的存在会使土壤贮水能力显著提高，土壤水的大小对森林生长有直接影响，但式(3-1)中，ΔW 为土壤蓄水变化量，而不是土壤蓄水量。所以森林有利于提高土壤贮水能力的水源涵养作用也不影响式(3-1)。

　　但是，实际上，式(3-1)把降水量当作一个系统输入的外部固定变量，未考虑森林对降水量的影响。根据森林水文学的研究，森林对垂直降水的影响存在许多争论，但国内外学术界对森林对水平降水的影响的研究结论比较一致，认为森林在一定程度上能增加水平降水（韩永刚等，2007）。也就是说，由于森林的存在，实际观测到的森林流域的降水量是变大的，这不同于没有森林存在的同位置流域的降水量，这个变化量可以称之为 ΔP。即

$$P = \Delta P + P' \qquad (3\text{-}2)$$

式中：P 为大气降水量；P' 为没有森林存在的同位置流域的降水量；ΔP 为由于森林的存在造成的增加的降水量，它是森林水源涵养作用的表现。

然而，现实中无法区分森林流域的降水量和同位置流域的降水量，而且森林对降水量的影响作用也并不明显（韩永刚等，2007），与降水量相比非常小（绝对量可能很大），为测算方便，可以忽略不计，所以森林流域水量平衡方程仍可以采用式(3-1)，实际观测到的降水量仍作为森林系统的水分输入项。

这样，根据森林流域水量平衡式，森林在生长过程中耗用的水资源量主要跟系统蒸散量 E 有关。换言之，可以根据森林流域水量平衡式(3-1)测定森林系统蒸散量 E。

一般来说，森林蒸散主要由林下土壤的物理蒸发、树冠截留水蒸发和植被蒸腾 3 部分组成（王正非等，1985；马雪华，1993；Klocke et al，1996），即：

$$E_t = E + I + T \qquad (3\text{-}3)$$

式中：E_t 为森林蒸发散耗水量；E 为土壤蒸发耗水量；I 为林冠蒸发耗水量；T 为植被蒸腾耗水量，主要是林木蒸腾耗水量。

森林蒸发散包括两个过程：蒸发是指林地土壤和植物枝、干、叶表面的水分蒸发，这是个物理过程；蒸腾是指森林中所有植物通过叶片气孔和皮孔散发出水分的生理过程。

蒸腾作用是植物体进行生命活动的必须生理过程。通过蒸腾作用，产生蒸腾拉力，它是植物被动吸水与转运水分的主要动力，这对高大的乔木尤为重要；蒸腾作用促进木质部汁液中物质的运输，它可以使土壤中的矿质盐类和根系合成的物质随着水分的吸收和集流而被运输和分布到植物体各部分去；蒸腾作用能降低植物体的温度，这是因为水的汽化热高，在蒸腾过程中可以散失掉大量的辐射热；蒸腾作用的正常进行有利于 CO_2 的同化，这是因为叶片进行蒸腾作用时，气孔是开放的，开放的气孔便成为 CO_2 进入叶片的通道。因此，蒸腾作用耗水是森林耗水的必须项。

土壤蒸发是土壤中的水分通过上升和汽化从土壤表面进入大气的过程，是自然界中不可避免的土壤水分物理运动过程。土壤蒸发是水文循环的一个重要环节，对森林生态系统而言，土壤蒸发是一种无效的水分消耗，但其影响土壤含水量的变化，而土壤含水量对森林生长有直接影响，因此土壤蒸发会影响到森林生长。土壤蒸发取决于气候条件、地表覆盖和土壤类型，不同树种之间的差异主要表现为凋落物的多少。植物枝、干、叶表面的水分蒸发的水源一般认为来自于林冠对降水的截留。在降雨过程中，一部分雨水被林冠枝叶表面吸附，然后通过蒸发进入大气。显然，林冠蒸发可以散失掉大量的辐射热，能降低植物体的温度。

因此，不管是土壤蒸发，还是林冠蒸发，是森林存在就会发生的必然现象，是一个不可避免的耗水过程。考虑在农作物虚拟水含量测度中，也是将作物在生长发育期间的蒸发所消耗的水资源量作为农作物虚拟水量的组成部分，所以，这里将土壤蒸发和林冠蒸发的耗水也作为是森林耗水的组成部分。

3.2.2.2　森林虚拟水的构成分析

综上所述，森林虚拟水实际上就是森林的蒸发散所消耗的水资源量减森林的水源涵养量，森林的水源涵养量主要表现为降水增量。

$$FWD = E_t - \Delta P = E + I + T - \Delta P \qquad (3-4)$$

式中：FWD 森林虚拟水；E_t 为森林蒸发散耗水量；E 为土壤蒸发耗水量；I 为林冠蒸发耗水量；T 为植被蒸腾耗水量，主要是林木蒸腾耗水量；ΔP 为森林的水源涵养作用，主要是指森林对降水量的影响。尽管 ΔP 相对于森林蒸发散耗水量来说，非常小，但这正是森林虚拟水与农作物虚拟水构成中最不同的地方。

考虑 ΔP 测定的实际困难，以及它相对森林的蒸发散耗水量非常小，可以忽略不计，这样，森林虚拟水就可以用下式表达：

$$FWD = E_t = E + I + T \qquad (3-5)$$

因此，森林虚拟水主要是指森林生长过程中蒸发散作用耗费的水资源量，由土壤蒸发耗水量、林冠蒸发耗水量、林木蒸腾耗水量组成。

种种研究表明，森林虚拟水构成中，林木蒸腾耗水量最大，其次是林冠蒸发耗水量，再次是土壤蒸发耗水量。当然不同特定森林差异很大，综合各种数据，大体比例为5.5:2.5:2。例如，孟广涛等（2001）于1997~1999年间在滇中典型的防护林类型华山松人工林内，应用大集水区技术进行生态系统水文功能定位研究，探讨了华山松人工林生态系统的降水、径流、蒸散特征及水量平衡规律，结果表明：试验林分林冠截留率20.9%，林内雨及树干径流量分别占降雨量的74.2%和4.9%，总径流系数17.13%，土壤蓄水年变化量11.2mm，约占年降水量的1.1%，系统水量最大的输出是蒸散，每年以气态形式返回大气的水量822.1mm，占降水量的81.8%，在蒸散的水量中，林冠截留雨量的直接物理蒸发量占总蒸散量的25.6%；魏天兴等（1999）应用水量平衡法和波文比–能量平衡法分析了山西西南部黄土区主要造林树种水分供耗关系，研究得出刺槐和油松林地土壤蒸发、蒸腾、林冠截留蒸发的季节变化规律，结果显示1993~1995年刺槐林地林冠截留量72.8~118.4mm，蒸腾蒸发量356.2~394.6mm，占同期降水量的13.9%~19.9%和63.8%~90.0%，油松林地林冠截留量95.7~153.1mm，蒸腾蒸发量337.5~403.5mm，占同期降水量的23.2%~26.5%和66.0%~92.0%；崔向慧等（2006）采用水量平衡方法和集水区技术，研究2000年5月至2004年6月大岗山林区常绿阔叶林生态系统的水量平衡问题，结果表明：系统平均年输入降水 1772.7mm，其中 44% 集中在 4 ~ 6 月，主要支出项为径流、蒸散及土壤蓄水，分别为 854.3、852.5 和 65.9mm，占降水的 48.12%、48.11% 和 3.7%，林冠截留率 16.15% ~ 22.2%；高人(2002)采用固定标准地观测方法，在对辽宁东部山区 5 种主要森林类型降雨分配、植被层的蒸腾耗水及林地土壤蒸发的实际观测及对某些平衡因子(如径流量)通过简化水量平衡方程法，建立了森林水量平衡关系，研究表明，各林型间水量平衡分量有很大差异，各林分类型生长季总蒸散量为 476.6 ~ 651.3mm，以林冠的蒸发散为主，占同期总蒸散量的 73.5% ~ 88.6%；林冠下林地蒸发散为 69.3 ~ 126.5mm，占总蒸发散的 11.4% ~ 26.5%；李世荣等(2006)的研究表明，青海云杉、华北落叶松混交林生长季林地总蒸散量为 251.80mm，以林木的蒸发散为主，占总蒸散量的 80%，占同期降雨量的 58%，灌草蒸散占总蒸散的 13%，土壤蒸发为 25.71mm，占总蒸散的 7%；闻靖(2007)对松花江干流方正地区椴椴次生林、山杨水曲柳林、蒙古栋次生林林分林地蒸散及水量平衡的研究结果表明：山杨水曲柳林、糠锻次生林、蒙古栋次生林生长季各林分蒸散耗水分别为 228.55、190.7、167.36mm，各不同林分生长季蒸腾量为 148.67、128.24、124.64mm，各林分林地蒸发量为 79.88、62.46、42.72mm；余鸽等(2009)对秦岭火地塘林区油松林样地的研究发现，秦岭火地塘油松林生长季蒸发散量经计算为 638.08mm，该区年降水量为的 900 ~ 1200mm，占全年降水量约 53.17% ~ 70.89%，其中油松林群落蒸腾消耗水量为 442.51mm，林地蒸发耗水量为 201.19mm。类似研究很多，不再一一列数。

3.2.3 影响森林虚拟水的因素

　　影响森林虚拟水的因素极为复杂，不同森林虚拟水时空差异很大，这种差异主要来自于森林自身条件(包括自身生理特性)、气候条件和地理环境条件三个方面。森林是一个异质性的陆地生态系统，不同的树种、森林类型、郁闭度、生长状况及经营管理方式等对森林虚拟水的影响是不同的。森林所处的自然气候带、地质地貌条件等均对森林虚拟水有重要影响。由于森林虚拟水主要是指森林生长过程中蒸发散作用耗费的水资源量，因此影响森林虚拟水的因素主要就是影响森林蒸发散的因素。

3.2.3.1 气候条件

　　气候是地球上某一地区长时间内大气的一般状态，是气象要素和天气现象的平均状态，是各种天气过程的综合表现。气候以温度、降水、风等特征来衡量。气候的形成主要是由于热量的变化而引起的。

　　气候条件对森林蒸发散具有重要影响。蒸腾作用是森林蒸发散得主要组成部分。气温、大气湿度和太阳辐射等因素通过作用于叶片气孔导度，影响森林蒸腾速率，进而对蒸腾作用起到一定影响作用。其中，气温与蒸腾速率呈正相关，太阳辐射直接影响气孔的开闭，大气相对湿度与蒸腾速率呈负相关（张彦群等，2008）。例如，在北方，气候四季分明，森林的蒸腾作用主要发生在 5～9 月之间，原因在于从 5 月开始，随着气温升高，太阳辐射增强，树木开始生长枝叶，树干液流开始复苏，6～8 月份蒸腾作用处于活跃时期，树干液流量达到最大值，9 月份随着温度的下降，蒸腾活动开始减弱，蒸腾耗水量骤减。而在南方，由于四季温差较北方偏小，森林的蒸腾作用没有非常显著的骤增骤减现象，但还是可以发现：气温、大气湿度以及太阳辐射对森林蒸腾作用的影响。在南方，5～10 月份是森林蒸腾作用最活跃的时期，由于这里纬度较低，太阳辐射较北方强烈，气候条件有利于增强叶片气孔导度，进而增强叶片的蒸腾速率，然而南方降雨量多，大气相对湿度大，对蒸腾作用又有一定的削减作用。

叶兵（2007）对影响林地蒸发散的部分因素进行相关性分析，结果表明空气温度、太阳辐射强度、空气相对湿度、地表温度和风速五个因素对土壤水分蒸发和植被蒸腾的作用不尽相同：对土壤水分蒸发来说，空气温度和地表温度是相关性最大的两个因子，相关系数在 0.8 以上，而太阳辐射强度和空气相对湿度相关系数也均超过了 0.5，风速的作用最小；对植被蒸腾来说，空气相对湿度和太阳辐射强度是影响作用最大的两个因子，温度和风的作用较小。

余鸽等（2009）对秦岭火地塘林区油松林样地的研究发现，森林蒸发蒸腾的变化，主要取决于影响蒸发散的气象因子的日变化和下垫面条件。主要气象因子有：净辐射（RN）、气温（T）、水汽压（e）、土壤温度（Ts）、相对湿度（RH）等。空气温度的变化取决于辐射量的变化，温度作为蒸发蒸腾的影响因子之一，与蒸发散有很好的一致性。相对湿度与温度的变化呈相反趋势，相对湿度减小，森林蒸腾蒸发增强；相对湿度增大，森林蒸腾蒸发减少。土壤温度的变化对其通量影响较小，但土壤温度的增加是净辐射变化的结果和土壤热通量的直接反映。经主成分分析法可知，在秦岭火地塘林区油松林样地中，环境因子对蒸发散的影响依次为：净辐射（RN）>气温（T）>相对湿度（RH）>水汽压（e）>土壤温度（Ts）。

3.2.3.2 地理环境条件

地理环境，包括了人类社会所处地理位置相联系的各种自然条件的总和，如地形、地貌、地质条件。地理环境条件对森林蒸发散也具有重要影响。余鸽等（2009）对秦岭火地塘林区油松林样地的研究发现，森林蒸发蒸腾的变化，主要取决于影响蒸发散的气象因子的日变化和下垫面条件。所谓下垫面条件是指流域自然地理特征（包括地形、植被、土壤、地质）和河系特征（河长、河网密度、水系形状等），就某片森林而言，地形、土壤、地质是影响森林蒸发蒸腾的因素。

董晓红（2007）对祁连山排露沟小流域森林植被水文影响的模拟研究发现，

青海云杉林冠层截留量随海拔的升高而增加，蒸腾量随海拔的升高而增加，土壤蒸发量随海拔的升高没有明显的变化，潜在产流量随海拔的升高而增加；截留量在各个坡向没有明显的差异，蒸腾量不同坡向明显不同，土壤蒸发量随坡向变化不明显，潜在产流量不同坡向明显不同；在同一海拔的同一坡向，截留量和土壤蒸发量随坡度的增加没有明显的变化，蒸腾量随坡度的增加而减小，潜在产流量随坡度的增加而增加。

森林的蒸腾作用与森林林地土壤的含水量有一定的相关关系。当土壤含水量降低时，树干内可消耗水减少，蒸腾作用持续失水将导致组织水力降低，树干内将自动下调水力导度，从而引起蒸腾速率下降；当土壤水分含量增加后，树干组织水力逐渐恢复，蒸腾作用随之也恢复。土壤水分含量随着季节变化发生周期性变化，对森林蒸腾作用的影响也具有季节性（张彦群等，2008）。土壤的含水量不仅影响到蒸腾作用，还直接影响土壤蒸发。张德成等（2007）测算辽东山区主要林分类型的蒸发散量时发现，土壤深度的不同对蒸发量的影响很大，地表至20cm的表层土壤的水分蒸发量约占总蒸发量的95%，20cm以下的土壤失水很小，最底层的蒸发量极少，30cm接近了土壤的日最大蒸发深度，而且红松幼龄林、中龄林出现了下层土壤蒸发量大于上一层土壤的现象。森林土壤层的最大贮水量与土壤结构和土壤孔隙度密切相关，其中与土壤层容重相关关系最密切，其他影响因素影响程度大小依次为非毛管孔隙度、有机质含量、毛管孔隙度（韩永刚、杨玉盛，2007）。不同的土壤类型，森林蒸发蒸腾明显不同。

3.2.3.3 森林自身条件

（1）树种：研究表明，不同树种的蒸发散差异很大。闻靖（2007）对松花江干流方正地区椴椴次生林、山杨水曲柳林、蒙古栎次生林林分林地蒸散及水量平衡的研究结果表明：山杨水曲柳林、糠锻次生林、蒙古栎次生林生长季各林分蒸散耗水分别为228.55mm、190.7mm、167.36mm；葛双兰等（2004）利用水量平衡的方法和原理研究了祁连山森林主要类型青海云杉林的蒸发散量为156.54mm。余鸽等（2009）对秦岭火地塘林区油松林样地的研究发现，秦岭火地塘油松林生长季蒸发散量经计算为638.08mm。邓世宗（1995）对广西不同生态地理区域杉木林水量平衡的研究结果显示，杉木林年蒸散量分别为849.5、977.5、876.0mm。张德成等（2007）根据布兰尼-尼里德尔模型推算的辽东山区后楼水库集水区邻域范围内的每公顷年蒸发散量分别为落叶松幼龄林720mm、落叶松中龄林751mm、红松幼龄林762mm、红松中龄林826mm、柞树林677mm、杂木林741mm。

不同树种的蒸腾作用时空变异很大。Roberts（2000）报道欧洲中西部不同区域森林的蒸腾量变异小于15%；而Kostner等（2001）则发现该地不同森林蒸腾量波动范围是110~400mm/年，差异高达3倍以上。这种差异主要是受其自身生物学特性、大气环境和土壤状况的影响(张彦群,2008)。研究发现,树种间叶片面积、边材导管(管胞)等不同的形态和生理特性,对蒸腾作用强度产生影响。在生长季内,阔叶树的平均液流量和最大液流量均大于针叶树的平均值和最大值,分别是针叶树平均液流量和最大液流量的2.73倍和1.86倍。树种的形态和生理因素影响整个蒸腾过程,包括水分吸收、传导和蒸散三个环节(张彦群等,2008)。针叶树叶片角质层发达,气孔嵌入较深,能够有效控制水分的散失,针叶树木以边材管胞为主要输水组织,较以边材导管为主要输水组织的阔叶树木,输水能力弱,液流量较小,因此,针叶树与阔叶树相比,蒸腾速率慢,蒸腾量小。

(2)林龄:林龄是指树木的年龄,以树木龄组为划分标准可将森林划分为幼龄林、中龄林、近熟林、成熟林和过熟林。中龄林和近熟林是处于生长发育最旺盛时期的森林,蒸腾活动非常活跃,并随着树木林冠、枝叶、根系的旺盛生长,近熟林比中龄林的蒸腾作用更为明显,蒸腾速率更大。而与中龄林和近熟林相比,幼龄林枝叶根系生长刚开始,蒸腾作用较弱,而成熟林和过熟林的蒸腾作用随着机体代谢、导管液流的减弱而有所减弱。邓世宗(1995)对广西不同生态地理区域杉木林水量平衡的研究结果显示,年蒸腾量和年蒸散量的多少,除决定于区域的气候特征外,还决定于林型的林龄,宜山龙桥为幼龄期的杉木林,年蒸腾量(397. lmm)和年蒸散量(876.0mm)比七坪杉木林(442.8mm 和997.5mm)的小。

(3)林相:林相又称林层、森林外形,一是指林冠的层次,分为单层林和复层林;二是指森林的林木品质和健康状况。不同的森林类型林冠层次的结构不同。冠层结构(林分郁闭度、树均高、冠层厚度)与林内空气温、湿度有着密切的关系、郁闭度越大、树高越高、冠层厚度越大林内空气温度就越低,郁闭度越大、树高越高林内空气湿度就越大(康磊,2009)。冠层结构决定着森林小气候,因此对森林蒸发散有着影响。森林小气候因子中对土壤蒸发影响的大小顺序为:林内空气温度 > 林内空气湿度 > 林内风速 > 林内光照强度(康磊,2009)。叶兵(2007)在北京延庆上辛庄小流域对小叶杨和刺槐的耗水研究发现,各林分总体上有郁闭度越大,林内土壤水分蒸发量越小的趋势,说明林分郁闭度对土壤水分蒸发影响非常显著。森林的蒸腾作用与林冠的冠层导度呈正相关。冠层导度由气孔导度、叶片面积以及边界层导度共同决定,与光照强度有高度的适应性。森林的冠层导度越大,其蒸腾速率越大。于贵瑞(2001)依据冠层的垂直结构和群落的覆被程度,分为单层封闭型冠层、单层疏松型冠层、多层封闭型冠层及多层疏松型冠层4种类型,给出了适用于估算这4种类型植被冠层蒸发散的单涌源模型、双涌源模型和多涌源模型。

综上所述,气候条件、地理环境条件、森林自身条件是影响森林蒸发散(森

林虚拟水)的三个方面，其中每个条件都包含许多因素。影响森林蒸发散的因素
十分复杂，多种因素交织在一起，相互影响相互作用，尽管有一定规律可循，但
难以从量的角度区分某个具体因素的具体影响。就实际研究来看，研究方法的差
异、试验区域差异的不可比性、研究尺度的差异性、森林本身的异质性，造成众
多研究结果存在很大的差异。例如即使同一树种在不同条件下森林蒸发散差异也
很大。这也决定了进行全方位的森林蒸发散测定具有相当大的难度。因此，从全
国范围来看，森林虚拟水的测度是一个十分困难的问题。

3.3　森林虚拟水测度方法

　　国际虚拟水理论与测定方法研究主要集中在农作物产品领域。随着近几年的
逐步发展，研究领域已经扩展到动物产品和少数工业产品领域。农作物产品虚拟
水含量的测定方法最为成熟和完善。单位初级农作物产品虚拟水含量计算首先以
计算地区的气候参数为基础，计算参考作物的蒸发蒸腾量，然后经过系数较正，
得到作物生长期间蒸发蒸腾作用的需水量，最后根据作物单位面积产量，得到单
位质量作物产品的虚拟水含量。如本章3.2.2所述，森林虚拟水主要是指森林生
长过程中蒸发散作用耗费的水资源量，由土壤蒸发耗水量、林冠蒸发耗水量、林
木蒸腾耗水量组成。因此森林虚拟水的测度实际就是对森林蒸发散的测度，其中
主要是对森林蒸腾作用的测度。也就是说，通过测算森林蒸发散耗水量来确定森
林的虚拟水含量。

　　目前森林蒸散研究的大多数理论与方法都直接来源于农田蒸散研究。然而，
森林作为顶级生态群落与受人类活动影响较大的农田生态群落在结构与功能上存
在着显著差异，从而很多农田上的假设不能很好地应用于森林，导致在森林蒸散
研究中，仍没有相对标准的方法(王安志，2003)。

　　总体来说，森林蒸散耗水量研究的方法可分为实测法和估算法，按其理论原
理可以分为微气象法、水文学方法、生理学方法、红外遥感法和SPAC水分传输
模拟法。从研究尺度上看，国内外对森林蒸散的研究多集中在四个层次上，即单
叶水平、单株水平、林分水平和区域以及更高的水平。研究叶片尺度的蒸腾耗水
时，其主要目的在于了解不同树种蒸腾作用的生理过程及其对环境条件的适应特
性；个体尺度的研究是局部各个生理过程的整体反映，同时还可以用来进行个体
间的差异比较；群落水平的研究可以回答某一林分的实际耗水量问题，有助于生
产中的水分管理；而区域水平的研究成果可以直接为区域水资源水环境管理和生
态用水定额的制定提供服务(叶兵，2007)。与此同时，每一个植物耗水研究尺
度所应用的方法也不尽相同。由于森林虚拟水的测度实际就是对森林蒸发散的测

度，所以在此仅介绍林分尺度的蒸发散耗水量的测度方法。

3.3.1 实测法

3.3.1.1 蒸渗仪法

蒸渗仪是指装有土壤和植被的容器。通过将蒸渗仪埋设于自然的土壤中，并对其土壤水分进行调控，可以有效地模拟出实际的蒸散过程。再通过对蒸渗仪的称量，就可以得到蒸散量。这种方法在农田蒸散研究中是最为有效和经济的实测手段。在森林蒸散研究中，已有使用大型蒸渗仪来测量小型树木林地蒸散量的报道。但是，由于该法必须将植被及其根系土壤置于容器内，而蒸散损失水量远小于树木与土壤的重量，因此用蒸渗仪来测量损失水量时对重量观测精度的要求很高。如果对重量的观测精度较低，就会使得蒸散量测量的系统误差与实际蒸散量相当或更大些，导致该法无法应用。而且随树形的增大，对设备的要求将会更高，这就限制了蒸渗仪法在森林蒸散研究中的应用。但是，对于森林冠层以下小型植被及其土壤的蒸散以及林下土壤蒸发的测定上，蒸渗仪仍是最佳的选择。在时间尺度上，灵敏的蒸渗仪可以用于 1h 以内蒸散量的测定。

蒸渗仪法一直作为有效、经济的实测手段在各种蒸散研究中被广泛使用。目前，蒸渗仪法的发展方向分为：①研制高灵敏度的超大型蒸渗仪以满足在森林蒸散研究中对其大型化的要求；②在现有的形状水平上，不断提高灵敏度，在用途上主要用于农业和小形林地的蒸散研究。

3.3.1.2 风调室法

风调室法是指将研究范围内的小部分林地置于一个透明的风调室内，通过测定进出风调室气体的水汽含量差以及室内的水汽增量来获得蒸散量。在国外，该法已被应用于森林。由于该法不能在大面积上应用，而且它不能很好地模拟出自然小气候，使得通过该法所得到的结果只代表蒸散的绝对值，不能代表实际情况，所以极大地限制了该方法的应用，对树形大、树龄不均、植被种类丰富和地形复杂的林型不能直接用其来测定蒸散量。风调室法在近 10 年的研究中应用较少。

3.3.1.3 涡动相关法

涡度相关法是用特制的涡动通量仪，通过直接测定下垫面显热和感热的湍流脉动值求得植被蒸散量的方法。涡动相关法是以澳大利亚著名微气象学家 Swinbank 在 1951 年提出的涡动相关理论为基础的实测方法。根据该理论，某物理量 S 的垂直湍流输送通量可表示为：

$$F_S = \overline{\omega' S'} \tag{3-6}$$

式中：F_S 为物理量 S 的垂直湍流输送通量；ω' 为空气瞬时垂直速度的脉动

量；S' 为该物理量 S 的脉动量；上横线表示在一定时间间隔上的平均。

应用涡动相关法可以避开对辐射量的观测，但要求仪器设备必须能够快速感应和记录所要测定物理量的脉动。在现有的技术水平下，这一要求已经能够得到满足。因此，涡动相关法已经成为了观测森林潜热通量 λE_t 和显热通量 H 直接、有效的观测方法。根据涡动相关理论，计算潜热通量和显热通量的公式可分别表示为：

$$\lambda E_t = \rho \lambda \overline{\omega'q'} \tag{3-7}$$

$$H = \rho C_p \overline{\omega'T'} \tag{3-8}$$

式中：λ 为水的汽化潜热；ρ 为空气密度；C_p 为空气的定压比热；T'、q' 分别为温度和水汽含量的脉动量。

涡动相关法目前被看作是最适于森林蒸散研究的实测方法，与其他微气象方法相比，此方法的物理理论最为完善可靠，且精度很高。但该法忽略了平流的影响，也就要求被研究的范围必须有足够大的均一的下垫面（即要有足够的风浪区长度）。但关于涡动相关法获得的蒸散量观测结果受下垫面情况影响的研究还不深入。另外，在现有的技术水平下，对水汽含量的快速感应能力还很有限，影响着对潜热通量的测定精度。而且该方法的仪器设备价格昂贵，限制着该方法的广泛应用。另外，涡动相关法的仪器设备的运行稳定性还不高，不能进行长期的连续观测，多用于季节性观测中。另外，测定结果不能解释蒸散的物理过程和影响机制。

3.3.1.4　水量平衡法

水量平衡法属于水文学方法。水量平衡法是基于水量守恒方程，即林分的来水量和消耗量是相等的，通过测定水量守恒方程中各分量计算出总蒸发蒸腾量。水量平衡法在理论上是蒸散研究最佳的方法，测量的空间尺度可小至几平方米，大至几十平方公里。在应用过程中，一般将林冠以下到根系作用层这一研究范围视为黑箱，计算公式如下：

$$E_t = P - R - \Delta M \tag{3-9}$$

式中：E_t 为蒸散耗水量（mm）；P 为降雨量（mm）；R 为地表径流、地下径流的流出与流入的水量差之和（mm）；ΔM 为系统内的储水变化量，包括植被、空气和土壤中的储水量变化三个主要组成成分（mm）。

水量平衡法最适合于下垫面不均一、土地利用状况复杂情况下的大面积蒸发蒸腾。可是，它仅能提供总的蒸发蒸腾量，如要细致了解蒸发蒸腾过程、各控制因子的作用等，还需结合其他的观测。各平衡分量因空间变异特性所导致的测量误差，将会集中到蒸散总量上，从而会影响计算精度。在水量平衡法中，最难准确观测的是 R、ΔM（尤其是这两项中涉及地下部分的分量），计算精度低、误差大小难于确定。在土壤空间较大、树木株距较远的森林中，需要布置更多的测点才能保证蒸散的测算精度。

本方法的优点在于任何天气条件下都能够应用，可以测定各种森林、森林小流域在一定时段内的耗水量，分析其季节变化规律和立地条件间的差异；缺点是测定时间相对较长，必须是一周以上，难以反映蒸散的日（和更小时间尺度）动态变化规律，不能反映测定区域范围内植被垫生理生态特性等方面的缺陷，限制了这一方法的广泛应用。

3.3.1.5 能量平衡法

在能量平衡法中蒸散量也是作为余项求得的。该方法将林冠以下到地表下一定深度（一般为 5 ~ 8cm）的范围视为黑箱，计算公式如下：

$$\lambda E_t = R_n - H - S - N - G \tag{3-10}$$

式中：R_n 为净辐射通量；N 为用于光合作用的热通量（一般小于 R_n 的 3%，可忽略不计）；S 为黑箱中的空气、植被和土壤的储热变化；G 为土壤向下的热通量。

式中的 R_n、S 和 G 的观测方法在近几年中的变化不大。由于涡动相关法的发展使 H 项的观测成为可能，从而大大促进了能量平衡法的直接应用。Meijninger 等（2000）在测定 H 时使用了大口径的闪烁计数器（Scintillometer）。该方法是直接观测显热通量的新方法，它的应用将推动能量平衡法的发展，促进该方法的广泛应用。闪烁计数器可以用接收和发射装置，接收和发射一束光线，并且能够记录和分析这条光线由于温度和湿度涡动变化引起的折射率紊流强度的脉动值。通过这一脉动值，再辅以温度、压强和湿度数据，计算光线的折射率，从而可推求出显热通量。

对于能量平衡法来说，潜热通量 λEt 是作为方程的余项获得的，所以潜热通量的实测精度就决定于其他各个分量的测量精度，而且当蒸散潜热小于各自方法中的其余分量很多时，获得结果的误差会很大，这就决定了在森林蒸散研究中应用能量平衡法时在较为干旱的条件下所得到的潜热通量的精度较差。在能量平衡法中，净辐射的观测主要使用净辐射计直接观测，或根据日照时间与角度计算得到。当观测前后的温差较大时，黑箱内的储热变化的测定最为复杂、工作量也大，一般通过观测到的温度变化与黑箱内各部分的比热来确定。而在温差小时，储热变化量小，可忽略不计。H 项的观测主要依赖于仪器设备。

3.3.2 估算法

3.3.2.1 波文比法（EBBR 法）

波文比法也是基于能量平衡方程基础上的方法，只是在确定潜热通量时不用实测显热通量，而是通过引入波文比 $\beta = H/\lambda E_t$ 计算潜热通量。波文比 β 值的确定，是在假定显热、潜热的湍流输送系数相等的前提下，根据实测的水汽压差和温度差，应用空气动力学的理论，通过计算得到的。在近地面层大气中，推求波文比 β 的公式为：

$$\beta = \frac{H}{\lambda E_t} = \gamma \frac{\Delta t}{\Delta e} \tag{3-11}$$

式中：γ 为干湿表常数；Δt、Δe 分别为两个不同观测层之间的温度差和水汽压差。

波文比法是森林蒸散研究中最实用的方法之一，这种方法所需实测的参数少，计算方法简单，避免了对植物生理特性和其表面特征的测定，只要求能准确测定温湿梯度即可。通常情况下，精度较高，常作为检验其他计算方法的判别标准。其精度主要取决于净辐射量的观测精度与 β 值的确定。波文比能量平衡法是在空气动量扩散系数、热量扩散系数和水汽扩散系数相等的假设前提下计算下垫面的热量和水汽湍流交换，因此要求下垫面均一、风浪场足够大的情况下才能保证计算的精度。在地形起伏、平流逆温严重的情况下计算误差很大。波文比能量平衡法的最大优点是可以分析蒸散与太阳净辐射的关系，揭示不同地带蒸散的特点及主要影响因子变化对蒸散的作用。

3.3.2.2　彭曼联合法(Penman-Monteith)

彭曼联合法是目前公认的适用性强、计算精度高的估算方法。它是建立在 Penman(1948 年)提出的计算湿润表面蒸发公式的基础上，经 Monteith(1963 年)改进得到的用来计算非饱和下垫面蒸散量的方法，从而使得该方法可以应用于实际蒸散量的估算(Milly，1991；Hogg，1997)。其计算公式可以表示为：

$$\lambda E_t = \frac{\Delta (R_n - G) + \rho C_p [e(t) - e]/r_a}{\Delta + \gamma(1 + r_c/r_a)} \tag{3-12}$$

式中：Δ 为空气平均温度下的饱和水汽压随温度变化的斜率；G 为土壤热通量；e 为空气中的水汽压；$e(t)$ 为空气温度下的饱和水汽压；r_a 为空气动力学阻力系数，表征水汽在空气中传输的阻力；r_c 为冠层阻力系数，表征水汽穿过植被叶片气孔的阻力。

彭曼联合法是在蒸散研究中应用最多，也是变化形式最多的方法。在农田蒸散研究中，彭曼联合法及其变形得到的方法是确定潜在蒸散量和参考蒸散量的标准方法。目前，在森林蒸散研究中，应用较多的是多层彭曼联合法(即将森林分为林冠层、树下植被层和地表层等来分别应用该法计算蒸散量)。虽然此时的物理意义明确，但观测工作量大，模型参数不容易确定，且误差不易分析。应用彭曼联合法估算森林蒸散量的精度主要决定于净辐射量的观测精度，同时也受 r_a、

r_c 的影响。根据目前的研究成果，r_a 的大小与风速轮廓线的形状有密切的关系，是风速、风速观测高度、粗糙度、和零位移高度的函数。对于森林系统来说，其风速轮廓线形状极其复杂，对 r_a 值的确定较为困难、结果不稳定。对于 r_c 的确定主要有两种方法：①用气孔计来测定叶片的气孔阻力系数或用快速称重法测定蒸腾量反推叶片的气孔阻力系数，并换算为单位面积上的阻力系数，再除以叶面积指数；②应用经验公式来推求 r_c 值。对于森林来说，r_a 和 r_c 的确定都很难，且精度不高。

3.3.2.3　土壤-植物-大气连续系统方法（SPAC 法）

土壤-植物-大气连续系统（Soil-Plant-Atmosphere Continuum）是一个开放的、连接着土壤、植物、大气相互间物质传输和能量交换的连续体。在蒸散研究中，土壤-植物-大气连续系统方法充分考虑水分在土壤、植物和大气相互联系的系统内转移交换的物理和生理过程，对水分以及与其相关的能量和其他物质在该系统内的传输过程进行模拟，计算得到蒸散量。该方法被认为是一种最为精确的估算方法，但它需要大量参数和观测资料的输入，降低了该方法的实用性。我国在这种方法上研究较多，朱首军等（2000）对该方法有详细的阐述。

SPAC 法需要输入的参数多，且大部分参数需要应用经验公式来确定，因此该方法的工作量大，实用性不强，且缺乏通用性。

3.3.2.4　经验公式法

经验公式法是指将某一地区的气温、辐射量、降雨量、水汽压、风速等气象资料以及一些经验公式建立起大面积月蒸散量或年蒸散量的预测。目前，在森林蒸散研究中仍有大量的经验公式，其形式各异。但它们都是建立在统计理论基础之上，是通过对特定时期内的特定森林生态系统的蒸散量与其相应限制因子（温度、湿度、风速和土壤含水量等）之间的回归分析建立的。这些公式在其应用条件得到满足的情况下，是有效、方便和具有一定计算精度的估算方法。经验公式法的应用方便，它一般只需要少量的常规气象数据或地理位置参数（如平均气温、日照时间或海拔高度等）的输入，适合计算大面积或流域的月蒸发量、年蒸发量。但该法的可移植性差。

3.3.2.5　应用遥感数据的方法

这是应用遥感遥测技术来获得能量界面的净辐射量和表面温度，并以植被光谱取得生态参数信息、微气象或气候参数，进行区域蒸散的计算模拟。遥感数据的应用使得对大面积甚至是全球范围内蒸散量的短期精确估算成为可能。目前，森林蒸散研究中所应用的遥感数据主要来源于卫星遥感、航空遥感和地面遥感。应用的目的主要是获得植被表面的反照率和长波辐射量，从而推求地面植被覆盖信息、表面温度及该温度下的饱和水汽压，再与地面常规气象观测数据结合来估算蒸散量。另外，通过雷达或特殊的地面遥感设备可监测一定高度上空的大气水汽含量及液态水含量，这一结论还没引起人们的足够重视。

应用遥感数据的估算方法是大面积蒸散研究最经济、有效的估算方法，发展很快。但是遥感技术受天气因素影响大，在多云、有雨等天气条件下所获得的数据是无效的。而且由于卫星遥感受卫星围绕地球旋转周期的限制、航空遥感受飞机空中续航能力的限制，使得连续的、全天候的对地观测无法实现。而地面遥感技术又受地形因素限制大，很难实现大面积的观测。另外，遥感数据必须与常规气象观测数据结合，应用现有计算蒸散量的数学模型来估算蒸散量。因此也可以说应用遥感技术的方法是对现有的蒸散模型的应用或变形。

综上所述，目前森林蒸散中所应用的理论与方法大都来源于农田蒸散研究，虽已形成一系列的蒸散计算方法，但每一种方法都是根据一定的对象和条件发展起来的，至今还未形成一种十全十美的方法。而且在研究的思路上，也是一直沿袭着农田蒸散的由下至上的研究思路。即沿水分由土壤表面、植被表面上升到大气中的过程，通过模拟或对研究范围内的能量和水量平衡的分析来得到水汽从下方输送到大气中的总量（蒸散量）。在这种思路的指导下，农田蒸散研究的理论与方法已经相对成熟，森林蒸散研究也取得了一定的成果。但是由于森林生态系统在结构上比农田生态系统复杂得多，它的植被品种丰富，植被的发育水平相差悬殊，而且根系作用层深。这些情况给实测法的应用和估算法参数的确定带来了极大的困难，造成森林蒸散量的观测和估算结果受下垫面性质的影响过大，蒸散研究结果的可比性降低。目前在森林蒸散研究中，仍没有可以起到校准作用的相对标准的方法。20世纪90年代中后期，有关蒸散计算方法的众多研究，仍均采用两种或两种以上方法，其目的就是尽量避免单一计算方法的局限性，以增加蒸散计算精度和结果的可靠性。

3.4　中国森林虚拟水的初步测算

3.4.1　数据的选取与处理

3.4.1.1　用森林蒸腾耗水量来推算森林蒸散耗水量

根据目前的研究，尽管有关森林蒸散的测度已形成一系列的计算方法，并且也有了很多实测或估算结果，但大多数实测或估算结果，基本限定在特定区域、特定气候、特定森林的特定时期，未见某类型森林全生长期的实测或估算数据。而森林虚拟水是森林在全生命周期的耗水量，是森林生长过程中每年耗水量的累积。森林的生长周期长，成熟期、采伐期至少几年通常几十年乃至上百年，这与农作物一年、一季成熟期，比较容易测算完全不同。这样，由于数据缺乏，要进行森林虚拟水的测度就成为几乎不可能。

　　鉴于目前有关森林蒸腾耗水量的研究比较多，而且相对森林蒸散研究而言有比较好的连续性，也就是说现有森林蒸腾研究中有某些森林类型不同林龄的数据。另外，根据本章3.2.2的分析，森林虚拟水主要是指森林生长过程中蒸发散作用耗费的水资源量，由土壤蒸发耗水量、林冠蒸发耗水量、林木蒸腾耗水量组成，其中林木蒸腾耗水量占森林蒸散耗水量的大部分，而且从各种已有的研究来看，蒸腾耗水量和土壤蒸发耗水量、林冠蒸发耗水量有个大致的比例关系，综合各种数据，约为5.5:2.5:2。因此，在森林虚拟水的初步测度中，通过计算林木蒸腾耗水量来推算森林蒸散耗水量，进而确定森林虚拟水含量。森林蒸腾耗水量与森林蒸散耗水量的比例关系初步确定为0.55:1。

3.4.1.2　按针叶林和阔叶林两大森林类型进行森林虚拟水含量计算

　　森林是一个异质性的陆地生态系统，种类繁多。从树种来看，中国有8000多种树木，远不是仅十几、数十种的农作物种类所比拟的。而且它们分布在季风湿润区域、内陆干旱区域2个区域，寒温带、中温带、东部暖温带、西部中高山温带、北亚热带、中亚热带、南亚热带、准热带、寒温带、中温带等10个带，大兴安岭区、东部山地区、西部平原区、辽东山东半岛区、黄淮海平原区、华北中低山区、黄土高原区、甘南川北区、康定东部区、康定西部区、川南滇西北区、藏东南区、长江中下游区、秦岭大巴山区、江南丘陵山地区、四川盆地区、云南高原区、台湾区、华南丘陵区、桂西滇中南区、雷州半岛区、海南岛区、滇南区、阿尔泰山区、天山区、祁连山区等26个区（朱政德，2004），立地条件差异极大，形成了多种多样的森林生态系统。不同类型的森林的蒸发散差异极大。

　　根据本章3.2.3.3的分析，树种的形态和生理因素影响整个蒸腾过程，包括水分吸收、传导和蒸散三个环节（张彦群等，2008）。树种间叶片面积、边材导管（管胞）等不同的形态和生理特性，对蒸腾作用强度产生影响。按照叶片形态，树木可以区分为针叶树和阔叶树（针叶树叶片如针，叶脉垂直分布，如红松、落叶松、云杉、冷杉、杉木、马尾松、云南松、柏木等；阔叶树叶片平展，叶脉网状分布，如杨树、柳树、桦树、水曲柳、榉树、椴树、栎树等）。针叶树叶片角质层发达，气孔嵌入较深，能够有效控制水分的散失，针叶树木以边材管胞为主要输水组织，较以边材导管为主要输水组织的阔叶树木，输水能力弱，液流量较小，因此，针叶树与阔叶树相比，蒸腾速率慢，蒸腾量小。也就是说，针叶树类有着共同的蒸腾特征，阔叶树类有着共同的蒸腾特征。

　　由针叶树和阔叶树的区分，就有了针叶林和阔叶林的森林类型区分。为研究简便，在森林虚拟水的初步测度中，本研究将多种多样的森林类型简化为针叶林和阔叶林两种森林类型，按针叶林和阔叶林两大森林类型进行森林虚拟水含量计算。

3.4.1.3　以针叶林和阔叶林的代表性树种进行两大类型森林虚拟水含量计算

第七次全国森林资源清查显示，乔木林按优势树种（组）统计，面积比重排名前 10 位的有栎类、马尾松、杉木、桦木、落叶松、杨树、云南松、云杉、柏木、冷杉。乔木林主要优势树种（组）面积和蓄积见表 3-3。

表 3-3　乔木林主要优势树种（组）面积

Tab. 3-3　Area of main dominant tree species of high forest

主要优势树种（组）		面积（万 hm²）	面积比例（%）	蓄积（万 m³）	蓄积比例（%）
针叶树种	马尾松	1203.50	7.74	58787.72	4.40
	杉木	1126.87	7.24	73409.48	5.49
	落叶松	1063.11	6.83	95521.69	7.15
	云南松	460.59	2.96	46872.15	
	云杉	430.96	2.77	100159.61	7.50
	柏木	324.37	2.08	16306.22	1.22
	冷杉	311.15	2.00	113562.03	8.50
阔叶树种	栎类	1610.03	10.35	120841.43	9.04
	桦木	1079.85	6.94	79946.31	5.98
	杨树	1010.26	6.49	54939.14	4.11

资料来源：国家林业局森林资源管理司. 第七次全国森林资源清查及森林资源状况［J］. 林业资源管理，2010（1）：1～7。

以马尾松、杉木、落叶松、云南松、云杉、柏木、冷杉为优势树种的森林，属于针叶林，以栎类、桦木、杨树为优势树种的森林，属于阔叶林，应该说，这 10 类优势树种，面积合计 8620.69 万 hm²，占全国的 55.40%，蓄积合计 760345.78 万 m³，占全国的 56.90%，是很有代表性的。通过测算这 10 类优势树种的森林虚拟水含量，就可以测度针叶林和阔叶林两大森林类型的森林虚拟水含量。

由于计算森林的蒸腾或蒸散耗水量属于生态学、水文学、水土保持和森林水文等学科的研究范畴，森林蒸腾或蒸散耗水量的测定需要在专门的实验环境下，运用专业工具进行实际测量。因此，本研究直接引用该领域有关研究获得的实测数据。通过文献检索，可以发现，即使这 10 类优势树种，国内也没有完整的每个树种不同林龄的森林蒸腾或蒸散耗水量的数据，其中一些树种甚至根本没有任何数据。因此，本研究只能在这 10 类优势树种中选取数据相对完整的树种作为代表性树种。

本研究选取落叶松作为中国针叶林的代表，选取杨树作为中国阔叶林的代表。

根据中国第七次森林资源清查结果，中国落叶松林的总面积为 1063.11 万 hm²，占全国森林总面积的 6.83%，总蓄积量为 95521.69 万 m³，占全国森林总蓄积量的 7.15%，是乔木林主要的优势树种之一，面积蓄积均在针叶林中排第三位；中国杨树的总面积为 1010.26 万 hm²，占全国森林总面积的 6.49%，总蓄积量为 54939.14 万 m³，占全国森林总蓄积量的 4.11%，是乔木林主要的优势树种之一，面积蓄积均在阔叶林中排第三位(表 3-3)，因此，它们是有代表性的。

3.4.1.4 运用数学模拟方法进行森林虚拟水含量计算

森林虚拟水是森林在全生命周期的耗水量，是森林生长过程中每年耗水量的累积。这样，森林虚拟水含量计算，只要将截止到计算期的每年的森林蒸散量累加即可。然而，这一点却在实际中很难做到。森林的生长周期长，成熟期、采伐期至少几年通常几十年乃至上百年，这与农作物一年、一季成熟期，比较容易测算完全不同。即使落叶松和杨树的数据相对比较完整，但也不完全。因此，本研究只好利用目前该领域有关研究获得的有限的实测数据，采用 SPSS13.0 拟合森林生长周期内蒸腾量曲线，求出森林整个生长周期内总蒸腾量，进而得出森林的虚拟水含量。

这样，计算森林单位面积的蒸腾量公式如下：

$$T = \int_0^N f(x)\,\mathrm{d}x \tag{3-13}$$

式中：T 为单位面积森林生长周期内总蒸腾量(m^3/hm^2)；$f(x)$ 为以林龄为自变量的森林年蒸腾量函数 $[m^3/(hm^2 \cdot 年)]$；N 为森林生长周期，即森林树木的轮伐期(年)。

计算森林单位面积的虚拟水含量公式如下：

$$FWD = E_t = T/\alpha = \int_0^N f(x)\,\mathrm{d}x/\alpha \tag{3-14}$$

式中：FWD 为森林生长周期内森林单位面积的虚拟水含量(m^3/hm^2)；E_t 为单位面积森林生长周期内森林的总蒸散量；α 为森林蒸腾耗水量与森林蒸散耗水量的比例系数，取 0.55。

3.4.2 针叶林虚拟水含量的计算

根据中国第七次森林资源清查结果，中国落叶松林的总面积为 1063.11 万 hm²，占全国森林总面积的 6.83%，总蓄积量为 95521.69 万 m³，占全国森林总蓄积量的 7.15%，是乔木林主要的优势树种之一，面积数在针叶林中排第三位(表 3-3)。

经过文献检索，居针叶林前两位的马尾松、杉木没有足够的年蒸腾量数据。李良(2010)研究测得，31 年生落叶松年蒸腾量为 2003.0 m^3/hm^2。与樟子松、油松、云杉三种30年生的针叶林年蒸腾量比较（表3-4），接近于樟子松、油松、云杉的年蒸腾量。因此，本研究以落叶松林作为中国针叶林的代表，将计算得出的落叶松林虚拟水含量作为中国针叶林虚拟水含量。

表3-4　三种针叶林月、年蒸腾量
Tab. 3-4　Monthly and annual transpiration of three softwood forest

树种	月蒸腾量（m^3/hm^2）						年蒸腾量（m^3/hm^2）
	5	6	7	8	9	10	
樟子松	150.96	591.72	609.60	338.88	132.84	0.00	1824
油松	120.72	463.44	544.32	395.28	260.76	244.08	2028.6
云杉	177.60	633.60	727.32	464.64	126.84	81.00	2211

资料来源：杨文斌，蒋士梅.半干旱区四种针叶林蒸腾作用的研究[J].生态学杂志，1991，10(3)：18~21。

李世荣、沈振西、曹恭祥、李良等采用稳态气孔计法（工具：LI-1600型气孔计）和热扩散原理法（工具：SF-L树干液流探头）测定落叶松的蒸腾量。测定对象分别为10、17、20、25、31年生的落叶松林分。测定时间区域选择一年的5~9月份，原因是该时间区域是树木蒸腾作用最显著、蒸腾量最大的区间，10月份树叶脱落，蒸腾量大幅降低，1~4月份由于树叶未生长蒸腾量相对较少，可以忽略不计。

表3-5　不同林龄落叶松年蒸腾量
Tab. 3-5　Annual transpiration of larch in different age

落叶松林龄	0	10	17	20	25	31
林分生长季为蒸腾量（mm/hm^2）	0	208.79	281.27	389.39	430.50	200.30
林分年蒸腾量（m^3/hm^2）	0	2087.9	2812.7	3893.9	4305.0	2003.0

资料来源：李世荣，周心澄，李福源等.青海云杉和华北落叶松混交林地蒸散和水量平衡研究[J].水土保持学报，2006，20(4)：118~121；沈振西.宁夏南部柠条、沙棘和华北落叶松的液流与蒸腾耗水特性[D].北京：中国林业科学院，2005；曹恭祥.宁夏六盘山华北落叶松人工林与华山松天然次生林蒸散特征对比研究[D].内蒙古呼和浩特：内蒙古农业大学生态学系，2010；李良.塞罕坝地区华北落叶松人工林水分特征的研究[D].内蒙古呼和浩特：内蒙古农业大学水土保持与荒漠化防治系，2010。

研究结果为：假定在相似的气候条件和土壤湿度条件下，落叶松生长周期内年蒸腾量（生长季内蒸腾量）散点曲线呈现"单峰"型（图3-1），25年生的落叶松年蒸腾量最大，430.50mm；其余林龄的落叶松蒸腾量都分布在200~400mm之间（表3-5）。

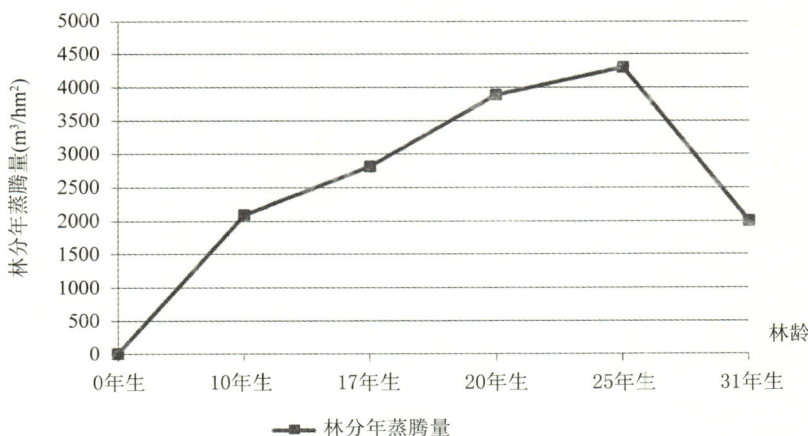

图 3-1　不同林龄落叶松年蒸腾量散点图

Fig. 3-1　Scatter diagram of annual transpiration of larch in different age

根据表 3-5 数据，运用 SPSS13. 0 得出落叶松年蒸腾量方程为：

$$f(x) = 57.992 + 18.279x + 21.367x^2 - 0.638x^3$$

该曲线方程的拟合优度 R = 0. 972。由于数据量较少，该拟合曲线 t 检验不显著，但拟合优度较高。图 3-2 显示的是落叶松生长周期内年蒸腾量曲线，呈倒 "U" 型。

森林轮伐期是轮流伐尽经营类型内各林分后再次回到最初伐区采伐成熟林的生产周期，通常根据森林成熟所确定的最合理的采伐年龄称主伐年龄，加上更新期就构成了轮伐期的概念。但森林成熟有多种概念，有数量成熟、工艺成熟、经济成熟等。李梦等(1994)研究认为，落叶松林数量成熟龄为 30 ~ 35 年(初始密度不同，密度大成熟晚)；赵刚等(1995)研究认为，落叶松林数量成熟龄为 25 ~ 30 年，工艺成熟龄分别为：梁材 40 ~ 50 年、檩材 20 ~ 35 年、交手杆 15 ~ 20 年、椽材 10 ~ 15 年，经济成熟龄为 25 ~ 35 年。于长玲等(1999)研究认为，落叶松的经济成熟龄为小径材 14 ~ 17 年，中径材 27 ~ 35 年，大径材 40 年以上，落叶松人工林宜以培育中、小径材为主；尹增伟等(2006)研究认为，落叶松林数量成熟龄为 31 年，经济成熟龄也为 31 年。综上所述，中国落叶松林林分成熟龄在 30 年左右。因此，取 30 年为落叶松林轮伐的平均周期。

由公式 $T = \int_0^N f(x)dx$，计算落叶松林生长周期 30 年(N 值)内的总蒸腾量 $= \int_0^{30} f(57.992 + 18.279x + 21.367x^2 - 0.638x^3)dx = 74370.92 \text{m}^3/\text{hm}^2$。

由公式 $FWD = E_t = T/\alpha$ 计算单位面积 30 年落叶松林的虚拟水含量 =

$74370.92 \text{m}^3/\text{hm}^2 \div 0.55 = 135219.86 \text{m}^3/\text{hm}^2$。

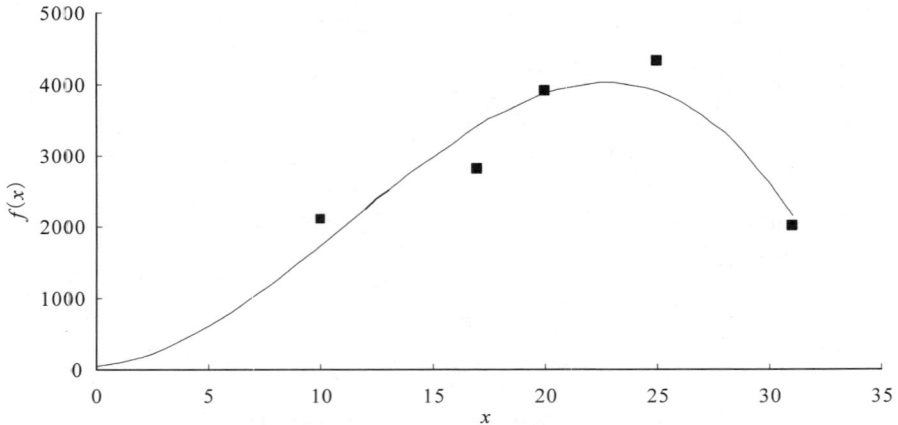

图 3-2　不同林龄华北落叶松年蒸腾量拟合曲线

Fig. 3-2　**Fitting curve of annual transpiration of larch in different age**

3.4.3　阔叶林虚拟水含量的计算

根据中国第七次森林资源清查结果，中国杨树的总面积为 1010.26 万 hm^2，占全国森林总面积的 6.49%，总蓄积量为 54939.14 万 m^3，占全国森林总蓄积量的 4.11%，是乔木林主要的优势树种之一，面积数在阔叶林中排第三位（表3-3）。

经过文献检索，居阔叶林前两位的栎类、桦木也没有足够的年蒸腾量数据，且栎类是指一类树种。张燕（2010）研究测得，3 年生杨树年蒸腾量为 3185.00$\text{m}^3/$ hm^2。与胡杨、元宝枫、金丝柳三种 3 年生的阔叶林年蒸腾量比较（表3-6），接近于胡杨、元宝枫、金丝柳的年蒸腾量。因此，本研究以杨树林作为中国阔叶林的代表，将计算得出的杨树林虚拟水含量作为中国阔叶林虚拟水含量。

表 3-6　三种阔叶林月、年蒸腾量

Tab. 3-6　**Monthly and annual transpiration of three hardwood forest**

树种	月蒸腾量（m^3/hm^2）						年蒸腾量（m^3/hm^2）
	5	6	7	8	9	10	
胡杨	471.20	567.00	713.00	675.80	546.00	446.40	3419.40
元宝枫	581.75	676.50	408.58	441.93	327.20	303.75	2839.71
金丝柳	395.08	468.88	636.00	464.40	277.45	222.95	2464.76

资料来源：王瑞辉. 北京15 种园林树木耗水性的比较研究［J］. 中南林业科技大学学报，2009，29 （4）：16～20；张小由，龚家栋，周茂先等. 应用热脉冲技术对胡杨和柽柳树干液流的研究［J］. 冰川冻土，2003，25（5）：585～589。

刘文国、张燕、王葆芳等采用热扩散原理法(工具:热扩散式茎流仪)和涡度相关法测定杨树的蒸腾量。测定对象分别为3、5、7、12、15、22年生的杨树林分。测定时间区域选择一年4~10月份,该时间区域是树木蒸腾作用显著,其余月份由于蒸腾量很少,可以忽略不计。

研究结果为:假定在相似的气候条件、土壤湿度条件下,杨树生长周期内年蒸腾量(生长季内蒸腾量)散点曲线呈现"单峰"型(图3-3),15年生的杨树年蒸腾量最大,1987.5mm;10年林龄之前的杨树蒸腾量都低于1000mm,10年以上林龄杨树蒸腾量迅速提高,达到1000mm以上(表3-7)。

表 3-7 不同林龄杨树年蒸腾量

Tab. 3-7 **Annual transpiration of poplar in different age**

杨树林龄	0	3	5	7	12	15	22
林分年生长季内蒸腾量(mm/hm^2)	0	318.5	442.2	672.0	1225.7	1987.5	1770.3
林分年蒸腾量(m^3/hm^2)	0	3185	4422	6720	12257	19875	17703

资料来源:刘文国. 杨树人工林蒸腾耗水特性及其与环境因子关系的研究[D],河北保定:河北农业大学森林培育学系,2007;张燕. 北京地区杨树人工林能量平衡和水量平衡[D]. 北京:北京林业大学复合农林学系,2010;王葆芳,杨晓晖,江泽平等. 干旱区杨树用材林土壤特性和林木生长对供水的响应[J]. 干旱区资源与环境,2006,20(6):156~162。

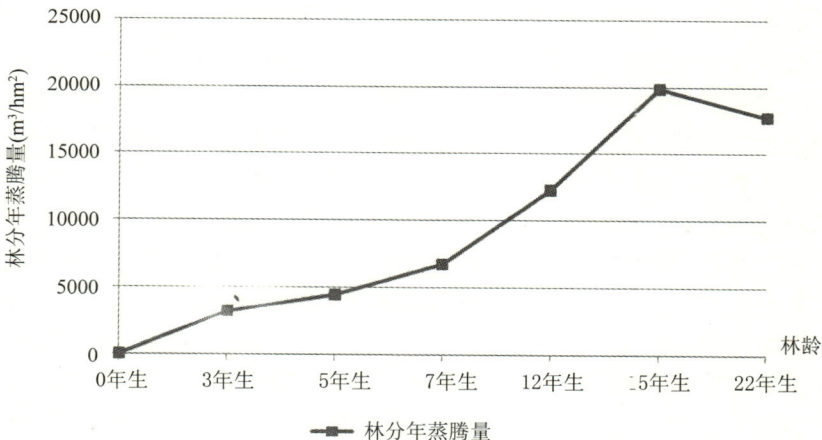

图 3-3 不同林龄杨树年蒸腾量散点图

Fig. 3-3 **Scatter diagram of annual transpiration of poplar in different age**

根据表3-7数据,运用SPSS13.0得出杨树年蒸腾量方程为:

$$f(x) = 600.789 + 74.478x + 158.065x^2 - 5.710x^3$$

该曲线方程的拟合优度 R = 0.986。由于数据量较少,该拟合曲线 t 检验不显著，但拟合优度较高。图 3-4 显示的是杨树生长周期内年蒸腾量曲线，呈倒"U"型。

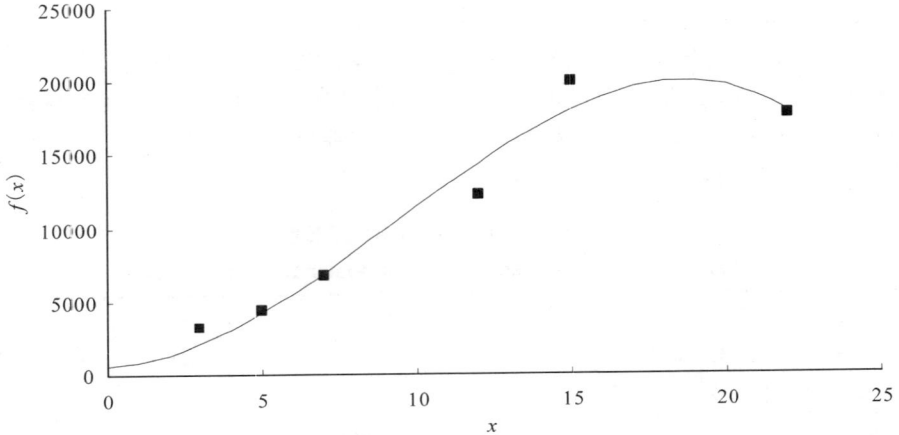

图 3-4　不同林龄杨树年蒸腾量拟合曲线

Fig. 3-4　Fitting curve of annual transpiration of poplar in different age

　　杨树种类很多，我国南北都有广泛分布，杨树的成熟期有很大不同。例如，就数量成熟来说，根据张韵萍等（2000）对吉林省西部地区小叶杨 5 种不同林地地位质量测算的标准木树干解析表，地位级 I 20 年生杨树的年平均生长量达到最高；根据王宗汉等（1990）在山西省杨树实验局薛家庄林场杨树林分的研究，杨树的数量成熟龄在第 11、12 年，大、中径材在第 12 年；根据丁凤梅等（2008）测算的山东省临沂地区密度 495 株/hm² 的欧美类杨生长表，13 年生杨树的年平均生长量达到最高；邱尧荣等（2010）对江苏省宿迁市意杨 95 系列和意杨 895 系类杨树林生长量及轮伐期的专项调查显示，平均年生长量在第 9 年达到最高。

　　在数量成熟、工艺成熟、经济成熟等中，作为各地速生丰产林的主要树种，杨树的成熟期主要按照经济成熟来决定。王宗汉等（1990）在山西省杨树实验局薛家庄林场杨树林分的研究认为杨树林经济成熟龄为第 12～13 年；徐宏远等（1991）在山东省沂南县沂河林场不同密度 I-72 杨人工林经济成熟龄研究中，经济成熟龄为 6～7 年；王鹏程等（2006）在湖北省武汉市走马岭农场、新洲区巴徐村和宋渡村和江汉平原石首、洪湖等地对中潜、中嘉等杨树品种的研究结果表明，结果表明一般情况下，杨树中小径材的经济成熟龄为 9～12 年，大径材的经济成熟龄为 16～22 年；丁凤梅等（2008）在对山东省临沂地区欧美类杨、南方型杨的研究中，认为杨树速生丰产林的经济成熟龄为 7～10 年，其中密度是 495 株/hm² 的欧美类杨树速生丰产林的经济成熟龄为 9 年；邱尧荣等（2010）对江苏省宿迁市意杨 95 系列和意杨 895 系类杨树林生长量及轮伐期的专项调查显示，杨树林经济成熟龄为 5 年。

我国黄河中下游地区（包括山东、河南、河北和山西）、长江中下游地区（包括湖南、湖北、江西、安徽、江苏和浙江）是杨树的主要产区，欧美杨是这些地区的主要杨树品种，并被列入我国《重点地区速生丰产用材林基地规划》。因此，本研究以丁凤梅等的研究结果为基准。这样，我国杨树的数量成熟龄为 13 年，经济成熟龄为 9 年。

但是，值得注意的是，以上数据基本是各类杨树速生丰产林的指标。毕竟我国还有一些天然杨树林，根据第七次森林资源清查结果，我国杨树人工乔木林面积 757.23 万 hm^2，蓄积 34034.87 万 m^3（国家林业局，2009），分别占全部杨树乔木林 74.95%、61.95%。也不是所有杨树人工林都能达到速生丰产林的水平。按照我国《森林采伐更新管理办法》和《用材林主要树种主伐年龄表》，杨树人工林在我国北方主伐年龄在 21 年以上，南方 16 年以上（定向培育的森林除外）。而且根据中国第七次森林资源清查结果，杨树林面积、蓄积仅在阔叶林中排第三位（见表3-3），分别为 6.49%、4.11%，前两位的栎类、桦木，占全国森林总面积的 17.29%，占全国森林总蓄积量的 15.02%，它们的成熟期明显比杨树长。为了增强杨树的代表性，本研究就不采用杨树速生丰产林的经济成熟龄而采用杨树速生丰产林的数量成熟龄作为杨树林轮伐的平均周期，即设定我国阔叶林轮伐的平均周期为 13 年。

由公式 $T = \int_0^N f(x)dx$，计算杨树林生长周期 13 年（N 值）内的总蒸腾量 = $\int_0^{13} f(600.789 + 74.478x + 158.065x^2 - 5.710x^3)dx = 97359.27 m^3/hm^2$。

由公式 $FWD = E_t = T/\alpha$ 计算单位面积 13 年杨树林的虚拟水含量 = $97359.27 m^3/hm^2 \div 0.55 = 177016.85 m^3/hm^2$。

本研究选取落叶松和杨树作为我国针叶林和阔叶林的代表，计算的落叶松和杨树的虚拟水含量作为我国针叶林和阔叶林的虚拟水含量值，这样的近似替代必然存在一定的误差，所以，本研究的测算结果只为森林虚拟水含量测度提供一个大概的数值，为今后研究提供参考。

3.4.4 中国森林总虚拟水含量估算

根据第七次全国森林资源清查：中国森林总面积为 1.95 亿 hm^2，总蓄积为 137.21 亿 m^3，其中，针叶林面积约为 0.95 亿 hm^2，阔叶林面积约为 1.00 亿 hm^2（国家林业局森林资源管理司，2010）。森林按龄组分，可以分为幼龄林、中龄林、近熟林、成熟林和过熟林。表 3-8 和图 3-5 显示，从面积来看，我国森林显然以幼龄林和中龄林居多，平均林龄接近于中龄林。因此，这里将生长期 20 年的落叶松林的单位面积虚拟水含量作为我国针叶林的单位面积平均虚拟水含量，将生长期 8 年的杨树林的单位面积虚拟水含量作为我国阔叶林的单位面积平均虚拟水含量，对我国森林总虚拟水含量进行估算。

表 3-8 乔木林各龄组面积和蓄积

Tab. 3-8 Area and volume of different age groups high forest

龄组	面积（万 hm²）	面积比例（%）	蓄积（万 m³）	蓄积比例（%）
幼龄林	5261.86	33.82	148777.11	11.13
中龄林	5201.47	33.43	386141.65	28.90
近熟林	2305.37	14.82	264983.39	19.83
成熟林	1871.25	12.03	315872.22	23.64
过熟林	919.04	5.90	919.04	16.50

资料来源：国家林业局森林资源管理司．第七次全国森林资源清查及森林资源状况［J］．林业资源管理，2010（1）：1~7。

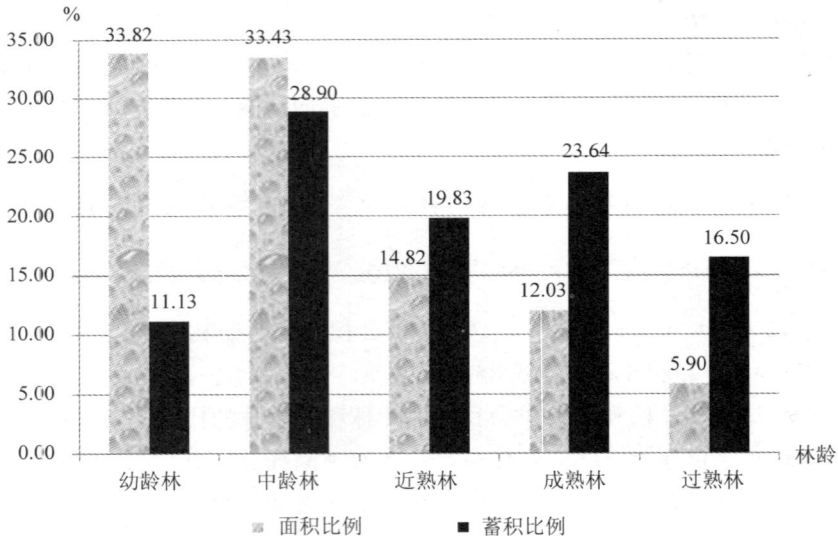

图 3-5 乔木林各龄组面积和蓄积

Fig. 3-5 Fitting curve of different stand age poplars

这样，我国针叶林的单位面积平均虚拟水含量 $= \int_0^{20} f(57.992 + 18.279x + 21.367x^2 - 0.638x^3)dx \div 0.55 = 38243.91\,\mathrm{m}^3/\mathrm{hm}^2 \div 0.55 = 69534.39\,\mathrm{m}^3/\mathrm{hm}^2$，我

国针叶林总虚拟水含量 = 69534. 39m³/hm² × 0. 95 亿 hm² = 66057. 67 亿 m³。

我国阔叶林的单位面积平均虚拟水含量 = $\int_0^8 f(600. 789 + 74. 478x +$

$158. 065x^2 - 5. 710x^3) dx$ ÷ 0. 55 = 32933. 41m³/hm² ÷ 0. 55 = 59878. 93m³/hm²,我国阔叶林总虚拟水含量 = 59878. 93m³/hm² × 1. 00 亿 hm² = 59878. 93 亿 m³。

因此,可以估算得出:我国森林总虚拟水含量 = 66057. 67 亿 m³ + 59878. 93 亿 m³ = 125936. 6 亿 m³(表3-9)。

表3-9 中国森林总虚拟水含量
Tab. 3-9 Forest virtual water total content in China

	针叶林	阔叶林	森林
总虚拟水含量(亿 m³)	66057. 67	59878. 93	125936. 6

2007 年我国农产品总虚拟水含量为 59989 亿 m³(邹君等,2010)。区域间农产品虚拟水含量差异很大(表3-10)。

表3-10 2007 年中国各区域农产品虚拟水含量
Tab. 3-10 Virtual water content of agriculture products of each sub-region in China in 2007

地区		虚拟水含量(亿 m³)	占全国比重(%)
北方		31975. 20	53. 30
	其中:东北	10171. 80	17. 00
	华北	1436. 80	2. 40
	黄淮海	16453. 00	27. 40
	西北	3913. 70	6. 50
南方		28013. 80	46. 70
	其中:东南	1935. 20	3. 20
	长江中下游	12566. 30	20. 90
	华南	4533. 50	7. 60
	西南	8978. 90	15. 00
全国		59989. 00	100. 00

资料来源:邹君,胡娟. 中国区域粮食生产与消费中的虚拟水平衡研究[J]. 长江流域资源与环境,2010,(19)8:908~913。

与农产品虚拟水含量相比,我国森林总虚拟水含量为 125936. 6 亿 m³,是 2007 年我国农产品总虚拟水含量的 2 倍,可见我国森林虚拟水总量巨大。因此,研究森林虚拟水对缓减我国水资源短缺现状、均衡水资源分布有重要意义,将为我国实施虚拟水战略开辟新领域。

3.5 小 结

本章主要内容为森林虚拟水理论和测度方法研究，重点是森林虚拟水的量化。

森林与水之间关系十分复杂，它们之间相互影响、相辅相成，这与农作物产品基本作为耗水产品完全不同。本章首先综述了森林的水文运动过程：乔木层、灌草层、枯枝落叶层和土壤层的水作用。森林的水文运动过程包括水分收入（水源涵养作用）和水分支出（蒸散作用）两个过程。接着考察了森林的水文效应：森林可能影响降水量、影响径流、调节洪水，乃至影响水质。

本章在森林虚拟水理论研究中，对森林虚拟水含义进行了界定，指出森林虚拟水是指生产"森林"时耗用的水资源量，提出森林虚拟水是一个累积的耗水量，要考虑森林的水源涵养作用。通过对森林虚拟水的构成分析，提出森林虚拟水主要是指森林生长过程中蒸发散作用耗费的水资源量，由土壤蒸发耗水量、林冠蒸发耗水量、林木蒸腾耗水量组成。本章归纳总结了影响森林虚拟水的内外部因素，认为气候条件、地理环境条件、森林自身条件是影响森林虚拟水的三个方面，其中每个条件都包含许多因素。影响森林蒸发散的因素十分复杂，多种因素交织在一起，相互影响相互作用。

本章在森林虚拟水测度方法研究中，以森林蒸散研究为基础，归纳总结了森林虚拟水含量的测度方法。基本可分为实测法和估算法，按其理论原理可以分为微气象法、水文学方法、生理学方法、红外遥感法，但仍没有可以起到校准作用的相对标准的方法，一般采用两种或两种以上方法，以尽量避免单一计算方法的局限性。

最后，本章的重点是估算我国森林虚拟水含量。限于数据缺乏，在分析总结了森林蒸发散和森林蒸腾量的关系、不同树种森林蒸腾耗水量的特点基础上，采用替代法，用森林蒸腾耗水量来推算森林蒸散耗水量，运用数学模拟方法以针叶林和阔叶林的代表性树种对针叶林和阔叶林两大森林类型进行森林虚拟水含量计算。落叶松和杨树是我国乔木林优势树种，其森林蒸腾量分别处于针叶林和阔叶林的平均水平，所以选取落叶松林和杨树林作为我国针叶林和阔叶林的代表。结合其他学者对落叶松林和杨树林蒸腾量的研究数据，采用 SPSS13.0 拟合森林生长周期内年蒸腾量曲线，运用数学方法计算得出落叶松林和杨树林单位面积蒸腾量，再折算成森林蒸发散耗水量，得出落叶松林和杨树林单位面积虚拟水含量。研究结果显示，单位面积 30 年落叶松林的虚拟水含量为 135219.86$\mathrm{m^3/hm^2}$，单位面积 13 年杨树林的虚拟水含量为 177016.85$\mathrm{m^3/hm^2}$。进而结合我国针叶林和阔叶林的总面积量，最终估算出我国森林总虚拟水含量为 125936.6 亿 $\mathrm{m^3}$。

第 **4** 章

中国主要木质林产品单位虚拟水含量测算研究

　　木质林产品是指用来自于森林的木材加工制造而成的产品，因此，对木质林产品虚拟水的研究是建立在森林虚拟水研究基础之上。本研究研究的主要木质林产品为：原木（包括针叶原木和阔叶原木）、锯材（包括针叶锯材和阔叶锯材）、木质人造板（包括单板、胶合板、刨花板和纤维板）以及以木材为原料的木浆、纸和纸板。

　　本研究采用 Chapagain 和 Hoekstra 提出的计算畜产品和工业产品的虚拟水含量的"生产树法"（Chapagain et al，2003）进行测算，即将产品生产过程消耗的原料、燃料所蕴含的虚拟水以及直接耗水量相加求和，再按照主副产品之间的质量比或价值比进行分配，获得各种产品具体的虚拟水含量。总的来说，在工业产品生产过程中，水的消耗主要有以下几部分：原材料和燃料生产用水，原材料和燃料运输用水，生产过程中机械损耗折合生产用水，生产人员生产生活用水，生产过程中的添加水，服务性用水（项学敏等，2006）。本研究将主要考虑产品生产过程中原材料和能源消耗用水和产品生产加工过程中的直接耗水，产品生产加工过程中的直接耗水是一个综合值，但不包含计算复杂同时耗水量小的机械损耗折合生产用水。因此，木质林产品虚拟水的含量是由原料（木材及其他）包含的虚拟水量和林产品加工过程耗水量两部分组成，其中，林产品加工过程耗水量包括加工过程实际耗水量和能耗所含虚拟水量。

　　本研究测算中，计算过程中数据不采用四舍五入，但计算结果表示采用四舍五入。

4.1　单位原木虚拟水含量的测算

　　原木是来自于森林的最初级木质林产品。在木材行业，把只经修枝剥皮去梢而未造材的伐倒木称为"原条"，把原条按尺寸、形状、质量的标准规定或特殊规定经横向截断后的圆形木段称为"原木"。原木产品需要经过采伐、集材、运材、贮木场造材等生产环节。

4.1.1 原木生产中的原料包含的虚拟水的测算

原木生产中的原料主要是森林立木。

原木材积来自于森林立木蓄积,但森林立木蓄积转化为原木材积,因为要经过刨除枝桠、树皮及部分不成材树木等简单加工,所以要考虑原木出材率。原木出材率又叫做森林出材率,是指林分中经济材蓄积量与林分蓄积量的百分比,是反映林分质量的因子之一。原木出材率 = 原木材积/立木材积。原木出材率与树种、树高、胸径、树干病腐、弯曲、枝节、造材方式等因素有关。

这样,单位原木来自于森林蒸发散的虚拟水含量的计算公式如下:

$$FWD_{木林} = FWD_{林} / (xy) \qquad (4-1)$$

式中:$FWD_{木林}$ 为单位原木来自于森林蒸发散的虚拟水含量(m^3/m^3);$FWD_{林}$ 为单位面积森林虚拟水含量(m^3/hm^2);x 为森林单位面积蓄积量(m^3/hm^2);y 为原木出材率(%)。

4.1.1.1 单位针叶原木生产中的原料包含的虚拟水的测算

根据3.4.2,本研究以落叶松林作为针叶林的代表。

尹增伟等(2006)利用小班皆伐方式测定了黑龙江双丰林业局不同年龄的落叶松人工林的单位面积蓄积,其中31年生落叶松林林分平均高17m,平均胸径17.8cm,平均株数980株/hm^2,平均蓄积为163.577m^3/hm^2,材积生长率为5.1%。据此可以推断30年生落叶松林单位面积蓄积量约为163.577m^3/hm^2 ÷ (1 + 5.1%) = 155.633m^3/hm^2。31年生落叶松林出材139.040m^3/hm^2,原木出材率为85%(尹增伟等,2006)。因为其测定的28、31、37年生落叶松林的原木出材率均为85%,所以可以判断30年生落叶松林原木出材率为85%。另查和海云等编制的落叶松人工林材种出材率表,平均胸径18cm、平均高17.1m的经济材出材率为84.0%,商品材出材率为85.1%(和海云等,1990)。根据表3-3,我国落叶松林平均蓄积为89.85m^3/hm^2,根据3.4.4,我国森林林龄接近于中龄林,落叶松林林龄按20年计,假定以后10年年材积生长率平均为6%(根据尹增伟等的测定,19年生落叶松林材积生长率为9.4%,28年生为5.9%,31年生为5.1%),30年时平均蓄积可到160.91m^3/hm^2。因此,本研究认为尹增伟等的数据是可靠的,能代表我国落叶松林的一般水平。这样,本研究认为针叶林单位面积蓄积量(x值)为155.63m^3/hm^2,出材率(y值)为85%。

根据3.4.2计算所得数据,我国针叶林(30年生落叶松林)单位面积虚拟水含量 $FWD_{林}$ 为135219.86m^3/hm^2,根据公式(4-1),计算可得:

单位针叶原木生产中的原料包含的虚拟水含量 = 135219.86m^3/hm^2 ÷ 155.63m^3/hm^2 ÷ 85% = 1022.12m^3/m^3。

4.1.1.2 单位阔叶原木生产中的原料包含的虚拟水的测算

本研究以杨树作为阔叶林的代表。

根据第 3 章 3.4.3，我国杨树林轮伐的平均周期为 13 年。根据丁凤梅等的研究结果，山东省临沂地区密度 495 株/hm² 13 年生欧美类杨树速生丰产林的蓄积为 266.33m³/hm²。但不同立地差异很大，王鹏程等（2006）在湖北省武汉市走马岭农场、新洲区巴徐村和宋渡村和江汉平原石首、洪湖等地对中潜、中嘉等杨树品种的研究结果表明，初植密度 2500 株/hm²，培育目标为中小径材，立地指数 8，12 年生单位蓄积为 96.10m³/hm²；立地指数 10，12 年生单位蓄积为 183.45m³/hm²；立地指数 12，12 年生单位蓄积为 212.36m³/hm²；立地指数 14，11 年生单位蓄积为 395.46m³/hm²；立地指数 16，14 年生单位蓄积为 631.37m³/hm²；立地指数 18，14 年生单位蓄积为 784.30m³/hm²；立地指数 20，14 年生单位蓄积为 929.94m³/hm²；立地指数 22，13 年生单位蓄积为 1027.83m³/hm²；立地指数 24，12 年生单位蓄积为 1059.10m³/hm²。因此如何确定阔叶成熟林单位面积蓄积是一个很麻烦的问题。

根据表 3-3 可以得出我国杨树林平均蓄积为 54.38m³/hm²，即使以 8 年林龄计（参见第 3 章 3.4.4），与丁凤梅等得出的密度 495 株/hm² 8 年生欧美类杨树速生丰产林的单位蓄积 151.88m³/hm² 相比，差异也相当大。因此不能以杨树速生丰产林的单位蓄积来代表阔叶林的单位蓄积。只能依据我国杨树林平均蓄积 54.38m³/hm²，以 8 年林龄来推算 13 年林龄杨树林的平均蓄积。根据丁凤梅等得出的密度 495 株/hm² 欧美类杨树速生丰产林杨树生长表，8 年生欧美类杨树速生丰产林的单位蓄积 151.88m³/hm²，13 年生欧美类杨树速生丰产林的蓄积 266.33m³/hm²，关系比例为 1：1.75（与王鹏程等的研究结果相比较，这个比例关系与立地指数 8、10、12、14 情况下杨树生长情况极为类似，相当于立地指数 12 的情况。），依据我国杨树林平均蓄积 54.38m³/hm²（8 年林龄），推断我国 13 年林龄杨树林的平均蓄积为 95.36m³/hm²。

根据李宏等（2001）对俄罗斯杨胶合板材丰产林的研究，主伐年龄 13、14 年的出材率均为 70%。根据杨洪军等（2006）对两种 9～10 年生杨树蓄积量和出材量的数据，青山杨蓄积量 143.12m³/hm²，出材量 107.34m³/hm²，小黑杨蓄积量 82.19m³/hm²，出材量 61.64m³/hm²，出材率均为 75%。王鹏程等（2006）的研究结果显示，立地指数 12 条件下，12 生杨树林平均胸径 16.38cm，平均高 15.68m，查夏丰昌（2006）制订的杨树林种出材率表，径阶 16cm、树高 14.4m 的杨树出材率为 72.02%。综上所述，本研究设定 13 年生杨树的原木出材率为 72%。

这样，本研究认为阔叶林单位面积蓄积量（x 值）为 95.36m³/hm²。出材率（y 值）为 72%。

根据3.4.3所得数据，我国阔叶林（13年生杨树）单位面积虚拟水含量 $FWD_{林}$ 为177016.85m³/hm²，根据式（4-1），计算可得：

单位阔叶原木的原料包含的虚拟水含量＝177016.85m³/hm²÷95.36m³/hm²÷72%＝2578.20m³/m³。

4.1.2　原木生产中加工过程包含的虚拟水的测算

以国有林为主的东北、内蒙古林区森林集中，地势比较平缓，原有林业基础较好，主要采用原条集材、运材，贮木场造材的流水作业，实行油锯采伐，拖拉机集材，公路或森林铁路运材，贮木场电锯造材，机械分选和装车。西南、西北等高山林区地势陡峻，大江大河贯穿其中，采取油锯采伐、造材、索道、滑道或渠道集材，汽车或水运原木为主的生产方式。南方9省（自治区）森林分散，采伐、造材仍以斧锯并用为主，也有用油锯的，集材方式复杂，有索道或小型机具，也有肩扛人抬，近距离运输靠汽车，远距离运输靠江河。

由上所述，在原木生产中，直接水消耗很少。原木生产中加工过程的物质消耗主要是燃料和电力。根据一项对立木采运成本的调查，原木生产采运成本平均169.68元/m³，所消耗的燃料费大致为40.00元/m³（张莉莉，2010）。根据2007年非金属矿采选业直接用水系数4.71m³/万元、完全用水系数47.46m³/万元；我国能源产业直接用水系数54.72m³/万元，增加值用水系数173.99m³/万元，完全用水系数123.89m³/万元（马水英，2010），当然，这里的完全用水系数并没有将森林虚拟水计算在内。据此粗略估计，原木生产中加工过程的每m³原木直接耗水量为169.68元/m³×4.71m³/万元＝0.08m³/m³，完全耗水量（不含森林虚拟水）为169.68元/m³×47.46m³/万元＝0.81m³/m³，来自于燃料的间接耗水量为40.00元/m³×123.89m³/万元＝0.50m³/m³。如前所述，在此只考虑原木生产中加工过程中的直接耗水量和来自于燃料的间接耗水量。这样，原木生产中加工过程单位原木直接耗水量为0.08m³/m³，来自于燃料的间接耗水量为0.50m³/m³，单位原木加工过程总耗水量为0.58m³/m³。

4.1.3　单位原木虚拟水含量的测算

由上所述，原木虚拟水含量包括来自原料（森林）包含的虚拟水量和加工过程包含的虚拟水量。原木生产中加工过程包含的虚拟水量比较小，原木的虚拟水含量主要来自森林虚拟水含量。

由本章4.1.1.1、4.1.1.2及4.1.2可知：

单位针叶原木虚拟水含量＝单位针叶原木来自于原料（森林）的虚拟水含量＋单位原木加工过程包含的虚拟水量＝单位针叶原木来自于针叶林蒸发散的虚拟水

含量 + (单位原木加工过程直接耗水量 + 单位原木加工过程来自于燃料的虚拟水含量) = 135219. 86m³/hm² ÷ 155. 63m³/hm² ÷ 85% + (0. 08m³/m³ + 0. 50m³/m³) = 1022. 12m³/m³ + 0. 58m³/m³ = 1022. 70m³/m³。

单位阔叶原木虚拟水含量 = 单位阔叶原木来自于原料(森林)的虚拟水含量 + 单位原木加工过程包含的虚拟水量 = 单位阔叶原木来自于阔叶林蒸发散的虚拟水含量 + (单位原木加工过程直接耗水量 + 单位原木加工过程来自于燃料的虚拟水含量) = 177016. 85m³/hm² ÷ 95. 36m³/hm² ÷ 72% + (0. 08m³/m³ + 0. 50m³/m³) = 2578. 20m³/m³ + 0. 58m³/m³ = 2578. 78m³/m³。

因单位原木加工过程包含的虚拟水量相较于单位原木中所含来自于森林蒸发散的虚拟水含量微乎其微,几乎可以忽略不计,因此以原木为原料的木质林产品虚拟水含量中其来自于森林蒸发散的虚拟水含量可视同来自原木的虚拟水含量。以下木质林产品虚拟水含量的计算均以原木虚拟水含量为基础。

4.2 单位锯材虚拟水含量的测算

锯材是以原木为原料,利用锯木机械或手工工具将原木进行去皮、刨削等粗加工,纵向锯成具有一定断面尺寸(宽度、厚度)的木材,并用防腐剂等物质浸渍木料,对木料进行化学处理。制材是用制材机械通过不同的锯解程序把原木按照锯材国家标准或订制任务要求锯成一定规格、一定技术条件、不同用途锯材的加工过程。

目前我国制材厂一般规模较小,所以采用 2 万 m³/年规模的制材厂的主要消耗指标。

4.2.1 锯材生产中的原料包含的虚拟水的测算

锯材生产中的原料主要是原木(表 4-1)。

表 4-1 制材厂锯材生产主要消耗指标

Tab. 4-1 Major consumption indicators of lumber production in sawmill

项目名称	建设规模(m³/年)		
	2	5	10
年耗原木(万 m³)	3	7.6	15.2
用水量(t/h)	1.5	2.5	3.0
单位电耗(kWh/m³)	20	26	26
用汽量(t/h)	1.7	2.8	3.0

资料来源:中华人民共和国林业部. 制材厂建设标准[S]. 中华人民共和国林业部,1992。

目前,欧美、日本等发达国家和地区的现代化锯材加工企业,采用的都是一种高张紧带锯机，并且采用计算机选择科学设计及合理的下锯方式，其锯材出材率一般都在 70% 左右。有资料报道我国锯材出材率仅达到 63%，与发达国家的先进水平尚有较大差距（海关统计资讯网，2011）。其中原因可能是随着我国大径原木越来越少，间伐材、人工速生林生产的中小径原木越来越多，决定了加工制材原木的直径越来越趋向小径化。有资料报道已经从以前的平均径级 24cm 以上，逐渐下降到目前的 16 ~ 18cm 左右。因此，我国锯材出材率降低，并不是我国制材技术水平下降了。考虑我国每年大约进口 3000 万 m^3 左右原木，几乎占我国原木产量的一半，大部分是大径原木。因此，在此按照《制材厂建设标准》，2 万 m^3/年规模的制材厂年耗原木量为 3 万 m^3，这样，锯材出材率为 66.67%，生产 1m^3 锯材需要耗费 1.5m^3 原木。计算可得：

单位针叶锯材生产中的原料包含的虚拟水含量 = 单位针叶原木虚拟水含量 × 原木消耗系数 = 1022.70m^3/m^3 × 1.5m^3/m^3 = 1534.05m^3/m^3；

单位阔叶锯材生产中的原料包含的虚拟水含量 = 单位阔叶原木虚拟水含量 × 原木消耗系数 = 2578.78m^3/m^3 × 1.5m^3/m^3 = 3868.16m^3/m^3。

4.2.2　锯材生产中加工过程包含的虚拟水的测算

如表 4-1 所示，锯材生产中加工过程包含的虚拟水主要是直接耗水、电耗和煤耗所包含的虚拟水量。

4.2.2.1　锯材生产中加工过程直接耗水的测算

在将原木加工为锯材的过程中，直接耗水来自于锯木机械运转或手工工具工作过程、用于浸渍锯材的防腐剂和化学浸液以及锯材干燥过程机械运转所耗水分。按照《制材厂建设标准》，2 万 m^3/年规模的制材厂用水量为 1.5t/h。这样，大约单位锯材的直接耗水量为 0.18m^3/m^3。可见，制材直接耗水比较少。

4.2.2.2　锯材生产中加工过程电耗所包含的虚拟水量的测算

2007 年我国能源产业用水量 3986006 万 t，能源产业直接用水系数 54.72m^3/万元，增加值用水系数 173.99m^3/万元，完全用水系数 123.89m^3/万元（马水英，2010）。完全用水系数是生产一单位产品所需整个经济体系总用水量的增加量，由直接用水系数和间接用水系数两部分组成：直接用水系数表示各部门在生产一单位产品的过程中所投入的自然形态的水资源量，相当于各部门用水定额，等于部门用除以部门总产出，以部门的增加值代替总产出，就可以得到增加值用水系数；间接用水系数表示在产品的生产过程中还需要一定数量各部门的产品作为中间投入，而这些产品在其生产过程中也都需要使用水（许健等，2003）。2007 年我国电力、燃气及水的生产和供应业增加值 9609.2 亿元（《中国统计年鉴》，2009），这样估计 2007 年我国电力、燃气及水的生产和供应业的直接耗水为

9609.2 亿元 × 173.99m³/万元 = 1671904.71 万 m³，以电力行业占 2/3 估算，电力行业直接耗水为 1114603.14 万 m³。根据《污水综合排放标准》（GB 8978 - 1996），火力发电工业污水最高允许排水量 3.5m³/MWh。2007 年我国火力发电生产量为 27229.3 亿 kWh，计算可得火力发电工业的污水排放量约为 953025.5 万 m³，此数据是火力发电工业直接耗水量的低限。考虑 2007 年我国电力生产量 32815.5 亿 kWh（《中国统计年鉴》2008），其中火电 27229.3 亿 kWh，占 82.98%，水电（4852.6 亿 kWh）、核电（621.3 亿 kWh）相比火电耗水量要小，所以可以判定电力行业直接耗水为 1114603.14 万 m³ 的数据是基本可靠的。

由完全用水系数、直接用水系数、间接用水系数、增加值用水系数的关系，可以推理，间接用水量 =（完全用水系数 - 直接用水系数）× 直接用水量/直接用水系数，因此完全用水量 = 直接用水量 + 间接用水量 = 直接用水量 +（完全用水系数 - 直接用水系数）× 直接用水量/直接用水系数。由此可以计算电力行业完全用水量 = 1114603.14 万 m³ +（123.89m³/万元 - 54.72m³/万元）× 1114603.14 万 m³ ÷ 54.72m³/万元 = 2523541.36 万 m³。2007 年我国电力生产量 32815.5 亿 kWh（《中国统计年鉴》，2008），这样每单位电力完全耗水大约为 76.90m³/万 kWh。

按照《制材厂建设标准》，2 万 m³/年规模的制材厂用电量为 20kWh/m³。这样，锯材生产中电力消耗所包含的虚拟水量为 20kWh/m³ × 76.90m³/万 kWh = 0.15m³/m³。

4.2.2.3 锯材生产中加工过程煤耗所包含的虚拟水量的测算

按照《制材厂建设标准》，2 万 m³/年规模的制材厂用汽量为 1.7t/h。这里 t/h 是蒸吨，是指锅炉每小时能产生多少吨的蒸汽。制材厂生产用饱和蒸汽的工作压力应为 1.3MPa，根据表 4-2，产生 1kg 1.3MPa 级蒸汽 0.110628kg 标煤，这样用汽量 1.7t/h 大概煤耗为 0.188068t 标煤/h。由此可以估算 2 万 m³/年规模的制材厂年用煤量约为 451.36t，单位锯材用煤量约为 0.022568t/m³。目前还没有相关研究来计算煤炭生产所耗费的虚拟水，根据安徽省行业用水定额，煤炭开采和洗选业用水定额为采煤 0.6 ～ 0.9m³/t，洗煤 0.5 ～ 0.8m³/t，因为煤炭属于初级产品，在此以煤炭采选业的直接用水标准作为计算煤炭生产所耗费的虚拟水的依据。这样，单位煤虚拟水含量约为 1.4m³/t。综上所述，锯材生产中煤耗所包含的虚拟水量为 0.022568t/m³ × 1.4m³/t = 0.03m³/m³。

表 4-2 产生 1kg 各种压力的蒸汽所要的标准煤

Tab. 4-2 consumption of standard coal to produce 1kg steam at different pressures

蒸汽标准	煤消耗（kg 标煤）
1kg 10.0MPa 级蒸汽	0.131429
1kg 3.5MPa 级蒸汽	0.125714

（续）

蒸汽标准	煤消耗（kg 标煤）
1kg 1.0MPa 级蒸汽	0.108571
1kg 0.3MPa 级蒸汽	0.094286
1kg 小于 0.3MPa 级蒸汽	0.078571

注：标准煤是以一定的燃烧值为标准的当量概念。规定 1kg 标煤的低位热值为 29274kJ。

4.2.3　单位锯材虚拟水含量的测算

综上所述，锯材虚拟水含量包括来自原木包含的虚拟水量和加工过程包含的虚拟水量。

单位针叶、阔叶锯材生产中的原料包含的虚拟水含量分别为 1534.05m³/m³、3868.16m³/m³。

锯材生产中加工过程包含的虚拟水主要是直接耗水、电耗和煤耗所包含的虚拟水量。单位锯材的直接耗水量为 0.18m³/m³。电耗所包含的虚拟水量为 0.15m³/m³，煤耗所包含的虚拟水量为 0.03m³/m³，合计约为 0.18m³/m³。三者合计为锯材生产中加工过程包含的虚拟水 0.36m³/m³。

显然，相对于单位针叶、阔叶锯材生产中的原料包含的虚拟水含量 1534.05m³/m³、3868.16m³/m³，锯材生产中加工过程包含的虚拟水显然相对很小。单位锯材虚拟水含量主要是锯材生产中的所消耗的原木所包含的虚拟水。由以上可得出：

单位针叶锯材虚拟水含量 = 单位针叶锯材生产中的所消耗的针叶原木虚拟水含量 + 单位锯材加工过程包含的虚拟水量 = 单位针叶原木虚拟水含量 × 原木消耗系数 +（单位锯材加工过程直接耗水量 + 单位锯材加工过程电煤间接耗水量）= 1022.70m³/m³ × 1.5m³/m³ + 0.18m³/m³ +（0.15m³/m³ + 0.03m³/m³）= 1534.05m³/m³ + 0.18m³/m³ + 0.18m³/m³ = 1534.41m³/m³。

单位阔叶锯材虚拟水含量 = 单位阔叶锯材生产中的所消耗的阔叶原木虚拟水含量 + 单位锯材加工过程包含的虚拟水量 = 单位阔叶原木虚拟水含量 × 原木消耗系数 +（单位锯材加工过程直接耗水量 + 单位锯材加工过程电煤间接耗水量）= 2578.78m³/m³ × 1.5m³/m³ + 0.18m³/m³ +（0.15m³/m³ + 0.03m³/m³）= 3868.16m³/m³ + 0.18m³/m³ + 0.18m³/m³ = 3868.52m³/m³。

4.3　单位人造板虚拟水含量的测算

木质人造板是以原木为原料，经一定机械加工分离成各种单元材料后，施加或不施加胶粘剂和其他添加剂胶合而成的板材或模压制品。人造板制造多使用阔叶材，主要原因在于阔叶木材质坚实，用以制造的人造板可用于造船工业、火车、汽车、家具以及建筑工业等。人造板种类很多，2009 年中国人造板总产量为 11546. 65 万 m³，其中纤维板 3488. 56 万 m³，胶合板 4451. 24 万 m³，刨花板 1431. 00 万 m³，其他人造板 2175. 85 万 m³（含细木工板 1478. 71 万 m³）；人造板表面装饰板 25327. 06 万 m²，热固性树脂装饰层压板 1640. 00 万 m²，单板 2714. 37 万 m³，木片 1285. 81 万容积 m³，胶合木 325. 95 万 m³（国家林业局，2010）。细木工板、人造板表面装饰板、热固性树脂装饰层压板属于人造板后加工。因此，本研究选取四种主要的人造板类型：单板、胶合板、纤维板和刨花板，分别计算其虚拟水含量。

4.3.1　单位单板虚拟水含量的测算

单板是以原木为原料，采用旋切、刨切或锯切的方法生产的木质薄片材料，其厚度通常为 0. 4 ~ 10mm 之间，主要用作生产胶合板和其他胶合层积材。2009 年中国单板总产量为 2714. 37 万 m³，其中刨切单板 96. 88 万 m³，微薄木 13. 52 万 m³，旋切单板 2350. 54 万 m³（国家林业局，2010）。可见，旋切单板是主体。

单板的加工过程比较简单，包括原木划线及横锯、木段热处理、木段剥皮、木段定中心、旋切、干燥（网带干燥机），最后成品。

生产单板的需水量主要由原料（原木）的含水量和加工耗水两部分组成。

4.3.1.1　单板生产中的原料包含的虚拟水的测算

单板生产中的原料主要是原木。单板一般以阔叶原木为原料。杨木作为胶合板原料已被我国众多胶合板厂家所广泛接受。卢晓宁等（2000）对江苏建湖县人造板厂杨木单板出材率调查，杨木旋切单板综合出材率为 65. 14% ~ 80. 60% 之间，考虑到原木截断损耗和之前的工序损耗，杨木总的出材率在 45% ~ 60% ，平均 52. 5% 。随着原木等级的下降，原木综合出单板率明显呈下降趋势。桉树作为南方地区的优良速生树种，也越来越多用于制作胶合板。任世奇等（2010）以 11 个 6 年生桉树无性系为材料测算其单板出材率在 16. 28% ~ 48. 27% 之间，综合平均为 35. 52% ，弯曲度是降低出材率的主要因素，弯曲度每增加 1% ，出材率就降低 3. 9% ~ 10. 5% ，同时木材密度、尖削度对出材率也有一定影响。卢晓宁等研究的杨木径级比较大，在 18cm 以上，甚至达到 29 cm 以上；任世奇等研究的桉木径级比较小，在 10. 3 ~ 12. 3 之间。这是形成两者差异的重要原因。旋切单板的工艺过程（包括设备刀具、定中心等）对出材率也有很大影响。综合各方数据，考虑原木径级变小的实际，可以设定单板综合出材率为 40% ，这与将单位单板折算成原木常用的系数 2. 5m³/m³ 是一致的（国家林业局，2011）。这样，生产 1m³ 单板需要耗费 2.5m³ 原木。

　　根据 4.1.3，单位阔叶原木虚拟水含量为 2578.78m³/m³。可以得出：

　　单板生产中的所消耗的阔叶原木包含的虚拟水含量 = 单位阔叶原木虚拟水含量 × 原木消耗系数 = 2578.78m³/m³ × 2.5m³/m³ = 6446.94m³/m³。

4.3.1.2　单板生产中加工过程包含的虚拟水的测算

4.3.1.2.1　单板生产中加工过程直接耗水的测算

　　在生产单板的各个环节中，木材热处理过程需要用大量的水，占整个单板生产过程耗水量的绝大部分。木材热处理的目的是软化木段，增加木段可塑性，有利于后续的旋切。木材热处理的方法主要有三种：水煮、水与空气同时加热以及蒸汽热处理。我国的木材热处理主要采用蒸煮硬处理法。要求较高的水温条件，常为 70 ~ 80℃，热处理装置是煮木池，一般尺寸为 3m × 6m × 3m(54m³)，每池水的原木处理量为 20m³，蒸煮原木后再剥皮、旋切(陆仁书，1993)。蒸煮原木后的废水基本无法再次利用。

　　木段剥皮、木段定中心、旋切等过程基本都属于机械加工过程，耗水量很少，可以忽略不计。

　　单板干燥要采用蒸汽加热干燥。目前缺乏单板干燥工序的耗水量。只能借用胶合板的标准。根据《胶合板厂建设标准》，胶合板厂生产用饱和蒸汽的工作压力应为 1.3MPa，全厂用汽量：1.0 万 m³/年规模宜为 17t/h，其中生产用汽 10t/h，2.0 万 m³/年规模宜为 29t/h，其中生产用汽 19t/h。

　　综上所述，单板生产中的耗水主要是蒸煮原木耗水和单板干燥耗水。借用《胶合板厂建设标准》中 1.0 万 m³/年、2.0 万 m³/年规模胶合板厂单位产品用水消耗指标均为 4m³/m³，因单板不需要胶合板的热压过程，这里设定单板单位产品用水消耗指标为 3m³/m³。

4.3.1.2.2　单板生产中加工过程电耗、煤耗所包含的虚拟水量的测算

　　借用《胶合板厂建设标准》中 1.0 万 m³/年、2.0 万 m³/年规模胶合板厂单位产品用电消耗指标分别为 160kWh/m³、140kWh/m³，因单板不需要胶合板的热压过程，我国大多数单板厂规模不大，这里设定单板单位产品用电消耗指标约为 120kWh/m³。根据 4.2.2.2 中的每单位电力完全耗水大约为 76.90m³/万 kWh，单板生产中电力消耗所包含的虚拟水量为 120kWh/m³ × 76.90m³/万 kWh = 0.92m³/m³。

　　借用《胶合板厂建设标准》中 1.0 万 m³/年、2.0 万 m³/年规模胶合板厂单位产品用汽消耗指标分别为 17t/h、29t/h，因我国大多数单板厂规模不大，而且单板不需要胶合板的热压过程，这里设定单板单位产品用汽消耗指标约为 13t/h。根据 4.2.2.3 中用汽量 1.7t/h 煤耗所包含的虚拟水量为 0.03m³/m³，单板生产中

煤耗所包含的虚拟水量为 $0.24m^3/m^3$。

4.3.1.3　单位单板虚拟水含量的测算

综上所述,单板生产中加工过程包含的虚拟水主要是直接耗水、电耗和煤耗所包含的虚拟水量。单位单板的直接耗水量为 $3m^3/m^3$。电耗所包含的虚拟水量为 $0.92m^3/m^3$,煤耗所包含的虚拟水量为 $0.24m^3/m^3$,合计约为 $1.16m^3/m^3$。三者合计为单板生产中加工过程包含的虚拟水 $4.16m^3/m^3$。相对于单板生产中的所消耗的阔叶原木包含的虚拟水含量 $6446.94m^3/m^3$,单板生产中加工过程包含的虚拟水显然相对比较小。

这样,单位单板虚拟水含量 = 单板生产中的所消耗的阔叶原木包含的虚拟水含量 + 单位单板加工过程包含的虚拟水量 = 单位阔叶原木虚拟水含量 × 原木消耗系数 + (单板生产中的加工过程单位单板直接耗水量 + 单板生产中的加工过程单位单板电煤间接耗水量) = $2578.78m^3/m^3 × 2.5m^3/m^3 + 3m^3/m^3 + (0.92m^3/m^3 + 0.24m^3/m^3)$ = $6446.94m^3/m^3 + 3m^3/m^3 + 1.16m^3/m^3 = 6451.10m^3/m^3$。

4.3.2　单位胶合板虚拟水含量的测算

2009 年中国胶合板总产量为 4451.24 万 m^3,其中普通胶合板 3570.98 万 m^3,特种胶合板 213.40 万 m^3,竹胶合板 445.11 万 m^3,单板层积材 221.74 万 m^3(国家林业局,2010)。普通木质胶合板占大多数,因此,本研究选取普通木质胶合板为研究对象。

木质胶合板是由木段旋切成单板或由木方刨切成薄木,由不同纹理方向排列的三层或多层(一般为奇数层)单板,通过胶粘剂胶合而成的板状材料(陆仁书,1993)。胶合板是在单板的基础上,对单板进行施胶、组坯、预压、热压等一系列工序后生产而成的。胶合板生产的主要工序包括单板生产(原木划线及横锯、木段热处理、木段定中心、旋切、单板干燥)、单板施胶、组坯、板坯预压、热压、锯边、表面加工、成品。

据统计,现有经工商注册的大小胶合板企业逾 6000 家之多(郭青俊,2011),但具有实力并达到一定规模的企业却很少。按照 2006 年胶合板生产量测算,年产量达到 10 万 m^3 的企业约 22 家,年产量达到 2 万 m^3 以上的胶合板企业约 200 家,绝大多数企业规模很小(郭青俊,2011)。另据报道,2008 年我国胶合板类企业有 1600 多家,年产量达到 5 万 m^3 以上的企业有 350 家(李瑞林,2011)。相比之下,2009 年我国胶合板总产量为 4451.24 万 m^3,可见,我国胶合板厂的平均规模在 0.7 万~2.8 万 m^3/年之间。因此本研究按照 2 万 m^3/年规模刨花板厂的消耗测算。

表 4-3　胶合板厂生产主要消耗指标

Tab. 4-3　Major consumption indicators of production in plywood plant

项目名称	建设规模(万 m³/年)	
	1	2
年耗原木(万 m³)	2.8	5.6
胶料用量(t)	550	1100
单位用水量(m³/m³)	4	4
单位电耗(kWh/m³)	160	140
单位用汽量(t/m³)	3.6	3.5

资料来源:中华人民共和国林业部. 胶合板厂建设标准[S]. 中华人民共和国林业部,1992.

4.3.2.1　胶合板生产中的原料包含的虚拟水的测算

由表 4-3 可见,胶合板生产中的原料主要是原木。胶料用量也比较大。

4.3.2.1.1　胶合板生产中需要用的原木虚拟含水量的测算

胶合板一般以阔叶原木为原料,单位阔叶原木虚拟水含量为 2578.78m³/m³。根据表 4-3,生产 1m³ 胶合板需要耗费 2.8m³ 原木。这样,生产 1m³ 胶合板需要用的原木虚拟含水量 = 单位阔叶原木虚拟水含量 × 原木消耗系数 = 2578.78m³/m³ × 2.8m³/m³ = 7220.57m³/m³。

4.3.2.1.2　胶合板生产中需要用的胶料虚拟含水量的测算

生产胶合板除了大量耗费木材外,用胶量也较多。目前,我国胶合板生产中常用的胶种是合成胶,酚醛树脂胶和脲醛树脂胶,其中以脲醛树脂胶用量最多。生产胶合板使用的脲醛胶固体含量一般为 55% ~ 60%,生产 1m³ 胶合板需要用脲醛胶约 105kg(陆仁书,1993),用量较大。目前还没有发现脲醛树脂胶虚拟水含量的数据。本研究运用生产树法对脲醛树脂胶虚拟水含量做粗略估计:据研究,脲醛胶由甲醛和尿素合成,甲醛又来自甲醇。一般国内大型煤化工企业由煤生产 1t 甲醇需要消耗 10 ~ 12t 水,年产 15000t 甲醛(37%)项目年耗水 16492t,使用 7050t 甲醇,这样生产 1t 甲醛折合耗水 6.27t;12 万 t 合成氨 20 万 t 尿素项目年耗水 2847000t,这样生产 1t 尿素耗水 14.24t;根据脲醛胶生产中甲醛(36.5%)和尿素的一般配比 1:0.3(脲醛胶生产中直接耗水很少,忽略不计),可以粗略计算得到生产 1t 脲醛胶(50%)全生产过程总耗水为 10.46t。生产胶合板使用的脲醛胶固体含量取平均值 57.5%。这样生产 1m³ 胶合板需要用的脲醛胶虚拟含水量大约为 105kg × 10.46m³/t × 57.5% ÷ 50% = 1.26m³/m³。

4.3.2.2　胶合板生产中加工过程包含的虚拟水的测算

4.3.2.2.1　胶合板生产中加工过程直接耗水的测算

单板生产(原木划线及横锯、木段热处理、木段定中心、旋切、单板干燥)

工序的耗水主要产生在木段热处理，其分析见 4.3.1.2.1，不再赘述。单板干燥要采用蒸汽加热干燥。

单板施胶之后，组坯、板坯预压、热压、锯边以及表面加工等工序中，机械加工耗水量很少，但单板干燥、热压等工序需要使用大量的蒸汽，根据《胶合板厂建设标准》，胶合板厂生产用饱和蒸汽的工作压力应为 1.3MPa，全厂用汽量：1.0 万 m^3/年规模宜为 17t/h，其中生产用汽 10t/h，2.0 万 m^3/年规模宜为 29t/h，其中生产用汽 19t/h。根据《胶合板厂建设标准》，1.0 万 m^3/年、2.0 万 m^3/年规模胶合板厂单位产品用水消耗指标均为 4m^3/m^3。这样生产 1m^3 胶合板加工过程中的直接耗水量总计为 4m^3/m^3。

4.3.2.2.2 胶合板生产中加工过程电耗、煤耗所包含的虚拟水量的测算

根据《胶合板厂建设标准》，1.0 万 m^3/年、2.0 万 m^3/年规模胶合板厂单位产品用电消耗指标分别为 160kWh/m^3、140kWh/m^3。2009 年中国胶合板产量为 4451.24 万 m^3，2008 年我国胶合板类企业有 1600 多家，年产量达到 5 万 m^3 以上的企业有 350 家（李瑞林，2011）。因此设定胶合板单位产品用电消耗指标为 140kWh/m^3。根据 4.2.2.2 中的每单位电力完全耗水大约为 76.90m^3/万 kWh，胶合板生产中电力消耗所包含的虚拟水量为 140kWh/m^3 × 76.90m^3/万 kWh = 1.08m^3/m^3。

根据《胶合板厂建设标准》，1.0 万 m^3/年、2.0 万 m^3/年规模胶合板厂单位产品用汽消耗指标分别为 3.6t/m^3、3.5t/m^3。根据我国胶合板企业平均规模，在此取单位胶合板用汽消耗指标为 3.5t/m^3。水在沸点时的汽化热是 2255 × 1000kJ（不同温度下汽化热有差异，但相差不是很大），按 100℃ 看待，1t 水蒸发吸热量为 2255 × 1000kJ，1kg 标煤的低位热值为 29274kJ，考虑利用率 60%，实际供水汽化的热量为 29274 × 60% = 17564kJ/kg，故 1t 水蒸发需耗煤 2255 × 1000/17564 = 128.33kg。上述计算未考虑将水加热到 100℃ 的煤耗，如假定是常温 25℃ 的水，则水温升高到 100℃ 的吸热量 = 4.184kJ/（kg·℃）× 1000kg × （100 − 25）℃ = 313.8 × 1000kJ。煤耗 = 313.8 × 1000/17564 = 17.86kg。这样，总计煤耗 = 128.33kg + 17.86kg = 146.19kg = 0.15t。根据 4.2.2.3 中单位煤虚拟水含量约为 1.4m^3/t，这样，胶合板生产中煤耗所包含的虚拟水量 = 单位胶合板用汽消耗量 × 单位蒸汽煤耗 × 单位煤虚拟水含量 = 3.5t/m^3 × 0.15t/t × 1.4m^3/t = 0.74m^3/m^3。

4.3.2.3 单位胶合板虚拟水含量的测算

综上所述，胶合板虚拟水含量包括消耗原料所包含的虚拟水和加工过程直接耗水、电煤间接耗水。

胶合板生产中的原料包含的虚拟水主要包括胶合板生产中的所消耗的阔叶原木包含的虚拟水含量和胶合板生产中的所消耗的胶料包含的虚拟水含量。单位胶

合板消耗阔叶原木包含的虚拟水含量为 7220.57m³/m³。单位胶合板消耗胶料包含的虚拟水含量为 1.26m³/m³。

胶合板生产中加工过程包含的虚拟水主要是直接耗水、电耗和煤耗所包含的虚拟水量。单位胶合板的直接耗水量为 4m³/m³。电耗所包含的虚拟水量为 1.08m³/m³，煤耗所包含的虚拟水量为 0.74m³/m³，合计约为 1.82m³/m³。三者合计为胶合板生产中加工过程包含的虚拟水 5.82m³/m³。

可见，相对于胶合板生产中的所消耗的阔叶原木包含的虚拟水含量 7220.57m³/m³，胶合板生产中加工过程包含的虚拟水显然相对比较小。

这样，单位胶合板虚拟水含量 = 单位胶合板所消耗的原料包含的虚拟水含量 + 单位胶合板加工过程耗水 = (单位胶合板所消耗的阔叶原木包含的虚拟水含量 + 单位胶合板所消耗的胶料包含的虚拟水含量) + (单位胶合板加工过程直接耗水量 + 单位胶合板电煤间接耗水量) = 单位阔叶原木虚拟水含量 × 原木消耗系数 + 单位胶合板所消耗的胶料包含的虚拟水含量 + 单位胶合板加工过程直接耗水量 + (单位胶合板电耗包含的虚拟水含量 + 单位胶合板煤耗包含的虚拟水含量) = (2578.78m³/m³ × 2.8m³/m³ + 1.26m³/m³) + 4m³/m³ + (1.08m³/m³ + 0.74m³/m³) = (7220.57m³/m³ + 1.26m³/m³) + 4m³/m³ + 1.82m³/m³ = 7227.65m³/m³。

4.3.3　单位刨花板虚拟水含量的测算

木质刨花板是将小径木以及木材加工剩余物(如板皮、边条、工厂刨花)、采伐剩余物(如枝桠)等加工成刨花(或碎料)然后施加胶粘剂压制成的人造板材。2009 年中国刨花板总产量为 1431.00 万 m³，其中普通刨花板 1422.23 万 m³，水泥刨花板 0.69 万 m³，定向刨花板 4.07 万 m³，竹刨花板 4.00 万 m³(国家林业局，2010)。普通木质刨花板占据绝大部分，因此，本研究选取普通木质刨花板为研究对象。普通木质刨花板的生产工序包括：刨花制备、刨花干燥、施胶、板坯铺装、预压、热压以及后续一系列处理工序。

2008 年，我国总计有刨花板生产线 500 多条，总生产能力大约在 1200 万 m³/年，其中，年生产能力 1 万 m³ 以下的生产线共有 400 多条，占据全部生产线数量的 75% 以上，但是其生产能力却不到全部生产能力的 50%；年生产能力 1 万~5 万 m³ 的生产线共有 59 条，年总生产能力为 155.4 万 m³；年生产能力不小于 5 万 m³ 的生产线共有 59 条，年总生产能力共有 451 万 m³(胡广斌等，2009)。这样，我国刨花板生产线的平均生产能力大致在 2.4 万 m³/年，2008 年我国刨花板产量 1142 万 m²，2009 年达到 1422.23 万 m³，发展很快，我国刨花板生产线的平均生产能力大致达到 3 万 m³/年左右。因此本研究按照 3 万 m³/年规模刨花板厂的消耗测算。

表4-4　刨花板厂生产主要消耗指标

Tab. 4-4　**Major consumption indicators of production in particleboard plant**

项目名称	建设规模(万 m³/年)			
	0.5	1.5	3	5
年耗原木(万 m³)	0.72	2.1	4.2	7.0
胶料用量(t)	360	1100	2100	3400
单位用水量(m³/m³)	2.0	1.5	1.2	1.0
单位电耗(kWh/m³)	390	280	250	220
单位用汽量(t/m³)	2.5	2.0	1.7	1.6

资料来源：中华人民共和国林业部. 刨花板厂建设标准[S]. 中华人民共和国林业部，1992.

4.3.3.1　刨花板生产中的原料包含的虚拟水的测算

制作刨花板的原料包括木材或木质纤维材料，胶粘剂和添加剂两类，前者占板材干重的90%以上。

4.3.3.1.1　刨花板生产中需要用的原木虚拟含水量的测算

木材原料多取自林区间伐材、小径材(直径通常在8cm以下)、采伐剩余物和木材加工剩余物等。加工成片状、条状、针状、粒状的木片、刨花、木丝、锯屑等，称碎料。

理论上，刨花板的原料若是采伐剩余物、木材加工剩余物、林区间伐材(小径木)等，是不需要考虑其耗用的木材原料的虚拟水含量的。但考虑我国普通刨花板的产量2009年已达到1422.23万 m³，木材原料来源越来越以速生丰产林或工业人工林生产的小径材为主，尤其是我国刨花板企业中，中小型工厂数量很多，它们主要靠消耗当地的森林资源而生存，因此在此仍计算其耗用的木材原料的虚拟水含量。

刨花板的原料可以是阔叶材，也可以是针叶材。中国森林面积为 1.95 亿 hm²，其中，针叶林面积约为 0.95 亿 hm²，阔叶林面积约为 1.00 亿 hm²，针、阔林之比约为48.5:51.5(国家林业局森林资源管理司，2010)，在此假定刨花板的原料针、阔比也为48.5：51.5。单位针叶原木虚拟水含量为1022.70m³/m³，单位阔叶原木虚拟水含量为2578.78m³/m³。根据表4-4，生产1m³刨花板需要耗费 1.4m³原木。这样，生产1m³刨花板需要用的原木虚拟含水量 = (1022.70m³/m³ ×48.5% +2578.78m³/m³ ×51.5%) ×1.4m³/m³ =2553.71m³/m³。

4.3.3.1.2　刨花板生产中需要用的胶料虚拟含水量的测算

生产刨花板除了大量耗费木材外，用胶量也较多。生产刨花板使用的胶粘剂最多的是甲醛类树脂胶，主要有脲醛树脂胶、酚醛树脂胶和三聚氰胺甲醛树脂，其中又以使用脲醛胶最多。刨花板用的脲醛树脂胶，一般固体含量约在60%左右，生产 1m³ 刨花板需要用脲醛胶约 142kg（陆仁书，1994）。根据 4.3.2.1.2 的计算，固体含量 50% 的脲醛胶所包含的虚拟水约为 10.46m³/t，这样生产 1m³ 刨花板需要用的脲醛胶虚拟含水量大约为 142kg × 10.46m³/t × 60% ÷ 50% = 1.78m³/m³。

4.3.3.2 刨花板生产中加工过程包含的虚拟水的测算

4.3.3.2.1 刨花板生产中加工过程直接耗水的测算

在刨花板的生产工序中，刨花制备主要是采用先削片再刨片方法，使用削片机和刨片机粉碎制作；刨花干燥主要是使用干燥机，用热的干空气吹过湿刨花表面，将刨花中所含的分转入空气并汽化带走；板坯铺装一般采用机械铺装；预压和热压过程相似，在冷压机里预压板坯，然后再在热压机里压制刨花板，最终制成一定密度和一定厚度的刨花板（陆仁书，1994）。其中干燥、热压过程耗汽（耗水）量较大。目前我国刨花板生产线的平均生产能力约 3 万 m³/年，根据《刨花板厂建设标准》，3.0 万 m³/年规模刨花板厂单位产品用水消耗指标分别为 1.2m³/m³。因此取刨花板单位产品用水消耗指标为 1.2m³/m³。

4.3.3.2.2 刨花板生产中加工过程电耗、煤耗所包含的虚拟水量的测算

根据《刨花板厂建设标准》，3.0 万 m³/年规模刨花板厂单位产品用电消耗指标分别为 250kWh/m³。根据 4.2.2.2 中的每单位电力完全耗水大约为 76.90m³/万 kWh，刨花板生产中电力消耗所包含的虚拟水量为 250kWh/m³ × 76.90m³/万 kWh = 1.92m³/m³。

根据《刨花板厂建设标准》，3.0 万 m³/年规模刨花板厂单位产品用汽消耗指标分别为 1.7t/m³。根据 4.3.2.2.2 中单位蒸汽煤耗 0.15t/t，以及 4.2.2.3 中单位煤虚拟水含量约为 1.4m³/t，这样，刨花板生产中煤耗所包含的虚拟水量 = 单位刨花板用汽消耗量 × 单位蒸汽煤耗 × 单位煤虚拟水含量 = 1.7t/m³ × 0.15t/t × 1.4m³/t = 0.36m³/m³。

4.3.3.3 单位刨花板虚拟水含量的测算

综上所述，刨花板虚拟水含量包括消耗原料所包含的虚拟水和加工过程直接耗水、电煤间接耗水。

刨花板生产中的原料包含的虚拟水主要包括刨花板生产中的所消耗的原木包含的虚拟水含量和刨花板生产中的所消耗的胶料包含的虚拟水含量。单位刨花板消耗原木包含的虚拟水含量为 2553.71m³/m³。单位刨花板消耗胶料包含的虚拟水含量为 1.78m³/m³。

刨花板生产中加工过程包含的虚拟水主要是直接耗水、电耗和煤耗所包含的虚拟水量。单位刨花板的直接耗水量为 1.2m³/m³。电耗所包含的虚拟水量为 1.92m³/m³，煤耗所包含的虚拟水量为 0.36m³/m³，合计约为 2.28m³/m³。三者

合计为刨花板生产中加工过程包含的虚拟水 $3.48 m^3/m^3$。

可见，相对于刨花板生产中的所消耗的原木包含的虚拟水含量 $2553.71 m^3/m^3$，刨花板生产中加工过程包含的虚拟水显然相对比较小。

这样，单位刨花板虚拟水含量 = 单位刨花板所消耗的原料包含的虚拟水含量 + 单位刨花板加工过程耗水 = (单位刨花板所消耗的原木包含的虚拟水含量 + 单位刨花板所消耗的胶料包含的虚拟水含量) + (单位刨花板加工过程直接耗水量 + 单位刨花板电煤间接耗水量) = ($2553.71 m^3/m^3$ + $1.78 m^3/m^3$) + $1.2 m^3/m^3$ + ($1.92 m^3/m^3$ + $0.36 m^3/m^3$) = $2555.49 m^3/m^3$ + $1.2 m^3/m^3$ + $2.28 m^3/m^3$ = $2558.97 m^3/m^3$。

4.3.4 单位纤维板虚拟水含量的测算

木质纤维板是以林区间伐材、采伐剩余物和木材加工剩余物、小径木等为原料经过切片、纤维分离、成型、热压或干燥等主要工序制成的一种人造板材。根据我国标准，纤维板按密度分三类：软质纤维板、中密度纤维板和硬质纤维板。2009 年中国纤维板总产量为 3488.56 万 m^3，其中木质纤维板 3430.43 万 m^3，非木质纤维板 58.14 万 m^3；木质纤维板中软质纤维板 10.32 万 m^3，中密度纤维板 3131.64 万 m^3，硬质纤维板 288.47 万 m^3（国家林业局，2010）。因此，本研究选取中密度纤维板为研究对象。

中密度纤维板是以小径级原木、采伐、加工剩余物为原料，经切片、蒸煮、纤维分离、干燥后施加脲醛树脂或其他适用的胶粘剂，再经热压后制成的一种人造板材。在实际生产中，中密度纤维板的密度约为 $0.75 g/cm^3$。

中密度纤维板生产工艺分湿法、干法和半干法 3 种。目前，国内生产中密度纤维板主要采用干法生产（彭净宇等，1997）。干法生产工艺以空气为纤维运输载体，纤维制备是用一次分离法，一般不经精磨，需施加胶粘剂，板坯成型之前纤维要经干燥，热压成板后通常不再热处理。干法生产的特点是不用水而用气流作载体，主要工序包括削片、筛选和水洗、热磨、施胶、干燥、板坯成型、热压等。

2008 年年底，我国中密度纤维板生产线有 661 条，中密度纤维板总设计生产能力达到 3004.6 万 m^3，这样，我国中密度纤维板生产线的平均生产能力大致在 4.55 万 m^3/年，其中 2008 年新增的 65 条生产线总生产能力为 396 万 m^3/年，平均生产能力 6.09 万 m^3/年（肖小兵，2009）。2009 年底中密度纤维板总设计生产能力接近 3250 万 m^3/年，产量达到 3131.64 万 m^3，发展很快。因此，我国中密度纤维板生产线的平均生产能力大致达到 5 万 m^3/年左右。因此本研究按照 5 万 m^3/年规模中密度纤维板厂的消耗测算。

表 4-5   中密度纤维板厂生产主要消耗指标

Tab. 4-5   Major consumption indicators of production in particleboard plant

项目名称	建设规模(万 m³/年)		
	1.4	3	5
年耗原木(万 m³)	2.52	5.4	9
胶料用量(t)	1300	2550	4250
单位用水量(m³/m³)	2.7	2.6	2.6
单位电耗(kWh/m³)	480	400	340
单位用汽量(t/m³)	4.0	3.5	3.2

资料来源：中华人民共和国林业部. 中密度纤维板厂建设标准[S]. 中华人民共和国林业部，1992.

4.3.4.1   纤维板生产中的原料包含的虚拟水的测算

制作纤维板的原料包括木材或木质纤维材料，胶粘剂和(或)添加剂两类，因其主要是由木质纤维素纤维交织成型并利用其固有胶粘性能制成，制造过程中可以施加胶粘剂和(或)添加剂，但用量较少。

4.3.4.1.1   纤维板生产中需要用的原木虚拟含水量的测算

理论上，纤维板的原料若是采伐剩余物、木材加工剩余物、林区间伐材(小径木)等，是不需要考虑其耗用的木材原料的虚拟水含量的。但考虑我国中密度纤维板的产量 2009 年已达到 3131.64 万 m³，木材原料来源越来越以速生丰产林或工业人工林生产的小径材为主，尤其是我国纤维板企业中，中小型工厂数量很多，它们主要靠消耗当地的森林资源而生存，因此在此仍计算其耗用的木材原料的虚拟水含量。若是纤维板的原料可以是阔叶材，也可以是针叶材。在此假定纤维板的原料针、阔比也为 48.5∶51.5，单位针叶原木虚拟水含量为 973.10m³/m³，单位阔叶原木虚拟水含量为 2578.78m³/m³。根据表 4-5，生产 1m³ 纤维板需要耗费 1.8m³ 原木。这样，生产 1m³ 纤维板需要用的原木虚拟含水量 = (1022.70m³/m³ × 48.5% + 2578.78m³/m³ × 51.5%) × 1.8m³/m³ = 3283.34m³/m³。

4.3.4.1.2   纤维板生产中需要用的胶料虚拟含水量的测算

生产纤维板除了大量耗费木材外，用胶量也较多，但比胶合板、刨花板要少。中密度纤维板干法制造的施胶工序常用的胶种为脲醛树脂胶，固体含量为 10% ~ 15%(取值 12.5%)，生产 1m³ 中密度纤维板使用脲醛胶量约为 30 ~ 50kg (取值 40kg)(陆仁书，1993)。根据 4.3.2.1.2 的计算，固体含量 50% 的脲醛胶所包含的虚拟水约为 10.46m³/t，这样生产 1m³ 中密度纤维板需要用的脲醛胶虚拟含水量大约为 40kg × 10.46m³/t × 12.5% ÷ 50% = 0.10m³/m³。

4.3.4.2 纤维板生产中加工过程包含的虚拟水的测算

4.3.4.2.1 纤维板生产中加工过程直接耗水的测算

纤维板生产主要工序包括削片、筛选和水洗、热磨、施胶、干燥、板坯成型、热压等。在纤维板的生产工序中，削片、筛选基本属于机械加工，耗水量可以忽略不计。水洗工序可以清洁木片、提高木片含水率，减少热磨机进料螺旋、磨片、风送管道、锯片、热压板等的磨损。洗涤水经过滤后可循环使用。木片水洗后含水率将增加10%左右。热磨工序是将木片进行纤维分离，设备使用热磨机，木片经过软化处理，磨浆分离纤维，最终分离后的纤维经排料装置排出。经过水洗和热磨，木片分离形成的纤维含水量增加约25%，达到40%左右（欧阳琳，1994）。生产1m³中密度纤维板，来自于洗木和热磨的废水0.5~0.98m³，废水率约为30%。干燥工序中，磨浆机出来的浆料含水率较高，需要经过加热后的空气来进行干燥处理，常采用闪急式管道干燥系统（欧阳琳，1994）。成型和热压工序中，板坯成型一般选用连续式压机对板坯进行预压，然后再经过热压机热压；热压后的毛边板属于半成品，还需要冷却、齐边、砂光等工序，最后成为成品（陆仁书，1993）。可见，水洗工序、热磨工序、成型和热压工序均需要消耗水。根据《中密度纤维板厂建设标准》，5.0万m³/年规模刨花板厂单位产品用水消耗指标为2.6m³/m³。因此取纤维板单位产品用水消耗指标为2.6m³/m³。

4.3.4.2.2 纤维板生产中加工过程电耗、煤耗所包含的虚拟水量的测算

根据《中密度纤维板厂建设标准》，5.0万m³/年规模中密度纤维板厂单位产品用电消耗指标分别为340kWh/m³。根据4.2.2.2中的每单位电力完全耗水大约为76.90m³/万kWh，中密度纤维板生产中电力消耗所包含的虚拟水量为340kWh/m³×76.90m³/万kWh=2.61m³/m³。

根据《中密度纤维板厂建设标准》，5.0万m³/年规模中密度纤维板厂单位产品用汽消耗指标分别为3.2t/m³。根据4.3.2.2.2中单位蒸汽煤耗0.15t/t，以及4.2.2.3中单位煤虚拟水含量约为1.4m³/t，这样，中密度纤维板生产中煤耗所包含的虚拟水量＝单位中密度纤维板用汽消耗量×单位蒸汽煤耗×单位煤虚拟水含量＝3.2t/m³×0.15t/t×1.4m³/t=0.67m³/m³。

4.3.3.3 单位纤维板虚拟水含量的测算

综上所述，纤维板虚拟水含量包括消耗原料所包含的虚拟水和加工过程直接耗水、电煤间接耗水。

纤维板生产中的原料包含的虚拟水主要包括纤维板生产中的所消耗的原木包含的虚拟水含量和纤维板生产中的所消耗的胶料包含的虚拟水含量。单位纤维板消耗原木包含的虚拟水含量为3283.34m³/m³。单位纤维板消耗胶料包含的虚拟水含量为0.10m³/m³。

纤维板生产中加工过程包含的虚拟水主要是直接耗水、电耗和煤耗所包含的虚拟水量。单位纤维板的直接耗水量为 $2.6\text{m}^3/\text{m}^3$。电耗所包含的虚拟水量为 $2.61\text{m}^3/\text{m}^3$，煤耗所包含的虚拟水量为 $0.67\text{m}^3/\text{m}^3$，合计约为 $3.28\text{m}^3/\text{m}^3$。三者合计为纤维板生产中加工过程包含的虚拟水 $5.88\text{m}^3/\text{m}^3$。

可见，相对于纤维板生产中的所消耗的原木包含的虚拟水含量 $3283.34\text{m}^3/\text{m}^3$，纤维板生产中加工过程包含的虚拟水显然相对比较小。

这样，单位纤维板虚拟水含量＝单位纤维板所消耗的原料包含的虚拟水含量＋单位纤维板加工过程耗水＝（单位纤维板所消耗的原木包含的虚拟水含量＋单位纤维板所消耗的胶料包含的虚拟水含量）＋（单位纤维板加工过程直接耗水量＋单位纤维板电煤间接耗水量）＝（ $3283.34\text{m}^3/\text{m}^3 + 0.10\text{m}^3/\text{m}^3$ ）＋ $2.6\text{m}^3/\text{m}^3$ ＋（ $2.61\text{m}^3/\text{m}^3 + 0.67\text{m}^3/\text{m}^3$ ）＝ $3283.44\text{m}^3/\text{m}^3 + 2.6\text{m}^3/\text{m}^3 + 3.28\text{m}^3/\text{m}^3$ ＝ $3289.33\text{m}^3/\text{m}^3$。

4.4 单位纸浆和纸虚拟水含量的测算

现代制浆造纸工业主要以木材为原料，制得木浆，然后再加工成纸及各种纸制品。据中国造纸协会调查资料，2010 年中国纸浆生产总量 7318 万 t，其中木浆 708 万 t，废纸浆 5305 万 t，非木浆 1297 万 t；全国纸及纸板生产量 9270 万 t，箱纸板、瓦楞原纸、未涂布印刷书写纸、白纸板产量居前，占纸及纸板总产量 60.83%。国际上制浆厂平均规模在 17 万 t/年，造纸厂规模 8 万 t/年，而我国年产 1 万 t 以上的制浆、造纸企业，只占企业总数的 10% 左右，我国木浆生产企业和造纸企业平均规模仅为 6t/年和 1.2t/年（绿色中国网，2008）。据中国造纸协会调查资料，2010 年在 3724 家规模以上造纸生产企业中，大中型造纸企业 421 家占 11.31%，小型企业 3303 家占 88.69%（中国造纸，2011）。

水资源在造纸工业中占有重要地位。纸浆、纸以及各种纸制品的生产都要消耗大量的水。根据环境保护部统计，2009 年制浆造纸及纸制品产业（统计企业 5771 家）用水总量为 108.44 亿 t，其中新鲜水量为 46.59 亿 t，占工业总耗新鲜水量 529.95 亿 t 的 8.79%；重复用水量为 61.85 亿 t，水重复利用率为 57.04%；万元工业产值（现价）新鲜水用量为 107.8t；造纸工业 2009 年废水排放量为 39.26 亿 t，占全国工业废水总排放量 209.03 亿 t 的 18.78%（中国造纸，2011）。

由于本研究只讨论木质林产品，所以，以下主要分析木浆，以及以木材为原料制造的纸及各种纸制品。本研究主要计算木浆制造过程耗水量，确定木浆的虚拟水含量，并在此基础上，计算以木浆为原料加工而成的纸和纸制品的虚拟水含量。纸浆、木浆均指绝干吨，吨浆、吨纸的数量单位均不特别指出吨浆、吨纸，只以 t 表示。其中引用的部分数据，可能水的单位表示为 t，为尊重原数据，不一一改为 m^3。

4.4.1　单位木浆虚拟水含量的测算

2008 年全球纸浆总产量为 1.924 亿 t，其中，化学浆产量 1.328 亿 t，机械浆 3556 万 t；北美地区纸浆总产量为 7178 万 t，占全球纸浆总产量 37.3%，欧洲和亚洲纸浆总产量分别为 4911 万 t 和 4534 万 t，分别占全球总产量的 25.5% 和 23.6%；全球机械浆生产集中在北美洲和欧洲，分别为 1388 万 t 和 1459 万 t，这两个地区机械浆产量总和占全球机械浆总产量的 80.0%；美国、加拿大和中国是纸浆产量最多的 3 个国家，2008 年它们的纸浆总产量分别是 5148 万 t、2030 万 t 和 1976 万 t（邝仕均，2009）。

2008 年全球纸浆表观消费量为 1.9302 亿 t，其中木浆 1.7491 亿 t，非木浆 1811 万 t（邝仕均，2009），木浆占比达到 90.62%。据中国造纸协会调查资料，2010 年全国纸浆生产总量 7318 万 t，全国纸浆消耗总量 8461 万 t，其中木浆 1859 万 t，比例占 22%；非木浆 1297 万 t，比例占 15%；废纸浆 5305 万 t，比例占 63%。木浆中，国产木浆 708 万 t，比例占 8%，进口木浆 1151 万 t，比例占 14%（中国造纸，2011）。目前中国已经发展为世界上高得率商品浆最大的消费国，所需高得率浆主要从加拿大和北欧进口（黄晓丽，2010）。

制浆就是由植物纤维原料分离出纤维而得纸浆的过程。纸浆是以植物原料加工而成的，是造纸的基本原料，其中以木材纤维类为主。制浆方法主要可分为机械法、化学法和化学机械法，分别制得机械纸浆、化学纸浆和化学机械纸浆。制浆的工艺流程主要包括原料选择、纤维离解、洗浆、漂白、筛选、抄成浆片（图4-1）。

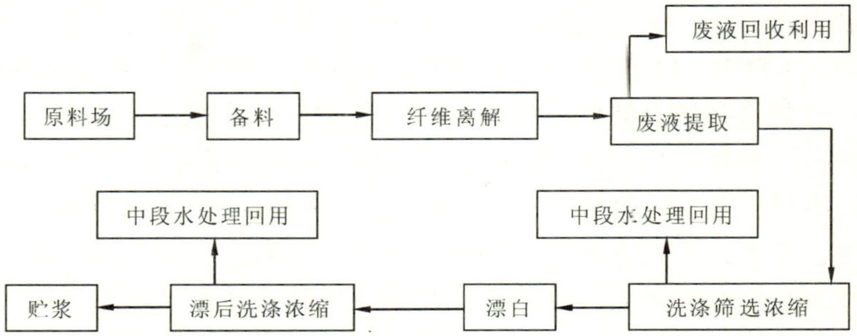

图4-1　植物纤维原料制浆（木浆、非木浆）工艺流程

Fig. 4-1　Pulp process for plant fiber raw materials（wood, non-wood pulp）

说明：纤维离解对化学法制浆工艺是蒸煮过程，对机械法制浆工艺是粗磨过程，对化机法、半化学法制浆工艺是化学预处理过程和磨浆过程。

随着现代造纸产业的发展，制浆工艺逐渐向低污染、制浆得率高、合理利用原料以及充分满足产品性能的方向发展。因此，现在把满足以上四点的制浆方法称为高得率法制浆法。高得率浆既包括传统的磨石磨木浆（SGWP）、化学磨木（CGWP）、压力磨木浆（PGW）、木片磨木浆（RMP），又包括近年来发展起来的各种化学机械浆（CMP）、热磨机械浆（TMP）、化学热磨机械浆（CTMP）以及碱性过氧化氢机械（APMP 或 APP）和生物机械浆（Bio-MP）等。但传统的高得率浆种（SGWP、RMP 等）逐渐被 CMP、CTMP 以及 APMP 取代（黄晓丽，2010）。

制造木浆的需水量主要由原料（原木）含水量和生产加工过程耗水量两部分组成。

4.4.1.1　木浆生产中的原料包含的虚拟水的测算

4.4.1.1.1　木浆生产中需要用的原木虚拟含水量的测算

国外木浆多用针叶材制造，主要原因在于针叶木杂细胞含量低，制浆造纸价值最高，而且用针叶纤维制得的纸强度也最高。最常用的制浆木材是松木、云杉木及杨木，但也使用较硬的木材，例如，山毛榉木、栎木、桉木及某些热带树木。

由于我国森林资源匮乏，在木浆生产中，目前在大量使用阔叶材制浆。例如，截止 2008 年中国拥有的高得率制浆生产线共有 22 条，总产能 265.1 万 t，其中使用杨木作为原料的产能是 256.5 万 t，占比 96.76%，使用马尾松作为原料的产能是 8.6 万 t，占比 3.24%（黄晓丽，2010）。我国北方地区以杨树为主，南方地区以杨树、马尾松、桉树为主，都是速生品种。

由于国内目前没有关于我国木浆生产使用原料种类的精确统计，只能估算。根据中国造纸工业技术与装备六十年的发展和进步系列报道，我国木材纤维机械制浆，到目前为止，我国引进的盘磨机械浆设备共计有 33 套之多。所采用的工艺有 TMP、CTMP、BCTMP、CTMPCLC、SCMP、APMP、P-RC APMP、RT-RTS-TMP 等；主体设备圆盘磨也有多种型式：高浓、高低浓结合，带压、常压，单盘、双盘等；多种工艺和盘磨机使盘磨机械浆适用的原料很广：针叶木类有北方的云杉、冷杉，有南方的马尾松、湿地松、云南松；阔叶木类有北方的杨木、桦木、枫木、榉木，有南方的意大利杨、桉木，还有混合阔叶木；甚至还可用竹子。适用纸种也有新闻纸、各种纸板及高中低档文化纸。由于盘磨机械浆的发展，机械浆的原料不再局限于原木，可以充分利用枝桠材的削片和木材加工的废料，使原料来源大大增加（中国造纸协会，2009）。

表 4-6　中国历年引进的盘磨机械浆设备概况
Tab. 4-6　The import equipment of refiner mechanical pulp in China

企业名称	工艺	合同日期	原料	设计能力 （ADt/天）	最终产品
吉林纸厂	CTMP	1987	北方杨木	150	新闻纸
腾荣达股份	CTMP	1995	南方杨木	70	绒毛浆
博汇纸业	CTMP	2003	杨木	660	白纸板
晨鸣纸业	CTMP	2004	杨木	735	白纸板
华泰纸业	CTMP	2004	杨木	330	新闻纸
成达工程	CTMP	2007	混合阔叶木	70	新闻纸
博汇纸业	CTMP	2008	杨木/桉木	450	白纸板
山东正达纸业	CTMP	2009	杨木	120	书写印刷纸
广州纸厂	CTMP		马尾松	150	新闻纸
龙岩纸厂	BCTMP		马尾松	150	新闻纸/SC 纸
南平造纸厂	TMP	1993	马尾松	200	新闻纸
新疆天西纸厂	TMP	1994	云杉	50	新闻纸
江西晨鸣	RT-RTS-TMP	2002	马尾松/湿地松	550	轻涂纸
南纸股份公司	RT-RTS-TMP	2009	马尾松	500	文化纸/轻涂纸
宜宾造纸厂	APP/APMP		马尾松	200	新闻纸
吉林纸业	APMP	1993	杨木	250	新闻纸
岳阳纸业	APMP	1995	意大利杨木	75	新闻纸
鸭绿江纸厂	APMP	1996	杨木	135	新闻纸
齐齐哈尔纸厂	APMP	1999	杨木	200	新闻纸
岳阳纸业	P-RC APMP	2001	意大利杨木	300	轻涂纸/新闻纸
泉林纸业	P-RC APMP	2002	杨木	150	铜版纸
晨鸣纸业	P-RC APMP	2002	杨木/桉木	180	铜版纸
焦作瑞丰纸业	P-RC APMP	2003	杨木	450	轻涂纸
濮阳龙丰纸业	P-RC APMP	2003	杨木	300	轻涂纸
河南新亚纸业	P-RC APMP	2004	杨木	300	白纸板浆
宁夏美丽纸业	P-RC APMP	2004	杨木	300	白纸板
中茂圣源纸业	P-RC APMP	2005	杨木	300	商品浆
太阳纸业	P-RC APMP	2006	混合阔叶木	300	白纸板层
南宁金浪浆业	P-RC APMP	2006	桉木	200	书写印刷纸
APP 金光集团	P-RC APMP	2006	桉木	750～900	铜版纸/白纸板
太阳纸业	P-RC APMP	2008	混合阔叶木	550	白纸板
中冶银河纸业	P-RC APMP	2008	杨木	300	文化纸/轻涂纸
石岘纸厂	SCMP	1986	杨木 50%/云杉 50%	80	新闻纸
长江纸厂	半化学浆	1994	竹子	100	挂面纸板

　　资料来源：中国造纸协会，中国造纸学会，中国制浆造纸研究院，中国中轻国际工程有限公司. 中国造纸工业技术与装备六十年的发展和进步系列报道之二 木材纤维的制浆技术[J]. 中华纸业，2009，30（特刊）：171～180.

根据表 4-6 的数据，扣除长江纸厂以竹子为原料的 100ADt/天设计能力，我国木材纤维机械制浆总设计能力为 9655ADt/天，其中原料为针叶材的设计能力 1840ADt/天，阔叶材的 7815ADt/天，针叶材以马尾松居多，阔叶材以杨木居多，原料针阔比为 19.06∶80.94。

我国木材纤维化学制浆，历年来先后建设的主要漂白 KP 浆生产线及其生产能力见表 4-7（中国造纸协会，2009）。

表 4-7　中国先后建设的主要漂白 KP 浆生产线
Tab. 4-7　The main bleached KP pulp production line in China

企业名称	规模(万 t/年)	原料
南平造纸厂	5	马尾松
贺县造纸厂	5	桉木
思茅云景纸浆厂	7(扩建为 10)	思茅松
南宁凤凰造纸厂	10	马尾松
日照森博浆纸公司	22(扩建为 30)	进口阔叶木片
海南金海浆纸公司	120	混合阔叶木片
泰格怀化浆纸厂	40	马尾松
日照亚太森博(二期)	150	进口相思木片

资料来源：中国造纸协会，中国造纸学会，中国制浆造纸研究院，中国中轻国际工程有限公司. 中国造纸工业技术与装备六十年的发展和进步系列报道之二 木材纤维的制浆技术［J］. 中华纸业，2009，30（特刊）：171～180.

根据表 4-7 的数据，我国木材纤维化学制浆规模为 370 万 t/年，其中原料为针叶材的规模为 65 万 t/年，阔叶材的 305 万 t/年，针叶材以马尾松居多，阔叶材以相思树居多，原料针阔比为 17.57∶82.43。

按照国家发展与改革委员会制定的规划，到 2020 年要使我国木浆自给率达到 50% 以上，木浆产量达到 2400 万 t，需消耗木材 1.2 亿 m³（绿色中国网，2008）。按照林业发展"十一五"和中长期规划，为解决木材供需的尖锐矛盾，继续推进速生丰产用材林基地建设规划，力争到 2020 年，形成 1333.3 万 hm² 以上的速丰林基地规模，年产木材 1.3 亿 m³，再加上一般用材林生产，使我国年木材产量达到 2.8 亿 m³，进口依赖度大幅降低（国家林业局，2006）。按照我国《重点地区速生丰产用材林基地规划》，速生丰产用材林基地建设工程发展的重点区域：一是南方原料林产业带，以建设短周期短纤维浆纸原料林基地为主，适量发展周期较长的热带和南亚热带特有珍贵用材树种。二是长江中下游原料林产业带，培育欧美杨和松类、竹类为主的工业原料林，兼顾周期较长的大径级用材林基地建设。三是以河北、江苏、山东、河南等省为重点的黄淮海平原工业原料林产业带，发展适宜该区域生长的毛白杨、欧美杨等浆纸和人造板原料林。四是以国有林场和森工企业为依托，采取以定向培育为主的方式，大力建设各类珍稀树种基地，包括东北地区的黄波罗、水曲柳、核桃楸三大硬阔，在广东、海南、云南等适宜地区发展桃花心木、降香黄檀等珍稀树种用材林（国家林业局，2006）。按照林业发展"十一五"和中长期规划全国林纸一体化工程建设发展的重点区域：一是东南沿海地区，包括广东、广西、海南和福建，建设桉树、相思树、加勒比松、马尾松、湿地松、杂交松和竹类等造纸林基地。二是长江中下游地区，包括湖南、湖北、江西、安徽、江苏和浙江，建设欧美杨、池衫、马尾松、湿地松、火炬松和竹子等原料基地。三是黄河中下游地区，包括山东、河南、河北和山西，主要发展三倍体毛白杨、欧美杨等适生造纸林基地。四是东北地区，包括黑龙江、吉林、辽宁以及内蒙古东部地区，建设以现有中幼龄林改培为主的制浆造纸原料林基地。五是西南地区，包括四川、云南、贵州和重庆等。主要发展松类和丛生类小径竹等造纸原料林基地（国家林业局，2006）。

可见，未来我国的木浆造纸原料将以速生丰产用材林所产木材为主，以杨树、桉树以及马尾松等松类为主。

综合以上所述，本研究假设我国木浆生产中所使用的原料针阔比为20:80。

一般将机械木浆折算原木时的折算系数是 $3m^3/t$，化学木浆是 $4m^3/t$，半化学木浆是 $3.3m^3/t$（国家林业局，2011）。根据前面的分析，我国机械木浆、化学木浆基本各占一半。例如，2007年，我国木浆产量605万t，其中国产硫酸盐木浆约300万t（林文耀，2009），而其近占化学浆产量的90%（米庆元，2005）。这样算来，生产1t木浆大约需要耗费 $3.5m^3$ 原木。近年来我国硫酸盐木浆产能发展很快，2010年达到600万t以上（林文耀，2009），而且由于我国木浆原料以阔叶材、小径材为主，耗费的原木相对较多，生产1t木浆耗费原木量应该大于 $3.5m^3/t$。例如按照国家发展与改革委员会的数据，我国木浆产量750万t需消耗木材3700万 m^3，折合成原木计算，生产1t木浆约需要耗费 $3.8m^3$ 原木，符合以上的估计。因此，本研究以此为准。

这样，生产1t木浆需要用的原木虚拟含水量 = （$1022.70m^3/m^3 × 20\%$ + $2578.78m^3/m^3 × 80\%$）$× 3.8m^3/t = 2257.64m^3/t × 3.8m^3/t = 8616.73m^3/t$。

4.4.1.1.2　木浆生产中需要用的其他原料虚拟含水量的测算

碱法制浆是一种应用碱性溶液蒸煮植物纤维原料的化学制浆方法，包括硫酸盐法、烧碱法、石灰法、氧碱法和氨法制浆。后三种方法的应用较少，故碱法制浆通常是指前两种。

烧碱法制浆以氢氧化钠为蒸煮药剂，适于处理非木材纤维（稻草、麦草等）及木材纤维的阔叶木（杨木、桦木等），所制得的纸浆，具有松软、吸水性好和成纸不透明度较高等优点，且设备简单，操作容易，建厂投资少，在我国原有小型草浆厂中应用还较普遍。但纸浆得率低、强度差，使其应用受到限制。主要用于生产棉、麻浆以制高级纸及特种纸，或用于生产草类浆制造一般文化用纸等。

硫酸盐法制浆的蒸煮液的有效成分是氢氧化钠（烧碱）和硫化钠，但因用硫酸钠补充硫化钠在生产过程中的损失，故被称为硫酸盐法。硫酸盐法制浆工艺对纤维原料的适应性强，不仅适用于针叶木、阔叶木、竹类和各种草类原料，而且也可用于废材、枝桠材、木屑及树脂含量很高的木材制浆。成浆强度大可用于生产各种工业用纸，如电缆纸、浸渍纸、水泥袋纸、牛皮纸等。蒸煮损失的化学药品可以用廉价的芒硝补充，在回收碱和热量的同时，还可回收针叶材制浆废液中的松节油和塔罗油等有价值的副产品，从而减少了污染负荷。硫酸盐法制浆制得纸浆得率低，成浆颜色深，所需漂白工艺、碱回收工艺设备复杂，投资大。虽然碱可回收循环使用，但仍有水域和大气污染。

据有关资料，2001年世界纸浆的产量1.8亿t，美国5300万t，其中有85%是化学浆，美国化学浆中98%是硫酸盐浆，全世界硫酸盐纸浆占化学浆的比例是92%，硫酸盐法制浆处于绝对统治地位。据统计，我国碱法纸浆产量占化学浆产量的90%（米庆元，2005）。2007年，我国木浆产量605万t，其中国产硫酸盐木浆约300万t，2010年后我国化学木浆产能将达到600万t以上（林文耀，2009）。

烧碱法制浆生产中主要化学消耗品是氢氧化钠（烧碱）。硫酸盐制浆生产中主要化学消耗品是氢氧化钠（烧碱）和硫化钠，以及补充生产过程中硫化钠损失的硫酸钠，另外还有AQ（蒽醌）、过氧化钠、氯气等。硫酸盐制浆一般用碱量（指蒸煮时氢氧化钠的量对绝干原料质量的百分比）为15%~25%（与蒸煮温度、蒽醌添加剂等有关），一般阔叶木采用硫化度20%~25%，针叶木30%左右。用量最大的是氢氧化钠（烧碱）。烧碱法或硫酸盐法蒸煮后，黑液中一小部分（约占总体积的5%）保留在细胞壁内部毛细管中，部分黑液（约占总体积的15%~20%）包含在纤维的胞间层和胞腔中，其余占总量75%~80%的黑液是围绕在单根纤维或纤维束周围的游离黑液（孙学成等，1999）。也就是说，氢氧化钠主要是留存在制浆蒸煮黑液中。正因如此，近年来我国一直大力发展造纸工业的碱回收。

据中国造纸协会对综合信息资料调查，2004年全国生产木浆238万t，非木浆1180万t。据中国造纸协会环保委统计及有关资料报道，2004年全国已有89家企业建有正规的碱回收系统，其中木浆23家，非木浆66家，而且绝大多数投入正常运行。木浆单条碱回收生产线制浆规模在150t/d以上，黑液提取率95.0%~98.5%，碱回收率90.0%~98.0%，碱自给率96.0%~100.0%，均高于竹浆、荻苇浆、蔗渣浆、麦草浆（林乔元，2006）。2004年国产碱法浆总量

703 万 t，全国装配碱回收装置的碱法浆产量约占碱法浆总量的 61.5%，回收碱量 166.1 万 t(以氢氧化钠计)，平均碱回收率 83.8%，宏观碱回收率 58.2%。回收碱量 166.1 万 t 中，木浆回收碱量 94.2 万 t，占总量的 56.7%。非木浆回收碱量 71.9 万 t，占总量的 43.3%(林乔元，2006)。我国新木材硫酸盐法制浆碱回收系统黑液提取率高达 98% ~99%，碱回收率可达 95% ~98%，能做到烧碱自给有余(林文耀 2008)。这意味着木浆生产中所用的氢氧化钠基本全部回收。

综上所述，木浆生产中需要用的其他原料，有的用量很少，有的虽然用量很大，但基本回收。因此，木浆生产中需要用的其他原料虚拟含水量可以忽略不计。

4.4.1.2 木浆生产中加工过程包含的虚拟水的测算

4.4.1.2.1 木浆生产中加工过程直接耗水的测算

制浆的工艺流程(详见图 4-1)中纤维离解、洗浆、漂白工序是耗水的主要环节。

制浆造纸工业是水资源消耗大户，据近几年的资料表明，我国浆纸综合平均单位产品取水量接近 200m³/t，其中化学浆为 190m³/t，化学草浆为 270m³/t，纸和纸板 70m³/t，与国外相比相差很大(张瑞霞等，2007)。

2007 年 6 月，国务院发布的《节能减排综合性工作方案》指出，造纸行业要淘汰年产 3.4 万 t 以下草浆生产装置、年产 1.7 万 t 以下化学制浆生产线、排放不达标的年产 1 万 t 以下废纸为原料的纸厂，其中 2007 年淘汰 230 万 t，"十一五"期间淘汰落后生产能力 650 万 t。即使我国近年来大力"关、停、并、转"制浆造纸企业的落后产能，制浆造纸及纸制品产业的耗水量和废水排放量依然巨大，排在全国工业耗水量、工业废水总排放量的前列。

根据环境保护部统计，2009 年制浆造纸及纸制品产业(统计企业 5771 家)用水总量为 108.44 亿 t，其中新鲜水量为 46.59 亿 t，占工业总耗新鲜水量 529.95 亿 t 的 8.79%。重复用水量为 61.85 亿 t，水重复利用率为 57.04%。造纸工业 2009 年废水排放量为 39.26 亿 t，占全国工业废水总排放量 209.03 亿 t 的 18.78%。造纸工业废水排放达标量为 36.72 亿 t，占造纸工业废水排放总量的 93.53%，排放废水中化学需氧量(COD)为 109.7 万 t，占全国工业 COD 总排放量 379.2 万 t 的 28.93%(中国造纸，2011)。

2008 年 7 月，国家环境保护部和国家质量监督检验检疫总局联合发布了《制浆造纸工业水污染物排放标准》，进一步提高了我国制浆造纸企业的污水排放标准，并取消了对非木浆纸浆造纸企业宽松的排放政策，目前大多数中小造纸企业污水排放达不到新标准的排放要求，为达到新标准的排放要求，现有造纸企业将近一步投入资金升级现有污水处理设备，凡排放无法达标的中小企业将面临被淘汰的命运。

实际上，制浆生产中用水量的确很大，我国化学浆为190m³/t（张瑞霞等，2007），但考虑制浆生产中的水重复利用率，目前我国制浆生产中的直接耗水将大大降低。依据2009年制浆造纸及纸制品产业水重复利用率为57.04%来计算，我国化学浆生产中的实际耗水约为81.62m³/t。这与我国2008年发布的《制浆造纸工业水污染物排放标准（GB 3544－2008）》对现有制浆企业废水排放单位产品基准排水量为80m³/t基本一致（表4-8）。考虑实际耗水量中的水并不全部转化为废水，例如有部分蒸发流失，因此，本研究设定木浆生产中加工过程直接耗水为81.62m³/t。当然，这依然与国外相比相差很大。国外利用高得率法制浆，磨木浆（TMP）和纸浆机生产线用水（含生产用水和非生产用水）仅为25m³/t，总废水量也为25m³/t，漂白化学机械磨木浆（BCTMP）生产线用水（含生产用水和非生产用水）仅为14m³/t，总废水量也为14m³/t（张瑞霞等，2007）。

表4-8   制浆造纸工业不同企业水污染物排放限值
Tab. 4-8   Water pollutant discharge limits for different enterprises in pulp and paper industry

企业类型		制浆企业	制浆和造纸联合生产企业		造纸企业
			废纸制浆和造纸企业	其他制浆和造纸企业	
单位产品基准排水量（t/t）	现有企业	80	50	60	20
	新建企业	50	40	40	20

注：①纸浆量以绝干浆计。②核定制浆和造纸联合生产企业单位产品实际排水量，以企业纸浆产量与外购商品浆数量的总和为依据。③现有企业漂白非木浆产量占企业纸浆总用量的比重大于60%的，单位产品基准排水量为80t/t。④新建企业漂白非木浆产量占企业纸浆总用量的比重大于60%的，单位产品基准排水量为60t/t。⑤新建企业自产废纸浆量占企业纸浆总用量的比重大于80%的，单位产品基准排水量为20t/t。

资料来源：GB 3544-2008. 制浆造纸工业水污染物排放标准[S]. 中华人民共和国国家标准，2008.

4.4.1.2.2   木浆生产中加工过程能耗所包含的虚拟水量的测算

目前国际上先进水平是单位浆纸综合能耗0.9～1.1t标准煤，我国大体是1.10～1.38t标准煤（国家发展和改革委员会，2007）。其中很大一部分是制浆耗能。制浆的工艺流程中，纤维离解要耗用大量的热能、电能，原料选择、洗浆、漂白、筛选、抄成浆片等工序能耗相对不大。热磨机械浆（TMP）和化学热磨机械浆（CTMP）的粗磨工序是造纸厂耗电最大的工序。

表4-9是广州造纸股份有限公司2006年浆料配比和单位能耗，可以看出，机浆耗热0.141GJ/t，耗电1660kWh/t，CTMP浆耗热0.272GJ/t，耗电2383kWh/t，化浆耗热6.024GJ/t，耗电389kWh/t（李玉刚等，2007）。

表 4-9   广州造纸股份有限公司 2006 年浆料配比和浆种单位能耗

Tab. 4-9   The ratio of pulp and energy consumption of pulp types of GPC in 2006

项目	用浆比例(%)	吨浆耗热(GJ/t)	吨浆耗电(kWh/t)
自产浆	100	0.339	681
脱墨浆	81.12	0.234	304
机浆	2.77	0.141	1660
CTMP 浆	14.55	0.272	2383
化浆	1.57	6.024	389

资料来源：李玉刚，刘焕彬，过盘兴，陶劲松，尹勇军. 造纸企业节能降耗措施及案例分析[J]. 造纸科学与技术，2007(6)：118～122.

根据 1kg 标煤的低位热值为 29274kJ，燃煤锅炉热效率一般为 60% 计算，机浆耗热折合耗煤约 0.008t/t，CTMP 浆约 0.015t/t，化浆约 0.342t/t。根据 2010 年中国平均供电煤耗为 335g/kWh(孟祥路，2011)计算，机浆耗电折合耗煤约 0.553t/t，CTMP 浆约 0.794t/t，化浆约 0.129t/t。两者合计综合能耗机浆约 0.561t/t，CTMP 浆约 0.810t/t，化浆约 0.473t/t。这与国家发展和改革委员会《造纸产业发展政策》(2007 - 71)第四十九条提出新建项目综合能耗漂白化学木浆为 0.5t/t、化学机械木浆为 1.1t/t 相比，应在合理范围为(国家发展和改革委员会，2007)。简单平均，木浆生产能耗约为 0.615t/t。参照《造纸产业发展政策》(2007 - 71)提到的 2010 年单位产品(浆、纸及纸板)综合平均能耗由 2005 年的 1.38t 标准煤降至 1.10t 标准煤，以及新建项目综合能耗新闻纸为 0.63t/t，印刷书写纸为 0.68t/t(国家发展和改革委员会，2007)。可以认为木浆生产平均能耗约为 0.615t/t 是合理的。为简化计算，取表 4-9 中机浆、CTMP 浆、化浆的平均吨浆耗热、耗电为木浆吨浆耗热、耗电，这样，木浆吨浆耗热 2.15GJ/t、耗电 1477.33kWh/t。

木浆吨浆耗热 2.15GJ/t 折合耗煤约 0.122t/t。根据 4.2.2.3 中单位煤虚拟水含量约为 1.4m³/t，木浆生产中煤耗所包含的虚拟水量 = 单位木浆煤耗 × 单位煤虚拟水含量 = 0.122t/t × 1.4m³/t = 0.17m³/t。

木浆吨浆耗电 1477.33kWh/t。根据 4.2.2.2 中的每单位电力完全耗水大约为 76.90m³/万 kWh，木浆生产中电力消耗所包含的虚拟水量 = 1477.33kWh/t × 76.90m³/万 kWh = 11.36m³/t。

4.4.1.3   单位木浆虚拟水含量的测算

综上所述，木浆虚拟水含量包括消耗原料所包含的虚拟水和加工过程直接耗水、电煤间接耗水。

木浆生产中的原料包含的虚拟水主要包括木浆生产中的所消耗的原木包含的

虚拟水。单位木浆消耗原木包含的虚拟水含量为8616.73m³/t。

木浆生产中加工过程包含的虚拟水主要是直接耗水、电耗和煤耗所包含的虚拟水量。单位木浆的直接耗水量为81.62m³/t。电耗所包含的虚拟水量为11.36m³/t，煤耗所包含的虚拟水量为0.17m³/t，合计约为11.53m³/t。三者合计为木浆生产中加工过程包含的虚拟水93.15m³/t。

可见，相对于木浆生产中的所消耗的原木包含的虚拟水含量8616.73m³/t，木浆生产中加工过程包含的虚拟水显然相对比较小。

这样，单位木浆虚拟水含量 = 单位木浆所消耗的原料包含的虚拟水含量 + 单位木浆加工过程耗水 = 单位木浆所消耗的原木包含的虚拟水含量 + （单位木浆加工过程直接耗水量 + 单位木浆电煤间接耗水量）= （1022.70m³/m³ × 20% + 2578.78m³/m³ × 80%）× 3.8m³/t + 81.62m³/t + （11.36m³/t + 0.17m³/t）= 2267.56m³/t × 3.8m³/t + 81.62m³/t + 11.53m³/t = 8616.73m³/t + 81.62m³/t + 11.53m³/t = 8709.89m³/t。

4.4.2   单位纸和纸板虚拟水含量的测算

2008年全球纸和纸板总产量为3.909亿t，各大品种产量分别是新闻纸3692万t，占9.4%；印刷书写纸1.146亿t，占29.3%；生活用纸2768万t，占7.08%；瓦楞纸板（瓦楞原纸和箱纸板）1.288亿t，占32.9%；其他纸板5025万t，占12.8%（邝仕均，2009）。世界纸和纸板产量以亚洲地区最高，欧洲其次，北美洲居第三位。2008年它们的产量分别为1.5216亿t、1.1002亿t和0.9571亿t，分别占全球总产量的38.9%、28.1%和24.5%（邝仕均，2009）。

据中国造纸协会调查资料，2010年全国纸及纸板生产企业有3700多家，全国纸及纸板生产量9270万t，主要产品中：新闻纸生产量430万t，占纸及纸板总产量4.64%；未涂布印刷书写纸生产量1620万t，占纸及纸板总产量17.48%；涂布印刷纸生产量640万t，占纸及纸板总产量6.90%，其中铜版纸生产量555万t，占纸及纸板总产量的5.99%；生活用纸生产量620万t，占纸及纸板总产量6.69%；包装用纸生产量600万t，占纸及纸板总产量6.47%；白纸板生产量1250万t，占纸及纸板总产量13.48%，其中涂布白纸板生产量1200万t，占纸及纸板总产量12.94%；箱纸板生产量1880万t，占纸及纸板总产量20.28%；瓦楞原纸生产量1870万t，占纸及纸板总产量20.17%；特种纸及纸板生产量180万t，占纸及纸板总产量1.94%（中国造纸，2011）。2010年全国纸及纸板消费量9173万t（中国造纸，2011）。2010年中国纸及纸板各品种生产和消费比例如图4-2。

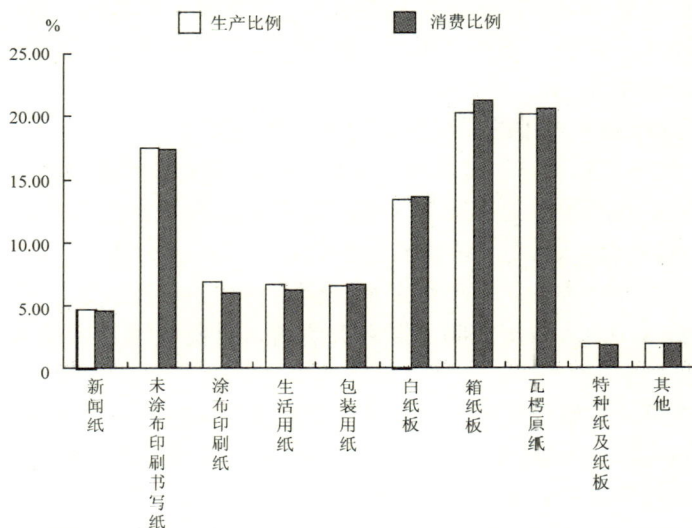

图4-2 2010年中国纸及纸板各品种生产和消费比例

Fig. 4-2 Production and consumption ratio of each paper and paperboard at 2010 in China

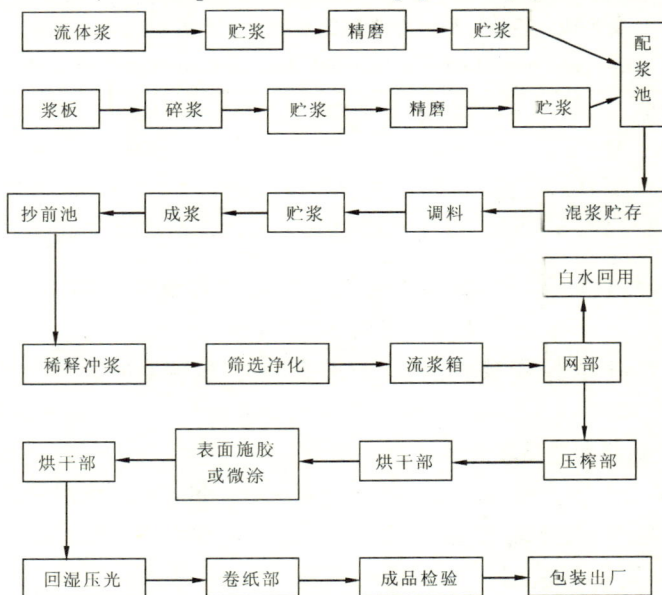

图4-3 造纸工艺流程

Fig. 4-3 Paper-making process

　　说明：造纸机的干部和湿部都要有损纸回抄过程；以上工序可以根据制浆造纸企业制造方法、产品品种和档次的不同有所增加或删减。

纸的生产包括制浆和造纸两个基本过程。从纸浆制成纸或纸板，需要经过打浆、施胶、加填、调色、稀释、净化、筛选和除气等一系列处理程序，然后再在造纸机上抄造成纸张（如图4-3）。

4.4.2.1　纸和纸板生产中的原料包含的虚拟水的测算

4.4.2.1.1　纸和纸板生产中需要用的木浆（原木）虚拟含水量的测算

不同品种的纸用浆量是不同的，有些纸需要加入一定的填料，如文化用纸、办公用纸等就需要加入部分滑石粉或碳酸钙以改善纸张的性能，它的用浆量相对低些，大约在 0.8t/t 左右。有些纸不加任何填料，如羊皮原纸、卷缠绝缘纸等，它的用浆量在 1.0 ~ 1.1t/t 之间。据有关资料，目前我国造纸的浆耗在 0.95 ~ 1.11t/t 之间。

据中国造纸协会调查资料，2010 年全国纸及纸板生产量 9270 万 t，全国纸浆消耗总量 8461 万 t（中国造纸，2011），粗略计算，纸及纸板生产的平均用浆量为 0.91t/t。考虑每年纸和纸板产量结构不同，本研究采用近 5 年来的平均用浆量 0.92t/t（表4-10）。这样，根据 4.4.1.1.1 中，生产 1t 木浆需要耗费 3.8m³ 原木，可以得出生产 1t 纸和纸板需要耗费原木量为 3.8m³/t × 0.92t/t = 3.5m³/t。

表 4-10　2006 ~ 2010 年中国纸及纸板生产量和纸浆消耗量

Tab. 4-10 Pulp, paper and paperboard production and consumption from 2006 to 2010 in China

年份	2006	2007	2008	2009	2010	合计
纸及纸板生产量（万 t）	6500	7350	7980	8640	9270	39740
纸浆消耗量（万 t）	5992	6769	7360	7980	8461	36562
纸及纸板生产的平均用浆量（t/t）	0.9218	0.9209	0.9223	0.9236	0.9127	0.9200

根据 4.4.1.1.1 中，我国木浆生产中所使用的原料针阔比为 20：80，可以得出：

生产 1t 纸和纸板需要用的原木虚拟含水量 = （1022.70m³/m³ × 20% + 2578.78m³/m³ × 80%）× 3.8m³/t × 0.92t/t = 2267.56m³/t × 3.5m³/t = 7927.65m³/t。此数据适用于制浆和造纸联合生产企业。

根据 4.4.1.3 中，单位木浆虚拟水含量 8709.89m³/t，可以得出：

生产 1t 纸和纸板需要用的木浆虚拟含水量 = 8709.89m³/t × 0.92t/t = 8013.36m³/t。此数据适用于造纸企业。

两者的差额为造纸所用木浆中包含的非木材原料、能耗所包含的虚拟水 85.71m³/t。

4.4.2.1.2　纸和纸板生产中需要用的其他原料虚拟含水量的测算

如前所述，有些纸需要加入一定的填料，如文化用纸、办公用纸等就需要加入部分滑石粉或碳酸钙以改善纸张的性能。按照4.4.2.1.1中，纸及纸板生产的平均用浆量为0.92t/t，可以得到我国纸及纸板生产中的填料用量为0.08t/t。常用的有滑石粉、高岭土、二氧化钛、碳酸钙等，也有因特殊要求而加入特种填料的，如电导用纸以炭黑为填料，使具有导电性能等。滑石粉主要成分为含水硅酸镁，矿石经粉碎后，用盐酸处理，水洗、干燥而成。高岭土在造纸工业的应用十分广泛，主要有两个领域，一个是在造纸（或称抄纸）过程中使用的填料，另一个是在表面涂布过程中使用的颜料。造纸工业是精制高岭土最大的消费部门，约占高岭土总消费量的60%。碳酸钙是一种无机化合物，是石灰岩石（简称石灰石）和方解石的主要成分。也就是说造纸填料是加入纸浆内的一些基本不溶于水的固体微粒。填料一般为无机矿物性的。为了达到加填的目的，造纸填料应具备粒径细小均匀，较高的白度和较大的相对密度，化学性质稳定，不易与酸碱作用，不会发生氧化或还原作用，不溶解或不易溶解于水，有较大的遮盖率、折射率和散射系数，资源丰富，价格低廉等特点。

　　由于大多数造纸填料都是矿物性质，属于矿山工业，基本是开采，很少再加工处理，所以它们在生产中用水量很少。我国的《污水综合排放标准（GB 8978 - 1996）》中矿山工业只涉及有色金属选矿和选煤，没有涉及这些矿物采矿、选矿的废水排放。在我国环境保护部的水污染物排放标准中，也没有涉及它们。因此，对造纸填料所包含的虚拟水，可以忽略不计。

　　纸和纸板生产中还需要添加很多造纸化学品。在造纸工业中，造纸化学品的应用对纸张的质量和生产的经济性起着决定性的作用，它们能赋予纸张各种优异的特殊性能（如抗水性、抗油性、湿强度、平滑性、印刷适性、柔软性等），能使较差的纤维原料生产出更薄、更白、更牢的纸，它们使生产过程优化、纸机运行速度提高。例如：造纸用变性淀粉、聚丙烯酰胺、烷基烯酮二聚体（AKD）施胶剂以及种类繁多的功能性化学品等。但是，它们在单位吨纸中的用量一般很少，一家年产40万t的造纸企业，年需造纸精细化学品8000～20000t（中国造纸化学品工业协会，2011），折合单位吨纸用量20～50kg。

　　发达国家变性淀粉的用量平均约占纸和纸板产量的2%，有的纸种甚至高达6%～8%，主要用于湿部添加、层间喷雾、表面施胶和涂布黏合（中国造纸化学品工业协会，2011）。以2%添加计，单位吨纸用量20kg。在此假设变性淀粉以玉米、小麦为原料，根据《淀粉工业水污染物排放标准（GB 25461 - 2010）》（表4-11），变性淀粉单位产品废水基准排水量为5m³/t，若其他中间投入的耗水量忽略不计，相当于实际耗水5m³/t，这样吨纸消耗变性淀粉所包含的虚拟水为0.10m³/t。

表 4-11　淀粉工业不同企业水污染物排放限值

Tab. 4-11　Water pollutant discharge limits for different enterprises in starch industry

	企业类型	以玉米、小麦为原料	以薯类为原料
单位产品基准排水量(m³/t)	现有企业	5	12
	新建企业	3	8

　　注：自 2010 年 10 月 1 日起，新建企业执行新建企业的水污染物排放限值。自 2013 年 1 月 1 日起，现有企业执行新建企业的水污染物排放限值。

　　资料来源：GB 25461 - 2010. 淀粉工业水污染物排放标准[S]. 中华人民共和国国家标准，2010.

　　2009 年我国年产 AKD 蜡约 6 万 t，相较于 2009 年我国纸及纸板产量 8640 万 t，单位吨纸用量 7kg。根据《烧碱、聚氯乙烯工业水污染物排放标准（GB 15581 - 95）》，参照聚氯乙烯单位产品废水排水量为 4 ~ 5m³/t，若其他中间投入的耗水量忽略不计，相当于实际耗水 4 ~ 5m³/t，考虑 AKD 蜡生产比聚氯乙烯复杂，在此取高限，假设 AKD 蜡实际耗水 5m³/t，这样吨纸消耗 AKD 蜡所包含的虚拟水为 0.04m³/t。

　　其他种类繁多的功能性化学品，吨纸用量极少，所以在此忽略不计。

　　综上所述，纸和纸板生产中需要用的其他原料虚拟含水量大约为 0.14m³/t。

　　根据 4.4.1.1.2 中木浆生产中需要用的其他原料虚拟含水量可以忽略不计，因此不论是制浆和造纸联合生产企业还是造纸企业，只在纸和纸板生产中涉及其他原料虚拟含水量问题，二者在纸和纸板生产中需要用的其他原料虚拟含水量均为 0.14m³/t。

4.4.2.2　纸和纸板生产中加工过程包含的虚拟水的测算

4.4.2.2.1　纸和纸板生产中加工过程直接耗水的测算

　　纸的生产包括制浆和造纸两个基本过程。从纸浆制成纸或纸板，需要经过打浆、施胶、加填、调色、稀释、净化、筛选和除气等一系列处理程序。其中，打浆工序：来自制浆车间的纸浆不能直接用来造纸，先要经过打浆，对纸浆纤维进行必要的切短和细纤维化处理，以便取得纸或纸板所要求的机械和物理性能。从 20 世纪 60 年代开始，高浓度打浆逐渐发展并成熟，高浓度打浆是靠纤维之间的相互摩擦作用使浆料离解，这种方法能更多的保留纤维的长度和强度（吴葆敦，2009）。此工序需要添加大量的水，使浆料的浓度达到 2.5% ~ 3%。取平均值 2.75%，从 1t 绝干浆到 2.5% ~ 3%，需水量 = (1 ÷ 2.75%) t/t × (1 - 2.75%) m³/t = 35.36m³/t。

　　调料工序：在纸料中添加一些非纤维性的物质，如消泡剂、防腐剂、增白剂等，使纸张具有某些方面的特性，如增加纸张平滑度、抗水性等。该工序包括施胶、加添、调色以及使用化学助剂等处理过程。根据不同纸张的不同特性，调料工序在纸加工过程中可以进行其中一项或几项（吴葆敦，2009）。可见，该工序不直接耗水。

稀释工序：一般浆料的浓度为 2.5% ~ 3%，这样高的浓度，既不能使纤维均匀分散，也难以除掉其中的杂质，需要用水稀释。一般长网造纸机上网纸料的浓度为 0.3% ~ 1.0%，与净化筛选的浓度一致。取平均值 0.65%，因此，1t 浆料从平均浓度 2.75% 稀释到 0.65%，需水量 = (2.75% ÷ 0.65%)t/t × (1 − 0.65%)m^3/t − 1m^3/t × (1 − 2.75%) = 3.23m^3。

净化、筛选工序：除去混在浆料中的金属或非金属杂质、纤维束等，减少纸张尘埃度。净化设备是利用纤维和杂质的密度不同来除去纸料中相对密度大的沙粒、金属屑、煤渣等，采用锥形除砂器；筛选设备是利用纤维和杂质几何形状的不同来除去相对密度小而体积大的粗纤维、节子、纤维束等，使用旋翼筛（吴葆敦，2009）。该工序无耗水。

除气工序：纸料中存在空气容易产生泡沫，封闭纸页面上的微孔，造成网部纸页成型和脱水困难。可采用除气装置，通过装置连接真空泵抽走空气，达到除去浆内空气的目的（吴葆敦，2009）。该工序无耗水。

抄纸工序：目前，使用最广泛的是长网造纸机，造纸过程如下：纸料进入流浆箱，然后喷到网案上形成湿纸页，并第一次脱水，脱水 95% ~ 98%；之后还有两次脱水，最终将纸页干度提高到 15% ~ 25%；进入压榨部，利用机械作用，对纸页进一步脱水并改善纸页性质；进入干燥部经热能进一步脱水，干燥后纸页的干度为 93% ~ 95%；最后纸页经过冷却、压光，最终形成纸（吴葆敦，2009）。该工序会产生大量废水。

以上为造纸的一般过程，考虑到纸的种类繁多，不同纸和纸制品的生产其加工直接耗水也存在一些差异。文化用纸类包括新闻纸、未涂布印刷书写纸（凸版纸、胶版纸、书写纸、复印纸等）和涂布纸（铜版纸、轻量涂布纸）三大类。我国生产每吨文化用纸的清水消耗，20 世纪六七十年代为 80 ~ 100m^3/t，80 年代迫于环保压力和市场竞争的需要，许多纸机生产线都进行了技术改造，增加了白水回收装置，至 90 年代清水消耗下降到 30m^3/t 左右。1995 年以后进口的大型文化纸机，白水运行模式基本是封闭循环，清水消耗 10 ~ 12m^3/t，有的甚至在 10m^3/t 以下（中国造纸协会，2009）。包装纸板分为箱纸板、白纸板和瓦楞原纸三大类。1970 年前，我国纸板机生产线的白水运行模式，基本是开放系统，产品的清水消耗高达 100 多 m^3/t；1980 年后，增加了白水回收装置，提高重复利用率，主要的方法有筛滤和气浮，如斜板沉降法、斜管沉降法、多盘过滤机、气浮法等，清水消耗指标为 20 ~ 40m^3/t；1990 年后，白水运行模式基本是封闭循环，清水消耗进一步降至 10m^3/t 以下；2000 年以后新建的包装纸板生产线，耗水指标 6 ~ 8m^3/t，达到了国际先进水平；为了进一步节水，很多以废纸为原料生产箱纸板和瓦楞原纸的企业，都在尝试"零排放"概念，部分企业的清水消耗量 < 4m³/t（中国造纸协会，2009）。生活用纸类产品主要包括厕用卫生纸、面巾纸、手帕纸、餐巾纸、厨房用纸、擦手纸等。表4-12说明，不仅纸种不同，耗水量不同，不同设备耗水量差异很大。

表4-12　各种卫生纸机型的单位能耗（目标值）

Tab. 4-12　Unit energy consumption of toilet paper models（target value）

	BF - 10α (2660mm)	BF - 12 (3400mm)	BF - 15EX (3400mm)	新月型纸机 （川之江）	新月型纸机 DCT200（美卓）
电力（kWh/t）	480	550	580	800 ~ 1100	1050
蒸汽（t/t）	2.2	3	2.2	3.2 ~ 3.8	折算为电力：570kWh/t
PEO（kg/t）	0.5	0.7	0.9		
清水（m³/t）	20	30	8（使用白水处理装置）	8 ~ 15	3 ~ 5
理论生产量（风干t/天）	30.3	58.7	75.2	80 ~ 100	200

注：电力指从上浆泵至卷纸部，含冲浆泵、压力筛、真空泵。

从以上分析中可以发现，造纸过程中存在大量耗水。但考虑造纸生产中的水重复利用率，造纸生产中的实际耗水将大大降低。

据近几年的资料表明，我国浆纸综合平均单位产品取水量接近200m³/t，其中化学浆为190m³/t，化学草浆为270m³/t，纸和纸板70m³/t，与国外相比相差很大（张瑞霞等，2007）。这样，可以设定，制浆和造纸联合生产企业用水量200m³/t，造纸企业用水量70m³/t。依据2009年制浆造纸及纸制品产业水重复利用率为57.04%来计算，我国制浆和造纸联合生产企业实际耗水85.92m³/t，造纸企业实际耗水30.07m³/t。这显然高于我国2008年发布的《制浆造纸工业水污染物排放标准（GB 3544 - 2008）》对现有制浆和造纸联合生产企业废水排放单位产品基准排水量60m³/t，现有造纸企业废水排放单位产品基准排水量20m³/t。这是正常的，一是因为并不是所有实际耗水量都全部转化为废水，制浆造纸中存在蒸汽蒸发等流失，二是，我国依然存在许多达不到国家规定的废水排放单位产品基准排水量的企业。而且，参照《造纸产业发展政策》（2007 - 71）提到的新建项目耗水量漂白化学木浆为45m³/t，化学机械木浆为30m³/t，新闻纸为20m³/t，印刷书写纸为30m³/t（2010年我国新闻纸产量占比4.64%，印刷书写纸产量占比24.38%），可以认为我国制浆和造纸联合生产企业实际耗水85.92m³/t，造纸企业实际耗水30.07m³/t的设定是合理的。当然，这与国外相比相差很大。世界最先进水平吨浆纸综合水耗35m³，其中吨纸水耗10m³（国家经贸委，2001）。

4.4.2.2.2　纸和纸板生产中加工过程能耗所包含的虚拟水量的测算

纸和纸板生产过程中，既要使用大量的电力，又需要大量的蒸汽（见表4-

12），后者又产生煤耗。目前国际上先进水平是单位浆纸综合能耗 0.9~1.1t 标准煤。国家发展和改革委员会《造纸产业发展政策》（2007-71）提出 2010 年单位产品（浆、纸及纸板）综合平均能耗由 2005 年的 1.38t 标准煤降至 1.10t 标准煤，要求新建项目综合能耗新闻纸为 0.63t/t，印刷书写纸为 0.68t/t（国家发展和改革委员会，2007）。

一般文化用纸单位综合能耗最高，其次是生活用纸，第三是包装用纸和纸板。根据有关自资料，文化用纸单位产品综合能耗从大到小排序依次为：轻涂纸、轻型纸、静电复印纸、铜版纸、书写纸、胶版纸、新闻纸，目前大体在 0.42~0.75t 标准煤；包装用纸和纸板单位产品综合能耗从大到小排序依次为：瓦楞原纸、牛皮纸、涂布白纸板、箱纸板、纱管纸、瓦楞原纸、白卡纸，目前大体在 0.35~0.58t 标准煤；生活用纸大体是 0.65t 标准煤（山东省质量技术监督局，2009）。2010 年我国文化用纸产量占比 29.02%，生活用纸占比 6.69%，包装用纸和纸板占比 62.35%，其他纸占比 1.95%（中国造纸，2011）。因此可初步判断目前我国纸和纸板单位综合能耗 0.5~0.55t 标准煤。依据 2010 年我国纸和纸板各品种产量和山东省在 2008 年初在全行业实施地方性的纸浆、文化用纸、包装用纸和纸板、特种纸和纸板、生活用纸等产品的单位产品综合能耗限额指标（山东省质量技术监督局，2009），经过粗略估算，我国纸和纸板单位综合能耗 0.511t 标准煤。此数据与 4.4.1.2.2 中得出的木浆生产能耗约为 0.615t/t 简单相加，我国单位浆纸综合能耗为 1.126t 标准煤，与国家发展和改革委员会《造纸产业发展政策》（2007-71）提出 2010 年单位产品（浆、纸及纸板）综合平均能耗 1.10t 标准煤基本一致。因此，本研究设定我国纸和纸板单位综合能耗 0.511t 标准煤，考虑吨纸用浆量，我国单位浆纸综合能耗 = 0.511t/t + 0.615t/t × 0.92t/t = 1.075t/t。

以表 4-12 中 BF-15EX（3400mm）为例，设定造纸中消耗蒸汽 2.2t/t，消耗电力 580kWh/t。根据 4.3.2.2.2 中单位蒸汽煤耗 0.15t/t，造纸所用蒸汽煤耗 = 0.15t/t × 2.2t/t = 0.33t/t。根据 2010 年中国平均供电煤耗为 335g/kWh（孟祥路，2011）计算，造纸耗电折合耗煤 = 335g/kWh × 580kWh/t = 0.19t/t，两者合计造纸单位综合能耗 0.52t/t，与本研究所设定的我国纸和纸板单位综合能耗 0.511t 标准煤基本一致。

由此设定，我国造纸生产中造纸所用蒸汽煤耗为 0.33t/t，消耗电力 580kWh/t。根据 4.4.1.2.2 中木浆吨浆耗热折合耗煤约 0.122t/t，电力消耗 1477.33kWh/t，可以得出，我国制浆和造纸联合生产企业单位产品耗热折合耗煤 = 0.33t/t + 0.122t/t × 0.92t/t = 0.442t/t，单位产品电力消耗 = 580kWh/t + 1477.33kWh/t × 0.92t/t = 1939.14kWh/t。造纸企业单位产品耗热折合耗煤约

0.33t/t，消耗电力 580kWh/t。

这样，就制浆和造纸联合生产企业来说：

根据 4.2.2.3 中单位煤虚拟水含量约为 $1.4m^3/t$，制浆造纸生产中煤耗所包含的虚拟水量 = 单位造纸煤耗 × 单位煤虚拟水含量 = $0.442t/t × 1.4m^3/t = 0.62m^3/t$。

根据 4.2.2.2 中的每单位电力完全耗水大约为 $76.90m^3/万\ kWh$，制浆造纸生产中电力消耗所包含的虚拟水量 = $1939.14kWh/t × 76.90m^3/万\ kWh = 14.91m^3/t$。

两者合计制浆和造纸联合生产企业制浆造纸生产中能耗所包含的虚拟水量 = $0.62m^3/t + 14.91m^3/t = 15.53m^3/t$。

就造纸企业来说：

根据 4.2.2.3 中单位煤虚拟水含量约为 $1.4m^3/t$，制浆造纸生产中煤耗所包含的虚拟水量 = 单位造纸煤耗 × 单位煤虚拟水含量 = $0.33t/t × 1.4m^3/t = 0.46m^3/t$。

根据 4.2.2.2 中的每单位电力完全耗水大约为 $76.90m^3/万\ kWh$，制浆造纸生产中电力消耗所包含的虚拟水量 = $580kWh/t × 76.90m^3/万\ kWh = 4.46m^3/t$。

两者合计造纸企业造纸生产中能耗所包含的虚拟水量 = $0.46m^3/t + 4.46m^3/t = 4.92m^3/t$。

4.4.2.3 单位纸和纸板虚拟水含量的测算

综上所述，纸和纸板虚拟水含量包括消耗原料所包含的虚拟水和加工过程直接耗水、电煤间接耗水。

就制浆和造纸联合生产企业来说：

纸和纸板生产中加工过程包含的虚拟水主要是直接耗水、电耗和煤耗所包含的虚拟水量。单位纸和纸板制浆造纸的直接耗水量为 $85.92m^3/t$。制浆造纸电耗所包含的虚拟水量为 $14.91m^3/t$，制浆造纸煤耗所包含的虚拟水量为 $0.62m^3/t$，合计约为 $15.53m^3/t$。三者合计为纸和纸板生产中制浆造纸加工过程包含的虚拟水 $101.45m^3/t$。

纸和纸板生产中的原料包含的虚拟水主要包括纸和纸板生产中的所消耗的原木包含的虚拟水和造纸过程中需要用的其他原料包含的虚拟水。单位纸和纸板消耗原木包含的虚拟水含量为 $7927.65m^3/t$。单位纸和纸板消耗其他原料包含的虚拟水含量为 $0.14m^3/t$。可见，相对于纸和纸板生产中的所消耗的原木包含的虚拟水含量 $7927.65m^3/t$，纸和纸板生产中加工过程包含的虚拟水虽然绝对数量比较大，但相对比较小。

这样，制浆和造纸联合生产企业单位纸和纸板虚拟水含量 = 单位纸和纸板所消耗的原料包含的虚拟水含量 + 单位纸和纸板加工过程耗水 = （单位纸和纸板所消耗的原木包含的虚拟水含量 + 单位纸和纸板消耗其他原料包含的虚拟水含量）+ （单位纸和纸板制浆造纸加工过程直接耗水量 + 单位纸和纸板制浆造纸加工过程电煤间接耗水量）= （7927.65m³/t + 0.14m³/t）+ 85.92m³/t + （14.91m³/t + 0.62m³/t）= （7927.65m³/t + 0.14m³/t）+ 85.92m³ + 15.53m³/t = 7927.79m³/t + 101.45m³/t = 8029.24m³/t。

就造纸企业来说：

纸和纸板生产中加工过程包含的虚拟水主要是直接耗水、电耗和煤耗所包含的虚拟水量。单位纸和纸板的造纸直接耗水量为 30.07m³/t。造纸电耗所包含的虚拟水量为 4.46m³/t，造纸煤耗所包含的虚拟水量为 0.46m³/t，合计约为 4.92m³/t。三者合计为纸和纸板生产中造纸加工过程包含的虚拟水 34.99m³/t。

纸和纸板生产中的原料包含的虚拟水主要包括纸和纸板生产中的所消耗的木浆包含的虚拟水和造纸过程中需要用的其他原料包含的虚拟水。单位纸和纸板消耗木浆包含的虚拟水含量为 8013.36m³/t。单位纸和纸板消耗其他原料包含的虚拟水含量为 0.14m³/t。可见，相对于纸和纸板生产中的所消耗的木浆包含的虚拟水含量 8013.36m³/t，纸和纸板生产中加工过程包含的虚拟水虽然绝对数量比较大，但相对比较小。

这样，造纸企业单位纸和纸板虚拟水含量 = 单位纸和纸板所消耗的原料包含的虚拟水含量 + 单位纸和纸板加工过程耗水 = （单位纸和纸板所消耗的木浆包含的虚拟水含量 + 单位纸和纸板消耗其他原料包含的虚拟水含量）+ （单位纸和纸板制浆造纸加工过程直接耗水量 + 单位纸和纸板制浆造纸加工过程电煤间接耗水量）= （8013.36m³/t + 0.14m³/t）+ 30.07m³/t + （4.92m³/t + 0.46m³/t）= （8013.36m³/t + 0.14m³/t）+ 30.07m³ + 4.92m³/t = 8013.50m³/t + 34.99m³/t = 8048.49m³/t。

可以发现，制浆和造纸联合生产企业和造纸企业的单位纸和纸板虚拟水含量相差 19.25m³/t。分析原因，这是由于制浆和造纸联合生产企业将制浆造纸连成一条生产线，从而降低了生产中的耗水量，而造纸企业的造纸与制浆工序是分离的，增加了水的无效利用。所以这个差异不是问题。而之所以单独测算造纸企业单位纸和纸板虚拟水含量，是因为在分析造纸生产过程时中是从打浆工序开始。在对造纸企业单位纸和纸板虚拟水含量的测算过程中，有利于把握造纸过程（不包括制浆）的耗水结构。在林产品贸易中，木浆是最终产品，但对制浆和造纸联合生产企业来说，木浆仅仅是中间品，所以本研究将单位纸和纸板虚拟水含量设定为制浆和造纸联合生产企业的单位纸和纸板虚拟水含量，即 8029.24m³/t。

4.5   主要木质林产品单位产品虚拟水含量汇总与分析

综上，我国主要木质林产品单位产品虚拟水含量值见表4-13。

表4-13   中国主要木质林产品单位产品虚拟水含量

Tab. 4-13   Virtual water content of China's main woody forest products

林产品种类		原木消耗系数（m³/m³，m³/t）	所耗木材虚拟水含量（m³/m³，m³/t）	所耗其他原料、能耗虚拟水含量（m³/m³，m³/t）	加工过程实际耗水量（m³/m³，m³/t）	虚拟水含量（m³/m³，m³/t）
原木	针叶	1	1022.12	0.50	0.08	1022.70
	阔叶	1	2578.20	0.50	0.08	2578.78
锯材	针叶	1.5	1534.05	0.18	0.18	1534.41
	阔叶	1.5	3868.16	0.18	0.18	3868.52
人造板	单板	2.5	6446.94	1.16	3	6451.10
	胶合板	2.8	7220.57	3.08	4	7227.65
	刨花板	1.4	2553.71	4.06	1.2	2558.97
	纤维板	1.8	3283.34	3.38	2.6	3289.33
纸和纸浆	木浆	3.8	8616.73	11.53	81.62	8709.89
	纸和纸板	3.5	7927.65	15.67	85.92	8029.24

由表4-13可见，从单位产品虚拟水含量来说，木浆单位产品虚拟水含量最高，达到8709.89m³/t，其次是纸和纸板，为8029.24m³/t。在人造板中，胶合板单位产品虚拟水含量最高，达到7227.65m³/m³，不论是原木还是锯材，阔叶比针叶要高。造成这种差异的原因在于不同林种生理特性和生长环境等不同形成的森林蒸散量的差异。正由于此，加之我国制造木浆的主要原料是阔叶木材，造成我国木浆单位产品虚拟水含量远高于国外产木浆单位产品，大约高2倍多。同样原因，以木浆为原料的纸和纸板单位产品虚拟水含量也远高于国外产纸和纸板单位产品虚拟水含量。

从单位产品所耗木材虚拟水含量占单位产品虚拟水含量的比重来看，所列木质林产品的比重均在98.73%以上，可见木质林产品单位产品虚拟水含量的来源绝大多数是因为所耗木材所包含的虚拟水导致的。这说明，在木质林产品虚拟水研究中，是不能忽略所耗木材所包含的虚拟水的。毕竟森林在生长过程中的蒸发散耗水量太巨大了。换言之，目前采用投入产出法计算产品虚拟水在涉及木质林产品时，仅仅用生产加工过程的实际耗水量(有的甚至是直接用水量)和其他投入品所包含的虚拟水来测算是不科学、不准确的。但值得注意的是，大多数情况下，森林生长是不需要灌溉的。这不同于很多农作物产品。也就是说，不能因为木质林产品虚拟水含量主要来源于木材原料，而忽视其他原料的水消耗和加工过程中的水消耗。后者是直接用水消耗，更具显示意义。

从木质林产品加工过程实际耗水量来看，纸和纸板最高，达到 85.92m³/t，其次是木浆，达到 81.62m³/t。人造板加工过程实际耗水量也比较高，其中胶合板最高，为 4m³/m³，其次是单板，因单板多是中间产品，若从传统三板来看，其次是纤维板，为 2.6m³/m³，刨花板最低，为 1.2m³/m³。

从木质林产品所耗其他原料、能耗所含的虚拟水来看，纸和纸板最高，达到 15.67 m³/t，其次是木浆，达到 11.53m³/t。人造板所耗其他原料、能耗所含的虚拟水量也比较高，在传统三板中，刨花板最高，为 4.05m³/m³，纤维板次之，为 3.38m³/m³，胶合板最低，为 3.08m³/m³。

与农作物产品虚拟水含量相比，木质林产品单位虚拟水含量总体水平高于农作物产品。表 4-14 列举了农作物产品虚拟水的几份研究结果。在水稻、玉米、小麦、棉花、大豆等主要的农作物产品中，单位虚拟水含量最高的是大豆，为 3215m³/t。而木质林产品中纸和木浆单位虚拟水含量最高，均在 8000m³/t 以上，高于大豆的单位虚拟水含量。木质林产品中即使是单位虚拟水含量最低的针叶原木，也达到 1022.70m³/m³，超过或相当于一些大宗贸易农产品，如玉米、水稻、小麦。因此，木质林产品属于水密集型产品，依据虚拟水贸易理论，我国木质林产品虚拟水贸易应以进口为主。

表 4-14 中国主要农作物产品单位虚拟水含量(单位：m³/t)

Tab. 4-14 Virtual water content of the main primary crops products in China

农作物产品	全国①	全国②	全国③	农作物产品	全国①	全国②	全国③
水稻	1100	1096	1099.3	水果	460		
玉米	740	697		西瓜		154	153.1
小麦	1070	1048		葡萄		410	450.5
大麦		1066	880.7	柑橘		531	499.8
燕麦		2136		香蕉		223	230.6
小米			1534.6	芒果			899.5
高粱		1115	1127.5	甘蔗	162	149	
棉花	1770			甜菜	240	201	
烟草	3040	2485	2521.3	蔬菜			
油料	1680			卷心菜		120	125.9
花生		1680		西红柿		247	
豆类	2170			胡萝卜		246	238.7
大豆		3215		黄瓜		251	238.8
干豆		2944	2878.2	大葱		263	
绿豆		367		土豆		292	
薯类	1102			菠菜		248	

（续）

农作物产品	全国①	全国②	全国③	农作物产品	全国①	全国②	全国③
甘薯		233		莴苣		155	152.9
				花椰菜		215	213.9
				洋葱		157	
				豌豆		476	

数据来源：①孙才志，张蕾．中国农畜产品虚拟水区域分布空间差异[J]．经济地理，2009（5）：806～811；②文洋．虚拟水在我国农作物产品对外贸易中的应用[D]．北京：外交学院，2009；③刘波．虚拟水战略背景下我国农产品贸易发展对策[J]．企业经济，2009（4）：155～157.

　　根据表4-13我国主要木质林产品虚拟水含量的结果，结合我国主要木质林产品的国际贸易量，可以计算出贸易中的虚拟水贸易量，从而确定木质林产品虚拟水贸易在我国虚拟水贸易中的地位和对我国水资源利用的影响，为调整我国林产品贸易政策提供依据。在此基础上，根据比较优势理论，结合世界及我国水资源状况，促进我国出口高附加值、低耗水型的林产品，进口水密集型的林产品，以达到缓减我国水资源短缺的目的。

4.6　小　结

　　本章主要内容为我国主要木质林产品虚拟水含量的测算。

　　木质林产品来自于森林，对木质林产品虚拟水的研究是建立在森林虚拟水研究基础之上的。本章研究的主要木质林产品为：原木（包括针叶原木和阔叶原木）、锯材（包括针叶锯材和阔叶锯材）、木质人造板（包括单板、胶合板、刨花板和纤维板）以及以木材为原料的木浆、纸和纸板。

　　本章采用Chapagain和Hoekstra提出的计算畜产品和工业产品的虚拟水含量的"生产树法"进行测算。木质林产品虚拟水的含量是由原料（木材及其他）包含的虚拟水量和林产品加工过程耗水量两部分组成，其中木材原料包含的虚拟水量占有绝大部分。林产品加工过程耗水量包括加工过程实际耗水量和能耗所含虚拟水量。

　　本章根据我国的实际情况，计算了原木（包括针叶原木和阔叶原木）、锯材（包括针叶锯材和阔叶锯材）、人造板（包括单板、胶合板、刨花板和纤维板）以及木浆、纸和纸板8种主要木质林产品的虚拟水含量，结果显示：木质林产品单位产品虚拟水含量的来源绝大多数是因为所耗木材所包含的虚拟水导致的，目前采用投入产出法计算产品虚拟水在涉及木质林产品时，仅仅用生产加工过程的实际耗水量（有的甚至是直接用水量）和其他投入品所包含的虚拟水来测算是不科学、不准确的。在主要木质林产品中，木浆单位产品虚拟水含量最高，在人造板中，胶合板单位产品虚拟水含量最高。总体来看，阔叶类林产品比针叶类林产品虚拟水含量高。由于我国制造木浆的主要原料是阔叶木，造成我国木浆以及由其加工形成的纸和纸板单位产品虚拟水含量远高于国外产单位产品虚拟水含量。木质林产品属于水密集型产品，高于农作物最终产品虚拟水含量，依据虚拟水贸易理论，我国木质林产品虚拟水贸易应以进口为主。

　　由于不同林产品加工过程复杂程度不一，即使同一产品由于设备、工序等原因也有很大不同，很难准确计算林产品虚拟水含量。因此，本研究的虚拟水测度值是一个估计值，存在一定的误差，仅供后来研究者参考。

第 **5** 章

中国主要木质林产品国际贸易中虚拟水贸易研究

　　林产品是我国重要的大宗国际贸易产品。2010 年，我国林产品进出口贸易总额为 938.24 亿美元，其中，林产品出口 463.17 亿美元，占全国商品出口额的 2.94%；林产品进口 475.07 亿美元，占全国商品进口额的 3.41%；2010 年我国林产品贸易逆差为 11.90 亿美元(国家林业局，2011)。

　　我国林产品进出口贸易以木质林产品为主。2010 年，我国林产品进出口贸易总额中，木质林产品和非木质林产品分别占 69.42% 和 30.58%。2010 年我国木质林产品进出口贸易总额为 651.30 亿美元，其中出口 346.55 亿美元，进口 304.75 亿美元，木质林产品贸易顺差为 41.80 亿美元(国家林业局，2011)。2010 年，我国木质林产品进口折合木材 18356.08 万 m^3，占我国木材产品市场总供给 43189.92 万 m^3 的 42.5%，出口折合木材 7788.33 万 m^3，净进口 10567.65 万 m^3(国家林业局，2011)。

　　中国已经成为世界主要木质林产品贸易国。根据 FAO2004 年的统计数据，按数量计算，中国是世界第 1 大木浆进口国，世界第 1 大原木进口国，第 2 大人造板进口国，第 3 大纸与纸板进口国，第 5 大锯材进口国，第 5 大人造板出口国(刘冠园，2006)。2003 年木材制成品(含家具)出口金额达 75 亿美元，已超过意大利成为世界上第 1 大木材制成品(含家具)出口国(孙顶强、尹润生，2006)。根据 FAO《1997~2004 年世界林产品年鉴》，按林产品贸易金额计算，不含家具和纸制品，2004 年中国是第 2 大木质林产品进口国，仅次于美国，占世界木质林产品进口总额的 10.4%(周泽峰，2007)。如果含家具和纸制品，估计中国是第 6 大木质林产品出口国。中国在世界木质林产品贸易中具有举足轻重的作用，而且地位不断增强。

　　虚拟水贸易是伴随人类贸易活动的产生而产生的，并且随着人类贸易活动的发展，虚拟水贸易的数量和规模在不断地扩大。林产品作为特殊的水密集型产品，其国际贸易中蕴含了巨大的虚拟水贸易。

5.1 虚拟水进出口贸易量计算方法

由荷兰国际水文和环境工程研究所、世界水资源委员会和联合国粮农组织研究，得出了虚拟水贸易量的计算公式，采用一个国家各种商品或服务的贸易量乘以单位商品或服务的虚拟水含量的方法。

具体公式如下：

（1）虚拟水进口贸易量计算公式：

$$VWI[c,t] = CTi[c,t] \times SWDi[c,t] \tag{5-1}$$

式中：VWI 为在 t 年一国从其他国家进口商品或服务 c 的虚拟水贸易量，m^3；CTi 为在 t 年该国进口的商品或服务 c 的总量；$SWDi$ 为进口的单位商品或服务 c 的虚拟水含量。

$$GVWI[t] = \sum VWI[c,t] \tag{5-2}$$

式中：$GVWI[t]$ 为该国在 t 年的虚拟水进口总量，m^3。

（2）虚拟水出口贸易量计算公式：

$$VWE[t] = CTe[c,t] \times SWDe[c,t] \tag{5-3}$$

式中 VWE 为在 t 年一国出口商品或服务 c 的虚拟水贸易量，m^3；CTe 为在 t 年该国出口的商品或服务 c 的总量；$SWDe$ 为出口的单位商品或服务 c 的虚拟水含量。

$$GVWE[t] = \sum VWE[c,t] \tag{5-4}$$

式中：$GVWE[t]$ 为该国在 t 年的虚拟水出口总量，m^3。

（3）虚拟水贸易平衡公式：

$$NVWI[t] = GVWI[t] - GVWE[t] \tag{5-5}$$

式中：$NVWI[t]$ 为该国在 t 年的虚拟水净进口量，m^3。

由于虚拟水有生产者角度定义和使用者角度定义（详见第 2 章 2.2.1）。在虚拟水进出口贸易量计算中，就涉及采用生产者角度定义还是使用者角度定义来量化单位商品或服务的虚拟水含量的问题。出口商品或服务的虚拟水含量应该按照生产者角度定义，进口商品或服务的虚拟水含量严格意义上将应该采用该商品或服务生产地的虚拟水含量。显然，获得国外该商品或服务的虚拟水含量数据是十分困难的。这对于木质林产品来说就更加困难，因为没有人做过木质林产品虚拟水的研究。而且，如果进口商品或服务采用使用者角度定义的虚拟水含量，可以直接反映所能节约的本地的水资源量。因此，在以下的测算中，进口和出口均采用本地的某种商品或服务的虚拟水含量。

本章在对我国主要木质林产品国际贸易中虚拟水贸易量的计算中，进口虚拟水量的计算方法是按照消费地（我国）生产该产品所需要的水资源量。

5.2 中国主要木质林产品进出口贸易分析

根据 5.1，某产品虚拟水贸易量，一方面取决于该产品单位产品虚拟水含量（第4章已经对我国主要木质林产品单位产品虚拟水含量进行了测算），另一方面取决于该产品的贸易量。所以，我国主要木质林产品虚拟水贸易的测算与主要木质林产品贸易数量直接相关（与金额无关）。因此，下面对我国主要木质林产品国际贸易数量情况进行介绍和分析，包括原木（包括针叶原木和阔叶原木）、锯材（包括针叶锯材和阔叶锯材）、木质人造板（包括单板、胶合板、刨花板和纤维板）以及以木材为原料的木浆、纸和纸板。

5.2.1 2000～2010 年中国主要木质林产品进出口贸易分析

表5-1 列示了 2000～2010 年我国主要木质林产品进出口贸易量。

表 5-1 2000～2010 年中国主要木质林产品进出口贸易量

Tab. 5-1 Import and export quantity ofChina's main woody forest products from 2000 to 2010

产品		方向	单位	2000	2001	2002	2003	2004	2005	2006	2007	2008	2009	2010
原木	针叶	出口	m³	1135	646	0	417	0	742	113	66	100	851	174
		进口	m³	6400661	9142210	15782950	15019747	16003654	18270100	19717608	23270909	18577008	20302606	24274023
	阔叶	出口	m³	25576	17093	10957	8980	6137	6185	4169	3655	2725	11885	28208
		进口	m³	7211085	7721541	8550093	10435720	10304868	11097886	12435326	13861696	10992626	7756655	10073466
	合计	出口	m³	26711	17739	10957	9397	6137	6927	4282	3721	2825	12736	28382
		进口	m³	13611746	16863751	24333043	25455467	26308522	29367986	32152934	37132605	29569634	28059261	34347489
锯材	针叶	出口	m³	—	—	—	—	—	—	—	—	216289	197787	197494
		进口	m³	—	—	—	—	1699700	1883000	—	2804300	3645430	6345429	9370718
	阔叶	出口	m³	—	—	—	—	—	—	—	—	501186	363319	341939
		进口	m³	—	—	—	—	4303900	4090000	—	3686200	3536398	3589738	5441457
	合计	出口	m³	414336	449748	448337	543013	489331	682072	829990	763544	717475	561106	539433
		进口	m³	3613693	4034120	5483706	5598051	6051670	6054178	6153148	6557793	7181828	9935167	14812175
单板		出口	m³	53430	62324	93120	106626	110498	104091	143893	152746	146283	114327	158158
		进口	m³	649488	335736	286652	223395	154142	151800	134002	130215	91894	72327	109517
胶合板		出口	m³	686991	965361	1792423	2040470	4305484	5583972	8303695	8715903	7185060	5634800	7546940
		进口	m³	1001808	650859	636130	797810	799298	589120	413429	304098	293937	179178	213672
刨花板		出口	m³	26273	24958	51183	67463	130751	95035	141658	179824	193171	124944	165527
		进口	m³	343773	447559	589686	623999	652594	633972	541102	524918	374137	446543	539368

（续）

产品	方向	单位	2000	2001	2002	2003	2004	2005	2006	2007	2008	2009	2010
纤维板	出口	m³	35308	26815	80338	63556	509945	1376697	1968316	3056768	2382562	2031141	2569456
	进口	m³	1014513	1070243	1251646	1394223	1377045	1137113	924481	702512	504505	452979	400071
木浆	出口	t	12829	5776	4639	3763	1504	20456	32007	50781	10628	35045	14433
	进口	t	3294418	4873085	5232622	5988591	7214995	7520149	7881293	8383914	9460349	13578483	11299952
纸和纸制品	出口	t	263340	352519	364822	502386	576634	790907	1145650	1457278	1356450	4802753	5157993
	进口	t	6311911	5867244	6606778	6626430	6376108	5465318	4604689	4208691	3735959	3495948	3536533

资料来源：①2008～2010 年针叶锯材进口、出口数据来自海关信息网。②2007 年针叶锯材和阔叶锯材进口数据来自：秦月. 市场在波动中平衡在震荡中上行——2010 年我国木材进出口情况评析[J]. 中国人造板，2011（4）：32～35。③2004～2005 年针叶锯材和阔叶锯材进口数据来自：秦月. 2005 年我国木材进出口情况点评及 2006 年走势预测[J]. 中国人造板，2006（6）：37～39。④除针叶锯材和阔叶锯材进口、出口外，其他数据：国家林业局. 2011 中国林业发展报告[M]. 中国林业出版社，2011。

说明：除针叶锯材和阔叶锯材进口、出口外，①原始数据由海关总署信息中心提供；②表中数据体积与重量按刨花板 650kg/m³，单板 750kg/m³ 的标准换算；1995～2003 年按纤维板 700kg/m³ 折算，2004～2006 年纤维板分别按硬质纤维板 950kg/m³、中密度纤维板 650kg/m³、绝缘板 250kg/m³ 的标准折算；2007～2009 年纤维板折算标准：密度 >800kg/m³ 的取 950kg/m³、500kg/m³ <密度 <800kg/m³ 的取 650kg/m³、350kg/m³ <密度 <500kg/m³ 的取 425kg/m³、密度 <350kg/m³ 的取 250kg/m³；③木浆中未包括从回收纸和纸板中提取的木浆；④纸和纸制品中未包括回收的废纸和纸板、印刷品、手稿等；⑤2000～2008 年纸和纸制品出口量按纸和纸产品中的原生木浆比例折算，2009～2010 年按木纤维浆（原生木浆和废纸中的木浆）比例折算，纸和纸制品出口量按纸和纸产品中木浆比例折算，出口量的折算系数：1997～1999 年为 0.15，2000 年为 0.18，2001 年为 0.23，2002～2003 年为 0.21，2004～2006 年为 0.22；2007 年为 0.214；2008 年为 0.221；2009 年为 0.80；2010 年为 0.78。

2000～2010 年我国主要木质林产品进口量、出口量、净进口量变化趋势如图 5-1、图 5-2、图 5-3。

（1）2000～2010 年我国原木国际贸易变化情况。2007 年以前，原木进口始终保持快速增长势头，受 2008 年金融危机影响，原木进口 2008 年大幅下落，2009 年降到最低点，2010 年迅速回升。原木出口相对进口一直量很微小。主要是我国实行了限制原木出口的政策。原木一直保持净进口的态势，原木净进口变化与原木进口变化的态势一致。从数量上来说，原木一直是我国进口数量最多的木质林产品。

（2）2000～2010 年我国锯材国际贸易变化情况。锯材进口始终保持增长势头，尤其 2009 年大幅增长，2010 年达到最高点。锯材出口相对进口一直量比较小，以 2006 年为分界点，由逐步上升转为逐步下降。同原木一样，我国实行了限制锯材出口的政策。锯材一直保持净进口的态势，锯材净进口变化与锯材进口变化的态势基本一致。从数量上来说，锯材也是我国进口数量最多的三大木质林产品之一。

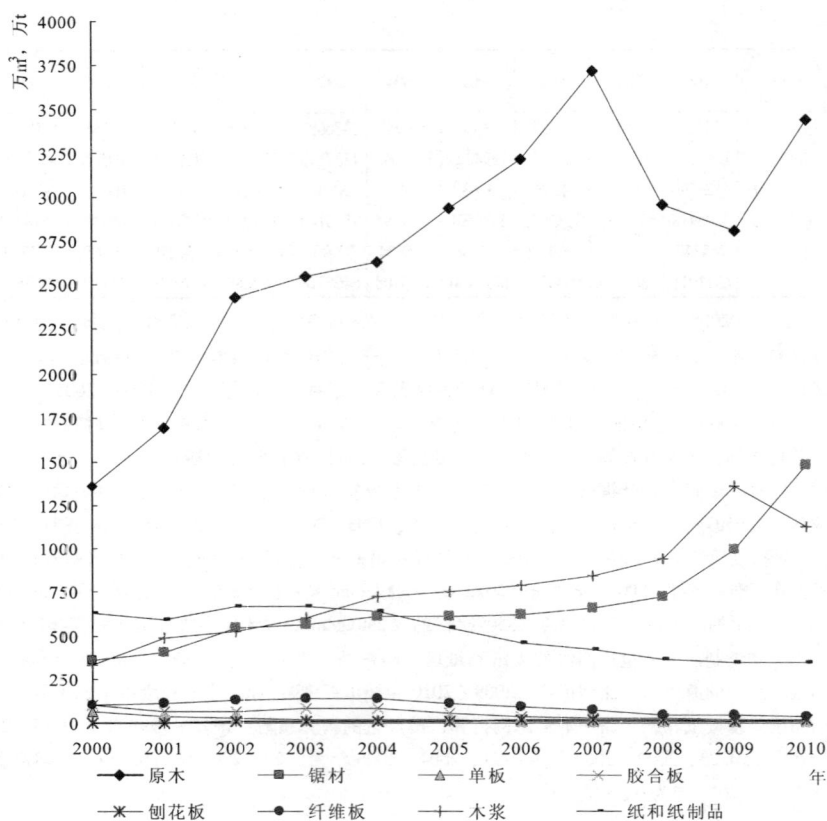

图 5-1　中国主要木质林产品进口趋势

Fig. 5-1　Import quantity trend of China's main woody forest products

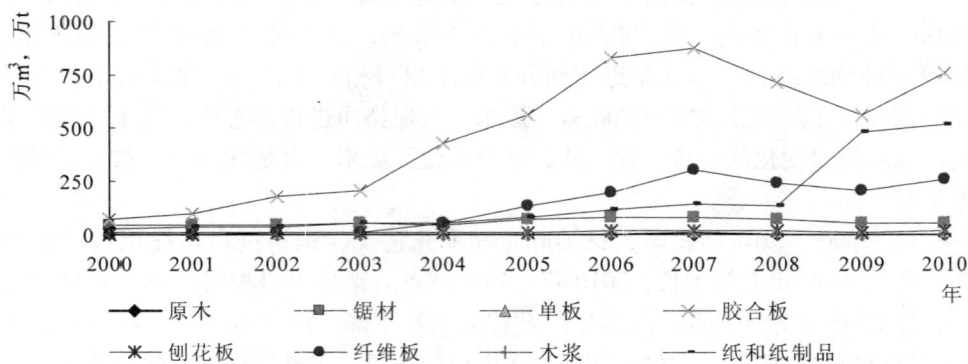

图 5-2　中国主要木质林产品出口趋势

Fig. 5-2　Export quantity trend of China's main woody forest products

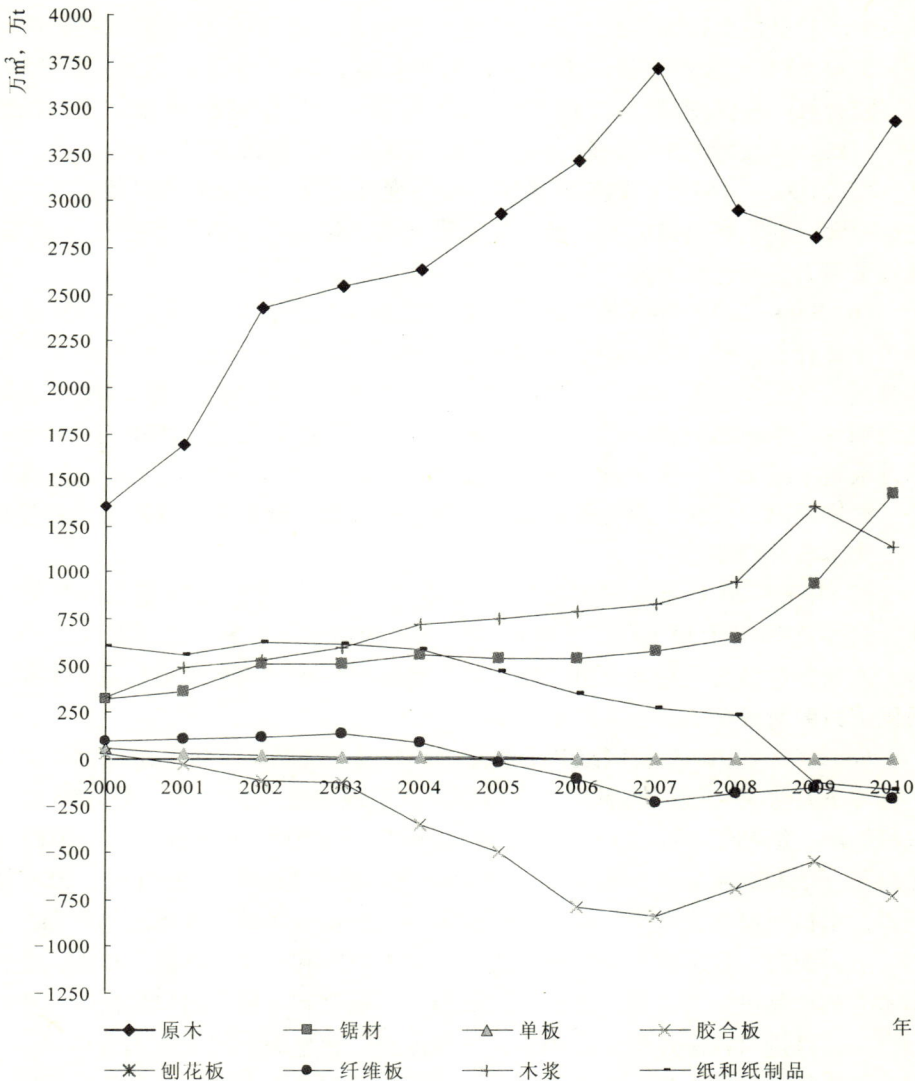

图 5-3 中国主要木质林产品净贸易量(进口-出口)趋势

Fig. 5-3 Net quantity (import- export) trend of China's main woody forest products

(3)2000～2010 年我国单板国际贸易变化情况。单板进口始终保持下降势头，2010 年略有回升。单板出口则基本保持上升势头。单板净贸易量(进口-出口)始终保持下降势头，2006 年由净进口转变为净出口。从数量上来说，单板的贸易量比较小。

(4)2000～2010 年我国胶合板国际贸易变化情况。胶合板进口基本是逐步下降势头。胶合板出口则相反,呈现快速上升势头。受2008年金融危机影响,胶合板出口2008年大幅下落,2009年降到最低点,2010年迅速回升。自2001年起,胶合板一直保持净出口的态势,胶合板净出口变化与胶合板出口变化的态势基本一致。从数量上来说,胶合板一直是我国出口数量最多的木质林产品。

(5)2000~2010年我国刨花板国际贸易变化情况。刨花板进口数量不大,变化也不大。刨花板出口更少,但呈现上升势头。刨花板一直保持净进口的态势,但数量不大,变化也不大。

(6)2000~2010年我国纤维板国际贸易变化情况。2000年,纤维板进口量曾经和胶合板一样,以后经历了逐步上升然后再快速下降的过程。2003年以前纤维板出口很少,但2004年迅速上升,2007年达到最高点,受2008年金融危机影响,纤维板出口2008年大幅下落,2009年降到最低点,2010年开始回升。纤维板贸易经历了一个由净进口转变为净出口的过程。从数量上来说,在三板中,纤维板出口仅次于胶合板,出口数量也比较大,近年来是我国出口数量最多的三大木质林产品之一。

(7)2000~2010年我国木浆国际贸易变化情况。木浆进口始终保持增长势头,只是2010年有所下降。木浆出口一直量很微小。木浆一直保持净进口的态势,木浆净进口变化与木浆进口变化的态势基本一致。从数量上来说,木浆也是我国进口数量最多的三大木质林产品之一。

(8)2000~2010年我国纸和纸制品国际贸易变化情况。纸和纸制品进口基本是逐步下降势头。纸和纸制品出口则相反,呈现快速上升势头。受2008年金融危机影响,纸和纸制品出口2008年小幅下落,但2009年强势上长,2010年继续增长。纸和纸制品贸易经历了一个由净进口转变为净出口的过程,2009年是拐点,出口数量也比较大,近年来是我国出口数量最多的三大木质林产品之一。

总体而言,我国属于原料型木质林产品进口国和加工型产品出口国,整体上是木质林产品进口国。原料型林产品如原木、锯材和木浆,出口量极少,进口量相当大,且进口量呈逐年上升趋势,是我国进口数量最多的三大木质林产品。深加工型产品,如胶合板、纸和纸制品、纤维板,都经历了由净进口转变为净出口的过程,胶合板最早(2001年),其次是时纤维板(2005),第三是纸和纸制品(2009年),是我国出口数量最多的三大木质林产品。

5.2.2 2010年中国木质林产品进出口贸易分析

2010年我国木质林产品进出口贸易总额为651.30亿美元,其中出口346.55亿美元,进口304.75亿美元,木质林产品贸易顺差为41.80亿美元(国家林业局,2011)。其中本研究所指的主要木质林产品:原木(包括针叶原木和阔叶原

木)、锯材(包括针叶锯材和阔叶锯材)、木质人造板(包括单板、胶合板、刨花
板和纤维板)以及以木材为原料的木浆、纸和纸板,进出口贸易总额为364.64亿
美元,占我国木质林产品进出口贸易总额的55.99%,其中出口126.87亿美元,
占我国木质林产品出口额的36.61%,进口237.77亿美元,占我国木质林产品
进口额的78.02%,主要木质林产品贸易逆差为110.90亿美元(国家林业局,
2011)。2010年我国主要木质林产品进出口贸易额见表5-2。

表5-2 2010年中国主要木质林产品进出口贸易额

Tab. 5-2 Amount of Import and export of China's main woody forest products in 2010

产品种类		单位	出口金额	进口金额	进出口贸易总额	净贸易额(进口 − 出口)
原木	针叶	万美元	5.1	324079.6	324084.7	324074.5
	阔叶	万美元	1047.5	283029.8	284077.3	281982.3
	小计	万美元	1052.6	607109.4	608162	606056.8
锯材	针叶	万美元	11538.4	183387.3	194925.7	171848.9
	阔叶	万美元	22665.8	204425.4	227091.2	181759.6
	小计	万美元	34200.1	387817.2	422017.3	353617.1
人造板	单板	万美元	21086.5	8806.4	29892.9	−12280.1
	胶合板	万美元	340214	11604.2	351818.2	−328609.8
	刨花板	万美元	4138.7	11428.3	15567	7289.6
	纤维板	万美元	111425.3	12465.4	123890.7	−98959.9
	小计	万美元	476864.5	44304.3	521168.8	−432560.2
浆纸	木浆	万美元	1134.4	877410.4	878544.8	876276
	纸和纸制品	万美元	755468.8	461059	1216527.8	−294409.8
	小计	万美元	756603.2	1338469.4	2095072.6	581866.2
合计		万美元	1268720.4	2377700.3		1108979.9

资料来源:国家林业局.2011中国林业发展报告[M].中国林业出版社,2011.

表5-3列示了2010年我国主要木质林产品进出口贸易数量情况。其中原木
(包括针叶原木和阔叶原木)、锯材(包括针叶锯材和阔叶锯材)、木浆和刨花板
均为净进口。胶合板、纸和纸制品、纤维板、单板均为净出口。

表5-3 2010年中国主要木质林产品进出口贸易量

Tab. 5-3 Import and export quantity of China's main woody forest products in 2010

产品种类		单位	出口量	进口量	进出口贸易总量	净贸易量(进口 − 出口)
原木	针叶	m³	174	24274023	24274197	24273849
	阔叶	m³	28208	10073466	10101674	10045258
	小计	m³	28382	34347489	34375871	34319107
锯材	针叶	m³	203700	9427200	9630900	9223500
	阔叶	m³	335800	5385000	5720800	5049200
	小计	m³	539433	14812175	15351608	14272742

（续）

产品种类		单位	出口量	进口量	进出口贸易总量	净贸易量（进口－出口）
人造板	单板	m³	158158	109517	267675	−48641
	胶合板	m³	7546940	213672	7760612	−7333268
	刨花板	m³	165527	539368	704895	373841
	纤维板	m³	2569456	400071	2969527	−2169385
浆	木浆	t	14433	11299952	11314385	11285519
纸	纸和纸制品	t	5157993	3536533	8694526	−1621460

资料来源：国家林业局. 2011 中国林业发展报告[M]. 中国林业出版社，2011.

说明：为保持统计口径一致，针叶锯材和阔叶锯材进口、出口数字引自《2011 中国林业发展报告》内容表述，不是很精确。

按金额计，从进口产品结构看，2010 年我国主要木质林产品进口以木浆、原木、纸和纸制品、锯材为主，所占份额达到 98.13%（图 5-4）。

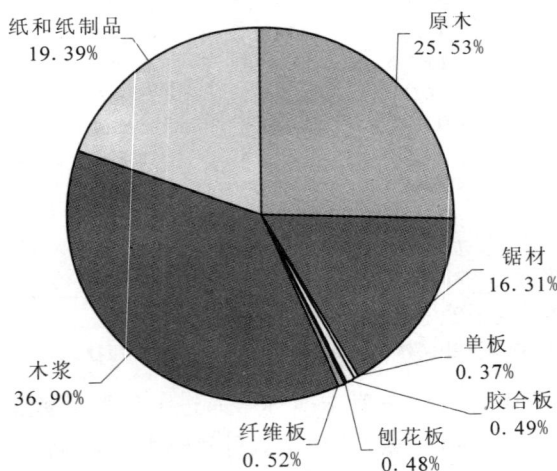

图 5-4　2010 年中国主要木质林产品进口结构

Fig. 5-4　The import structure of China's main woody forest products in 2010

按金额计，从出口产品结构看，2010 年我国主要木质林产品出口以纸和纸制品、胶合板、纤维板为主，所占份额达到 95.15%（图 5-5）。

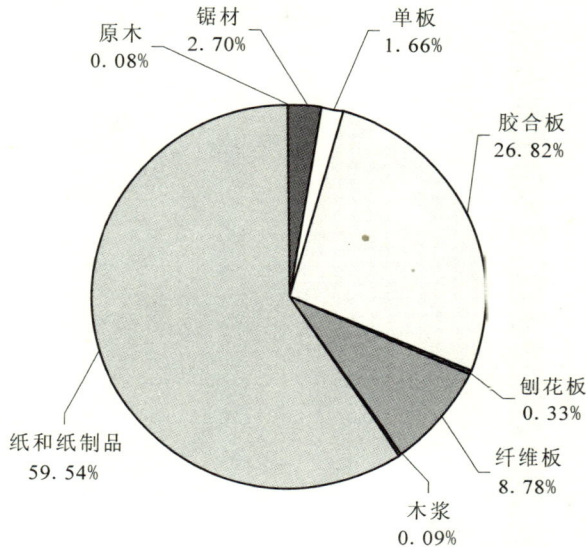

图5-5 2010年中国主要木质林产品出口结构

Fig. 5-5 The export structure of China's main woody forest products in 2010

按数量计，2010年我国主要木质林产品各产品的进口、出口比例关系见表5-4和图5-6。从表5-4和图5-6中可以看出，原木、木浆、锯材、刨花板以进口为主，其中原木、木浆、锯材进口量占比达到96%以上；单板、纸和纸制品进出口量比较平衡，但出口量大一些；胶合板、纤维板则以出口为主，其中胶合板出口量占比达到97%以上。从进出口绝对数量上来看，原木遥遥领先；锯材其次，不足原木一半；第三梯队是木浆、胶合板、纸和纸制品；纤维板进出口绝对数量较小，刨花板更次之，单板最小。

表5-4 2010年中国主要木质林产品各产品的进口、出口量比例关系

Tab. 5-4 The proportion of import and exports of China's main woody forest products in 2010

	原木	锯材	单板	胶合板	刨花板	纤维板	木浆	纸和纸制品
进出口总量(万 m³，万 t)	3437.59	1535.16	26.77	776.06	70.49	296.95	1131.44	869.45
出口比例(%)	0.08	3.51	59.09	97.25	23.48	86.53	0.13	59.32
进口比例(%)	99.92	96.49	40.91	2.75	76.52	13.47	99.87	40.68

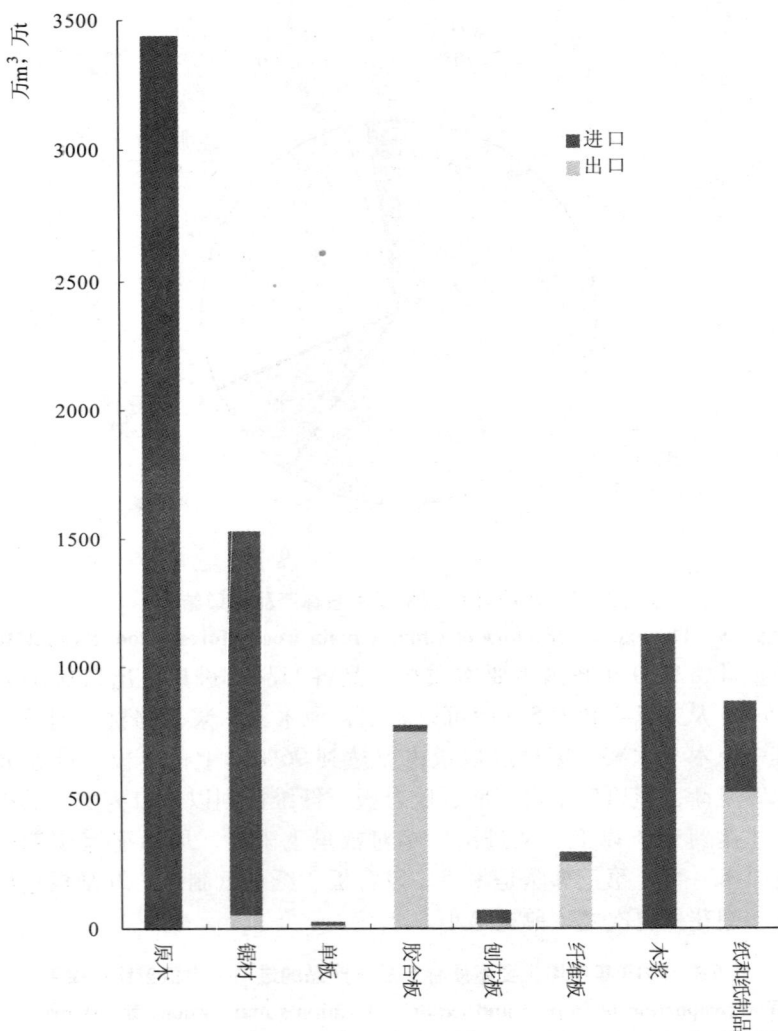

图5-6   2010 年中国主要木质林产品各产品的进口、出口量比例关系

Fig. 5-6   The proportion of import and exports of China's main woody forest products in 2010

5.3   中国主要木质林产品虚拟水进出口贸易分析

根据 5.1 中虚拟水进出口贸易量的计算公式,结合 4.5 中得到的我国主要木质林产品单位产品虚拟水含量值(表 4-13)和 5.2.1 中我国主要木质林产品进出口贸易量相关数据(表 5-1),可以得到 2000 ~ 2010 年我国主要木质林产品虚拟

水进出口贸易量（表5-5）。以此为基础数据，可以分析2000～2010年我国主要木质林产品虚拟水进出口贸易的贸易规模、贸易结构和贸易平衡。

表5-5　2000～2010年我国主要木质林产品虚拟水进出口贸易量　（单位：亿 m³）

Tab. 5-5　Virtual water import and export quantity of China's main woody forest products from 2000 to 2010

产品		方向	2000	2001	2002	2003	2004	2005	2006	2007	2008	2009	2010
原木	针叶	出口	0.01	0.01	0.00	0.00	0.00	0.01	0.00	0.00	0.00	0.01	0.00
		进口	65.46	93.50	161.41	153.61	163.67	186.85	201.65	237.99	189.99	207.63	248.25
	阔叶	出口	0.66	0.44	0.28	0.23	0.16	0.16	0.11	0.09	0.07	0.31	0.73
		进口	185.96	199.12	220.49	269.11	265.74	286.19	320.68	357.46	283.48	200.03	259.77
	合计	出口	0.67	0.45	0.28	0.24	0.16	0.17	0.11	0.09	0.07	0.32	0.73
		进口	251.42	292.62	381.90	422.72	429.41	473.04	522.33	595.45	473.46	407.66	508.02
锯材	针叶	出口	0.57	0.69	0.76	1.08	1.13	1.88	2.67	2.93	3.32	3.03	3.13
		进口	9.98	12.38	18.51	21.47	26.46	29.26	34.93	43.77	55.94	97.36	144.65
	阔叶	出口	14.59	15.66	15.44	18.28	16.09	21.64	25.37	22.15	19.39	14.06	12.99
		进口	114.63	124.85	165.47	162.42	167.39	160.43	149.96	143.33	136.81	138.87	208.32
	合计	出口	15.16	16.35	16.19	19.36	17.22	23.52	28.04	25.08	22.71	17.09	16.12
		进口	124.61	137.23	183.98	183.90	193.85	189.69	184.90	187.11	192.74	236.23	352.97
单板		出口	3.45	4.02	6.01	6.88	7.13	6.72	9.28	9.85	9.44	7.38	10.20
		进口	41.90	21.66	18.49	14.41	9.94	9.79	8.64	8.40	5.93	4.67	7.07
胶合板		出口	49.65	69.77	129.55	147.48	311.19	403.59	600.16	629.95	519.31	407.26	545.47
		进口	72.41	47.04	45.98	57.66	57.77	42.58	29.88	21.98	21.24	12.95	15.44
刨花板		出口	0.67	0.64	1.31	1.73	3.35	2.43	3.62	4.60	4.94	3.20	4.24
		进口	8.80	11.45	15.09	15.97	16.70	16.22	13.85	13.43	9.57	11.43	13.80
纤维板		出口	1.16	0.88	2.64	2.09	16.77	45.28	64.74	100.55	78.37	66.81	84.52
		进口	33.37	35.20	41.17	45.86	45.30	37.40	30.41	23.11	16.59	14.90	13.16
木浆		出口	1.12	0.50	0.40	0.33	0.13	1.78	2.79	4.42	0.93	3.05	1.26
		进口	286.94	424.44	455.76	521.60	628.42	655.00	686.45	730.23	823.99	1182.67	984.21
纸和纸制品		出口	21.14	28.30	29.29	40.34	46.30	63.50	91.99	117.01	108.91	385.62	414.15
		进口	506.80	471.10	530.47	532.05	511.95	438.82	369.72	337.93	299.97	280.70	283.96

说明：在计算过程中，因表5-1中针叶锯材和阔叶锯材进口、出口部分数据缺乏，因此，本表中2000～2003、2006年针叶锯材和阔叶锯材进口、出口数据，2004、2005、2007年针叶锯材和阔叶锯材出口数据，是根据现有数据推算。

5.3.1　2000～2010年中国主要木质林产品（总体）虚拟水贸易总体分析

5.3.1.1　2000～2010年我国主要木质林产品虚拟水贸易规模分析

根据表5-5中的数据，可以得到表5-6，进而得到图5-7。下面从虚拟水进出口贸易规模、出口贸易规模、进口贸易规模3个方面对2000～2010年我国主要木质林产品虚拟水贸易进行分析。

表5-6　2000~2010年中国主要木质林产品虚拟水贸易规模变化　（单位：亿 m³）
Tab. 5-6　Virtual water trade scale of China's main woody forest products from 2000 to 2010

项目	2000	2001	2002	2003	2004	2005	2006	2007	2008	2009	2010	合计	平均
出口	93.02	120.92	185.68	218.43	402.24	546.99	800.74	891.57	744.68	890.73	1076.67	5971.68	542.88
进口	1326.24	1440.74	1672.84	1794.17	1893.34	1862.55	1846.18	1917.64	1843.50	2151.21	2178.64	19927.05	1811.55
进出口	1419.27	1561.66	1858.52	2012.61	2295.58	2409.55	2646.92	2809.20	2588.18	3041.94	3255.31	25898.73	2354.43
净进口	1233.22	1319.82	1487.16	1575.74	1491.10	1315.56	1045.45	1026.07	1098.82	1260.48	1101.96	13955.38	1268.67

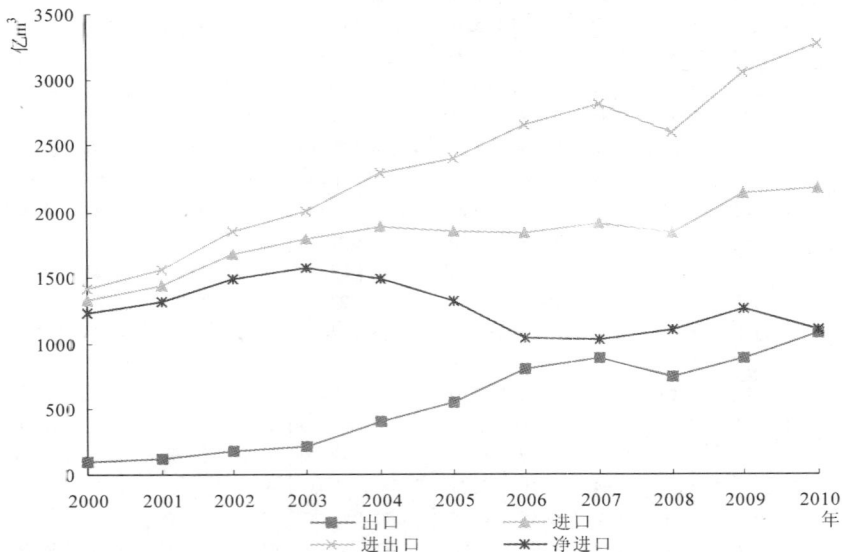

图5-7　2000~2010年中国主要木质林产品虚拟水贸易规模变化
Fig. 5-7　Virtual water trade scale of China's main woody forest products from 2000 to 2010

（1）我国主要木质林产品虚拟水贸易规模巨大。由表5-5可以看出，2000~2010年，11年间我国主要木质林产品虚拟水进出口贸易总规模为25898.73亿 m³，虚拟水出口贸易总规模为5971.68亿 m³，虚拟水进口贸易总规模为19927.05亿 m³。2000~2010年，我国主要木质林产品虚拟水进出口贸易年均规模为2354.43亿 m³，虚拟水出口贸易年均规模为542.88亿 m³，虚拟水进口贸易年均规模为1811.55亿 m³。

（2）相较于农作物产品，我国主要木质林产品虚拟水贸易规模远远超过同期农作物产品虚拟水贸易规模。表5-7是文洋研究得出的2000~2006年我国农作物产品贸易中的虚拟水贸易情况。2000~2010年，我国主要木质林产品虚拟水进出口贸易年均规模2354.43亿 m³、虚拟水出口贸易年均规模542.88亿 m³、虚拟水进口贸易年均规模1811.55亿 m³，分别是农作物产品的2.47倍、3.94倍、2.22倍。即使按同一时期比较，我国主要木质林产品虚拟水进出口规模也明显比较大。2000～2006 年，我国主要木质林产品虚拟水进出口贸易年均规模 2029.16 亿 m^3、虚拟水出口贸易年均规模 338.29 亿 m^3、虚拟水进口贸易年均规模 1690.87 亿 m^3，分别是同期农作物产品的 2.12 倍、2.07 倍、2.46 倍。2006 年，我国主要木质林产品虚拟水进出口贸易规模为 2646.92 亿 m^3、虚拟水出口贸易规模为 800.74 亿 m^3、虚拟水进口贸易规模为 1846.18 亿 m^3，分别是同期农作物产品的 2.21 倍、9.62 倍、1.65 倍。

表 5-7   2000～2006 年中国农作物产品贸易中的虚拟水贸易量   （单位：亿 m^3）

Tab. 5-7   Virtual water trade scale of China's crops products from 2000 to 2006

产品	方向	2000	2001	2002	2003	2004	2005	2006	合计	平均
豆类作物	出口	14.31	20.67	23.79	26.83	20.72	26.04	24.56	156.92	22.42
	进口	2.18	2.39	2.21	1.77	2.12	3.02	3.5	17.19	2.46
蔬菜和水果类	出口	1.56	1.92	2.07	2.83	3.23	4.07	2.26	17.94	2.56
	进口	3.4	2.75	2.65	2.49	2.4	2.47	1.53	17.69	2.53
经济作物	出口	12.21	15.38	15.1	17.51	14.5	15.46	9.81	99.97	14.28
	进口	13.75	17.89	21.96	28.25	31.3	34.16	39.21	186.52	26.65
粮食作物	出口	123.47	82.7	122.98	185.11	46.53	81.16	46.61	688.56	98.37
	进口	531.15	658.2	495.87	864.33	838.7	1039.93	1071.45	5499.63	785.66
合计	出口	151.55	120.67	163.94	232.28	84.98	126.73	83.24	963.39	137.63
	进口	550.48	681.23	522.69	896.84	874.52	1079.53	1115.69	5721.03	817.29
	进出口	702.03	801.9	686.63	1129.12	959.5	1206.31	1198.93	6684.42	954.92
	净进口	398.93	560.56	358.75	664.56	789.54	952.85	1032.45	4757.64	679.66

资料来源：文洋. 虚拟水在我国农作物产品对外贸易中的应用［D］. 北京：外交学院，2009.

（3）2000～2010 年我国主要木质林产品虚拟水年进出口贸易规模不断快速增长。由表 5-5 可以看出，2000 年我国主要木质林产品虚拟水进出口贸易规模为 1419.27 亿 m^3，虚拟水出口贸易规模为 93.02 亿 m^3，虚拟水进口贸易规模为 1326.24 亿 m^3。到 2010 年，我国主要木质林产品虚拟水进出口贸易规模达到 3255.31 亿 m^3，虚拟水出口贸易规模达到 1076.67 亿 m^3，虚拟水进口贸易规模达到 2178.64 亿 m^3。由图 5-6 可以看出，2000～2010 年我国主要木质林产品虚拟水年进出口贸易规模不断快速增长，增长了 1.29 倍；虚拟水年出口贸易规模不断快速增长，增长了 10.57 倍；虚拟水年进口贸易规模增长较缓，增长了 0.64 倍。

5.3.1.2   2000～2010 年中国主要木质林产品虚拟水贸易结构分析

根据表 5-6、表 5-7，可以得到表 5-8 和图 5-8。表 5-8 和图 5-8 显示了 2000～2010 年我国主要木质林产品虚拟水贸易结构变化以及 2000～2006 年我国农作物产品虚拟水贸易结构变化。

表5-8　2000～2010年中国主要木质林产品虚拟水贸易结构变化及与农作物比较

（单位:%）

Tab. 5-8　Virtual water trade structure of China's main woody forest products from 2000 to
2010 and comparing with the crop

产品	方向	2000	2001	2002	2003	2004	2005	2006	2007	2008	2009	2010	平均
木质林	出口	6.55	7.74	9.99	10.85	17.52	22.70	30.25	31.74	28.77	29.28	33.07	23.06
产品	进口	93.45	92.26	90.01	89.15	82.48	77.30	69.75	68.26	71.23	70.72	66.93	76.94
农作物	出口	21.59	15.05	23.88	20.57	8.86	10.51	6.94	—	—	—	—	14.41
产品	进口	78.41	84.95	76.12	79.43	91.14	89.49	93.06	—	—	—	—	85.59

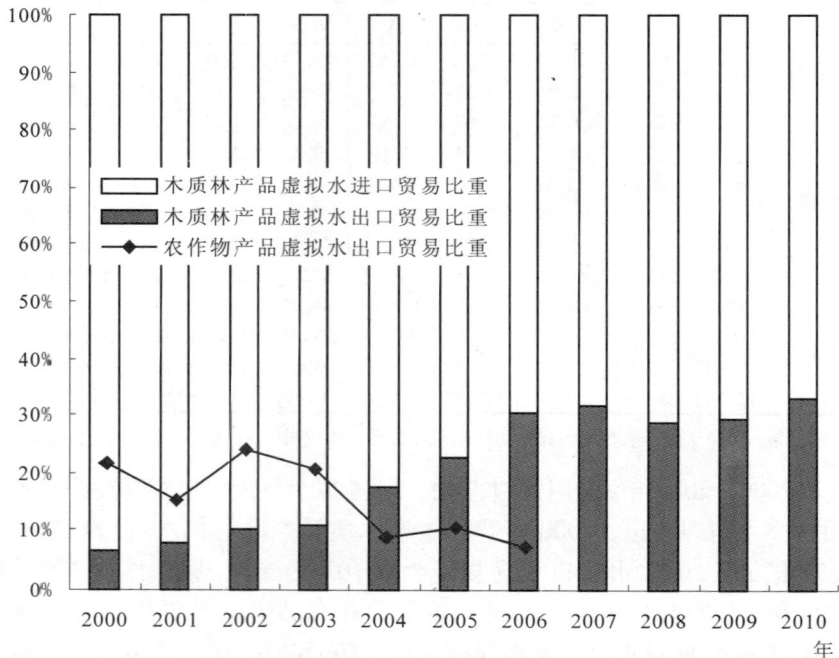

图5-8　2000～2010年中国主要木质林产品虚拟水贸易结构变化及与农作物比较

Fig. 5-8　Virtual water trade structure of China's main woody forest products
from 2000 to 2010 and comparing with the crop

（1）我国主要木质林产品虚拟水进出口贸易量中，以虚拟水进口贸易量为主。2000～2010年，我国主要木质林产品虚拟水出口贸易量、虚拟水进口贸易量占虚拟水进出口贸易总量的比重分别为23.06%、76.94%。但2000～2010年，我国主要木质林产品虚拟水出口贸易量比重不断上升，虚拟水进口贸易量比重不断下降。2000年，我国主要木质林产品虚拟水出口贸易量、虚拟水进口贸易量占虚拟水进出口贸易总量的比重分别为6.55%、93.45%，2010年则分别为33.07%、66.93%，2010年虚拟水出口贸易量占比达到1/3。

（2）相较于农作物产品，我国主要木质林产品虚拟水出口贸易量占比明显较大。农作物产品虚拟水进出口贸易总量中，也是以虚拟水进口贸易量为主，但虚拟水出口贸易量占比明显比我国主要木质林产品虚拟水出口贸易量占比小很多。2000～2006年，我国农作物产品虚拟水出口贸易量、虚拟水进口贸易量占虚拟水进出口贸易总量的比重分别为14.41%、85.59%。而且农作物产品虚拟水出口贸易量比重是不断下降，虚拟水进口贸易量比重是不断上升的。2000年，我国农作物产品虚拟水出口贸易量、虚拟水进口贸易量占虚拟水进出口贸易总量的比重分别为21.59%、78.41%，2006年则分别为6.94%、93.06%，农作物产品虚拟水出口贸易量占比很小。

5.3.1.3 2000～2010年中国主要木质林产品虚拟水贸易平衡分析

根据5.1虚拟水贸易平衡公式：虚拟水净进口量＝虚拟水进口总量-虚拟水出口总量，依据表5-6、表5-7的数据，可以得到表5-9和图5-9。表5-9和图5-9显示了2000～2010年我国主要木质林产品虚拟水贸易净进口量变化以及2000～2006年我国农作物产品虚拟水贸易净进口量变化。

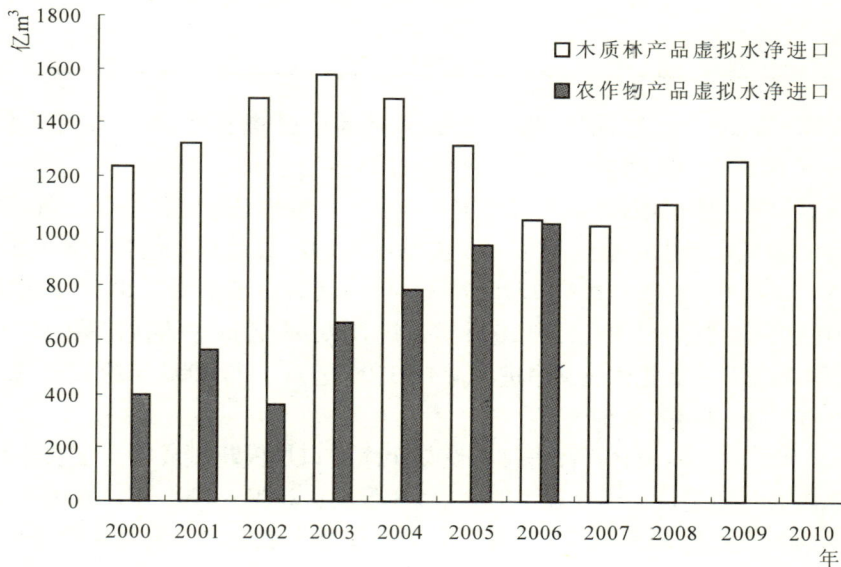

图5-9 2000～2010年中国主要木质林产品虚拟水贸易平衡分析及与农作物比较 （单位：亿 m^3）

Fig.5-9 Virtual water trade balance of China's main woody forest products from 2000 to 2010 and comparing with the crop

表 5-9　2000～2010 年中国主要木质林产品虚拟水贸易平衡分析及与农作物比较

(单位：亿 m³)

Tab. 5-9　Virtual water trade balance of China's main woody forest products
from 2000 to 2010 and comparing with the crop

年份	木质林产品虚拟水净进口	农作物产品虚拟水净进口
2000	1233.22	398.93
2001	1319.82	560.56
2002	1487.16	358.75
2003	1575.74	664.56
2004	1491.10	789.54
2005	1315.56	952.85
2006	1045.45	1032.45
合计	9468.05	4757.64
年均	1352.58	679.66
2007	1026.07	—
2008	1098.82	—
2009	1260.48	—
2010	1101.96	—
合计	13955.38	
年均	1268.67	

2000～2010 年，11 年间我国主要木质林产品虚拟水净进口贸易总量为 13955.38 亿 m³，虚拟水净进口贸易年均 1268.67 亿 m³。

(1)我国主要木质林产品虚拟水贸易年净进口量相对稳定，略有下降。2000～2010 年，虚拟水净进口量经历了一个波动的过程，总趋势是缓慢下降（如图 5-1 和图 5-9）。2003 年达到最高 1575.74 亿 m³，其后逐渐下降，2007 年达到最低 1026.07 亿 m³，然后再回升，到 2009 年达到 1260.48 亿 m³，再次回落。2010 年我国主要木质林产品虚拟水贸易净进口量 1101.96 亿 m³，与 2000 年的 1233.22 亿 m³ 相比略有下降，降幅 10.64%。

(2)我国主要木质林产品虚拟水贸易年净进口规模超过或相当于农作物产品虚拟水贸易年净进口规模。表 5-8 和图 5-8 显示：2000～2006 年，我国主要木质林产品虚拟水贸易年净进口规模明显大于农作物产品虚拟水贸易年净进口规模。2000～2006 年，7 年间我国主要木质林产品虚拟水贸易净进口年均规模为 1352.58 亿 m³，是同时期农作物产品 679.66 亿 m³ 的 1.99 倍。但是，值得注意的是，2000～2006 年，我国主要木质林产品虚拟水贸易年净进口规模是波动下降的，而我国农产品虚拟水贸易年净进口规模是波动上升的，在 2006 年已经非常接近，分别为 1045.45 亿 m³ 和 1032.45 亿 m³。估计 2007～2010 年，我国主要木质林产品虚拟水贸易年年净进口规模与农作物产品虚拟水贸易年净进口规模基本相当。

（3）我国主要木质林产品虚拟水贸易隐含的水资源净进口量巨大，有力缓解了我国水资源短缺。2000~2010 年，我国主要木质林产品虚拟水贸易净进口总量达 13955.38 亿 m^3，年均 1268.67 亿 m^3。这意味着，通过林产品贸易，每年有大量的虚拟水流入我国。2000~2010 年，通过我国主要木质林产品贸易实现的虚拟水流入，相当于节约国内水资源 13955.38 亿 m^3，年均节约 1268.67 亿 m^3。

根据《2009 年中国水资源公报》，2009 年全国水资源总量（指当地降水形成的地表和地下产水总量，即地表产流量与降水入渗补给地下水量之和）为 24180.2 亿 m^3，2009 年全国总供水量（指各种水源为用水户提供的包括输水损失在内的毛水量之和）5965.2 亿 m^3，占当年水资源总量的 24.7%。其中，地表水源供水量占 81.1%，地下水源供水量占 18.4%，其他水源供水量占 0.5%。2009 年全国总用水量（指各类用水户取用的包括输水损失在内的毛水量之和）5965.2 亿 m^3，其中生活用水 748.2 亿 m^3，占 12.6%，工业用水 1390.9 亿 m^3，占 23.3%，农业用水 3723.1 亿 m^3，占 62.4%，生态与环境补水（仅包括人为措施供给的城镇环境用水和部分河湖、湿地补水）103.0 亿 m^3，占 1.7%。2009 年全国用水消耗总量（指在输水、用水过程中，通过蒸腾蒸发、土壤吸收、产品吸附、居民和牲畜饮用等多种途径消耗掉，而不能回归到地表水体和地下含水层的水量）3155.0 亿 m^3，耗水率（消耗量占用水量的百分比）为 53%。其中农田灌溉耗水量 2094.6 亿 m^3，占用水消耗总量的 66.4%，耗水率 63%；林牧渔业灌溉/补水耗水量 273.7 亿 m^3，占用水消耗总量的 8.7%，耗水率 73%；工业耗水量 320.5 亿 m^3，占用水消耗总量的 10.1%，耗水率 23%；城镇生活耗水量 132.6 亿 m^3，占用水消耗总量的 4.2%，耗水率 30%；农村生活耗水量 258.3 亿 m^3，占用水消耗总量的 8.2%，耗水率 86%；生态环境补水耗水量 75.3 亿 m^3，占用水消耗总量的 2.4%，耗水率 73%。2009 年全国废污水排放总量 768 亿 t。2009 年，全国人均用水量为 448m^3，万元国内生产总值（当年价格）用水量为 178m^3。农田实灌面积亩均用水量为 431m^3，万元工业增加值（当年价）用水量为 103m^3。城镇人均生活用水量（含公共用水）为每日 212L，农村居民人均生活用水量为每日 73L（中华人民共和国水利部，2010）。

根据以上数据，以 2009 年我国主要木质林产品虚拟水贸易净进口总量 1260.48 亿 m^3 计算，相当于增加全国水资源总量 1260.48 亿 m^3，占 2009 年全国水资源总量 24180.2 亿 m^3 的 5.21%。经计算，2009 年我国主要木质林产品虚拟水贸易净进口量中，扣除木质林产品来自森林的虚拟水含量，来自其他原料、能源的间接耗水量和加工直接耗水量，为 11.02 亿 m^3，以 2009 年工业耗水率 23% 折算；即相当于增加全国总供水量（或减少全国总用水量）47.91 亿 m^3，占 2009 年全国总供水量（或全国总用水量）5965.2 亿 m^3 的 0.80%；相当于减少工业用水

47. 91 亿 m³，占 2009 年工业用水 1390. 9 亿 m³的 3. 44%。经计算，2009 年我国主要木质林产品虚拟水贸易净进口量中来自森林蒸发散的虚拟水含量，为1249. 46 亿 m³，即相当于节约全国用水消耗总量 1249. 46 亿 m³，占 2009 年全国用水消耗总量 3155. 0 亿 m³的 39. 60%。

综上所述，我国主要木质林产品虚拟水贸易隐含的水资源净进口量在我国水资源总量中占有重要位置，相当于增加全国水资源总量 1260. 48 亿 m³，占比5. 21%，相当于增加全国总供水量(或减少全国总用水量)47. 91 亿 m³，相当于节约全国用水消耗总量 1249. 46 亿 m³，占比 39. 60%。因此，我国主要木质林产品虚拟水贸易产生的水资源净进口量，在缓解我国水资源短缺中具有重要意义和作用。

5. 3. 2　2000~2010 年中国主要木质林产品(按产品)虚拟水贸易分析

依据表 5-5 的数据，可以得到图 5-10、图 5-11、图 5-12。图 5-10、图 5-11、图 5-12 分别示意了 2000~2010 年我国主要木质林产品虚拟水进口量、出口量、净进口量变化趋势。

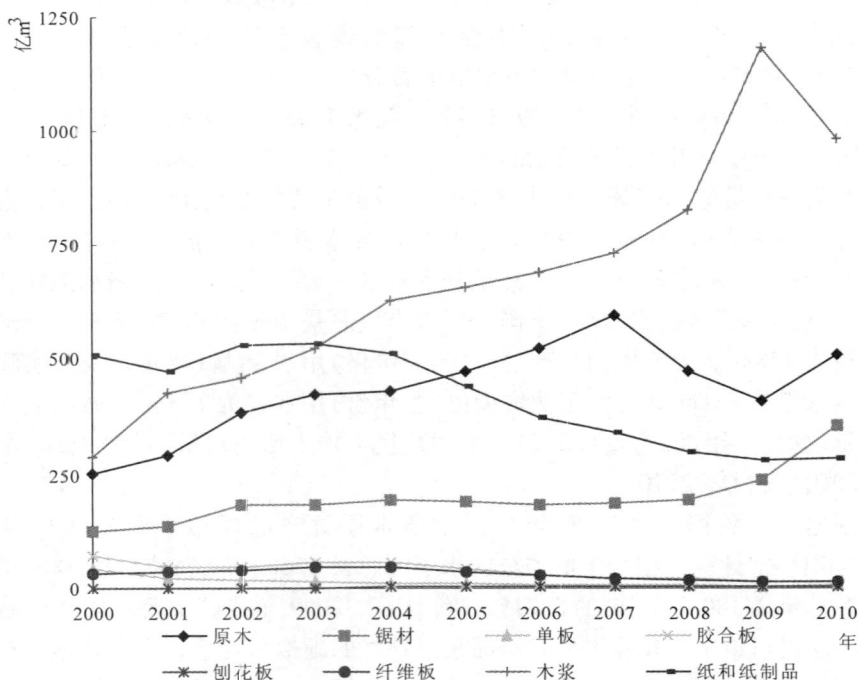

图 5-10　中国主要木质林产品虚拟水进口趋势

Fig. 5-10　Virtual water import quantity trend of China's main woody forest products

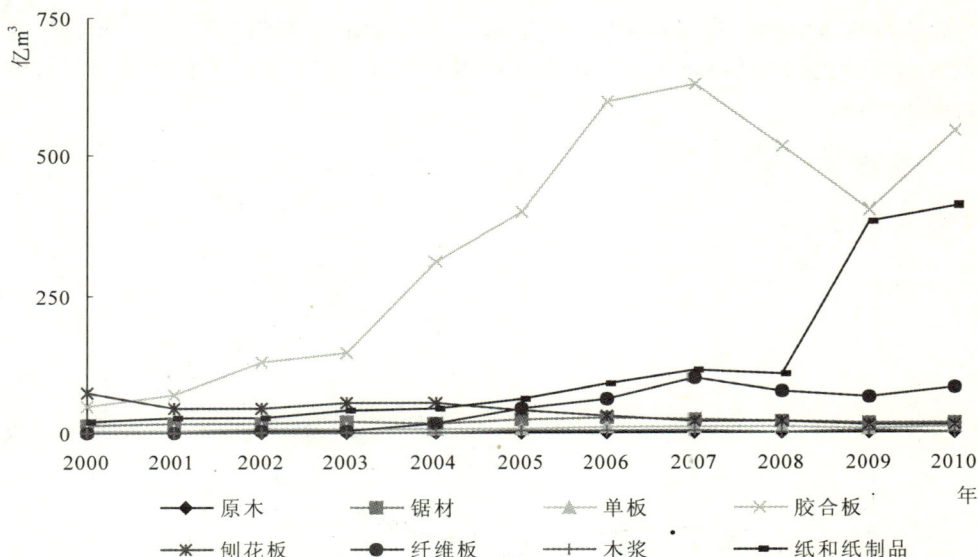

图 5-11 中国主要木质林产品虚拟水出口贸易趋势

Fig. 5-11 **Virtual water export quantity trend of China's main woody forest products**

(1)2000～2010 年我国原木虚拟水贸易变化情况。2007 年以前，原木虚拟水进口量始终保持快速增长势头，2008 年大幅下落，2009 年降到最低点，2010 年迅速回升，总体趋势是上升。原木虚拟水出口相对虚拟水进口一直量很微小。原木虚拟水一直保持净进口的态势，原木虚拟水净进口变化与原木虚拟水进口变化的态势一致。原木虚拟水进口一直是我国木质林产品虚拟水进口的前三名。

(2)2000～2010 年我国锯材虚拟水贸易变化情况。锯材虚拟水进口始终保持增长势头，尤其 2009 年大幅增长，2010 年达到最高点。锯材虚拟水出口相对进口一直量比较小，以 2006 年为分界点，由逐步上升转为逐步下降。锯材虚拟水一直保持净进口的态势，锯材虚拟水净进口变化与锯材虚拟水进口变化的态势基本一致。从数量上来说，锯材虚拟水进口在 2010 年首次超过纸和纸制品，成为木质林产品虚拟水进口前三名。

(3)2000～2010 年我国单板虚拟水贸易变化情况。单板虚拟水进口始终保持下降势头，2010 年略有回升。单板虚拟水出口则基本保持上升势头。单板虚拟水净贸易量(进口－出口)始终保持下降势头，2006 年由净进口转变为净出口。单板虚拟水的贸易量比较小。

(4)2000～2010 年我国胶合板虚拟水贸易变化情况。胶合板虚拟水进口基本是逐步下降势头。胶合板虚拟水出口则相反，呈现快速上升势头。2008 年胶合板虚拟水出口大幅下落，2009 年降到最低点，2010 年迅速回升。自 2001 年起，胶合板虚拟水贸易一直保持净出口的态势，胶合板虚拟水净出口变化与胶合板虚拟水出口变化的态势基本一致。胶合板虚拟水出口一直位居木质林产品虚拟水出口的第一位。

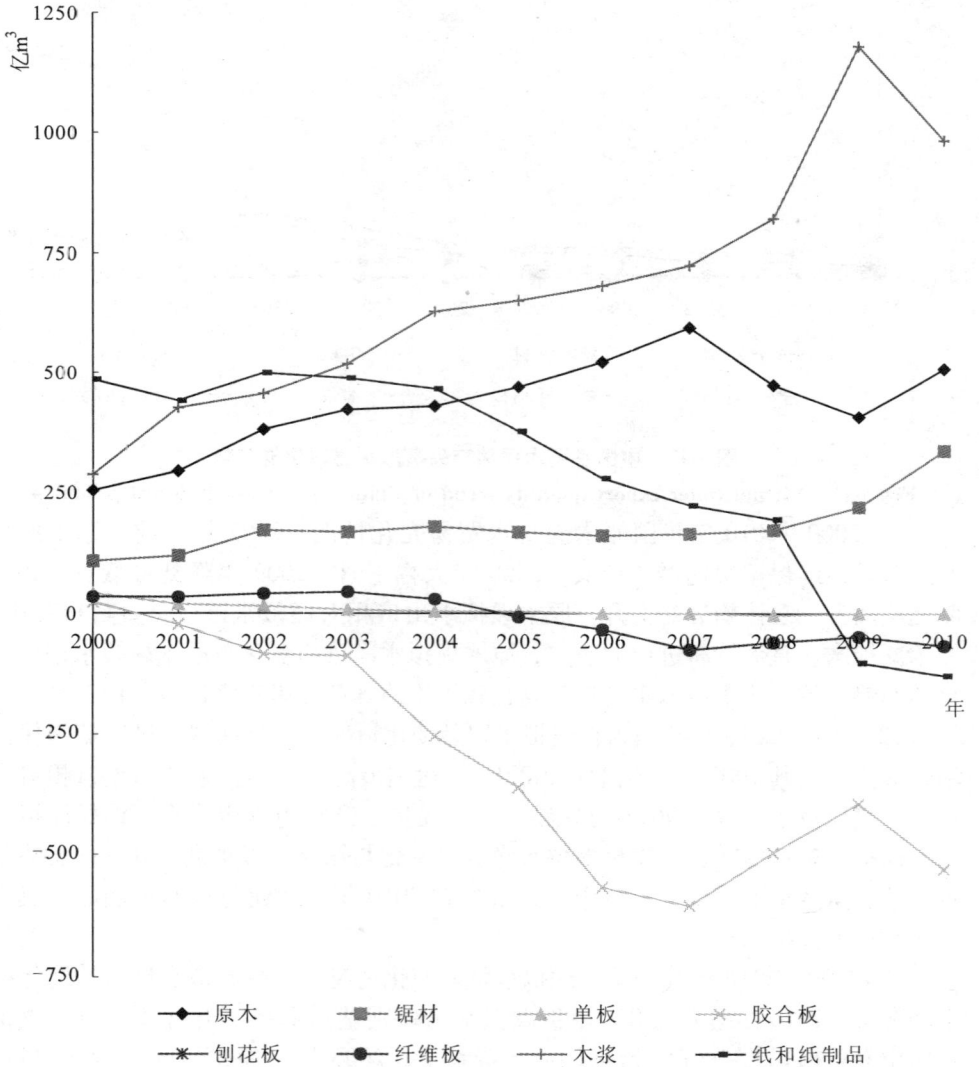

图 5-12　中国主要木质林产品虚拟水净贸易量（进口-出口）趋势

Fig. 5-12　Virtual water net quantity（import- export）trend of China's main woody forest products

　　(5)2000～2010年我国刨花板虚拟水国际贸易变化情况。刨花板虚拟水进口数量不大，变化也不大。刨花板虚拟水出口更少，但呈现上升势头。刨花板虚拟水贸易一直保持净进口的态势，但数量不大，变化也不大。

　　(6)2000～2010年我国纤维板虚拟水贸易变化情况。纤维板虚拟水进口经历了逐步上升然后再快速下降的过程。2003年以前纤维板虚拟水出口很少，但2004年迅速上升，2007年达到最高点，2008年大幅下落，2009年降到最低点，2010年开始回升。纤维板虚拟水贸易经历了一个由净进口转变为净出口的过程，并且出口数量也比较大，近年来成为木质林产品虚拟水出口的第三位。

　　(7)2000～2010年我国木浆虚拟水贸易变化情况。木浆虚拟水进口始终保持增长势头，只是2010年有所下降。木浆虚拟水出口一直量很微小。木浆虚拟水一直保持净进口的态势，木浆虚拟水净进口变化与木浆虚拟水进口变化的态势基本一致。木浆虚拟水进口近年来一直位于木质林产品虚拟水进口的第一位。

　　(8)2000～2010年我国纸和纸制品虚拟水贸易变化情况。纸和纸制品虚拟水进口基本是逐步下降势头。纸和纸制品虚拟水出口则相反，呈现快速上升势头，2008年小幅下落，但2009年强势上长，2010年继续增长。纸和纸制品虚拟水贸易经历了一个由净进口转变为净出口的过程，2009年是拐点，虚拟水出口数量也比较大，近年来位于木质林产品虚拟水出口的第二位。

　　实际上，根据5.1中虚拟水进出口贸易量计算方法，虚拟水进(出)口贸易量＝进(出)口贸易量×单位产品虚拟水含量，虚拟水净进口量＝(进口贸易量－出口贸易量)×单位产品虚拟水含量，各木质林产品虚拟水进口、出口和净进口贸易变化情况与该产品国际贸易中的进口、出口和净进口贸易变化情况是一致的。但由于各木质林产品单位虚拟水含量不同，使它们的虚拟水贸易地位发生了变化。

5.3.3　2010年中国主要木质林产品虚拟水贸易分析

　　根据表5-5的数据，可以得到表5-10。表5-10反映了2010年我国主要木质林产品虚拟水进出口贸易情况。

表 5-10　2010 年中国主要木质林产品虚拟水进出口贸易量　　（单位：亿 m³）

Tab. 5-10　Virtual water import and export quantity of China's main woody forest products in 2010

产品种类		虚拟水出口量	虚拟水进口量	虚拟水进出口贸易总量	虚拟水净贸易量(进口－出口)
原木	针叶	0.00	248.25	248.25	248.25
	阔叶	0.73	259.77	260.50	259.05
	小计	0.73	508.02	508.75	507.29
锯材	针叶	3.13	144.65	147.78	141.53
	阔叶	12.99	208.32	221.31	195.33
	小计	16.12	352.97	369.09	336.86

（续）

	产品种类	虚拟水出口量	虚拟水进口量	虚拟水进出口贸易总量	虚拟水净贸易量（进口－出口）
人造板	单板	10.20	7.07	17.27	-3.14
	胶合板	545.47	15.44	560.91	-530.02
	刨花板	4.24	13.80	18.04	9.57
	纤维板	84.52	13.16	97.68	-71.36
浆纸	木浆	1.26	984.21	985.47	982.96
	纸和纸制品	414.15	283.96	698.10	-130.19
	总计	1076.67	2178.64	3255.31	1101.96

资料来源：国家林业局.2011中国林业发展报告[M].中国林业出版社,2011.

说明：为保持统计口径一致，针叶锯材和阔叶锯材进口、出口数字引自《2011中国林业发展报告》内容表述，不是很精确。

2010年，我国主要木质林产品虚拟水进出口贸易规模为3255.31亿 m³，虚拟水出口贸易规模为1076.67m³，虚拟水进口贸易规模为2178.64亿 m³，虚拟水净贸易量（进口）为1101.96亿 m³。其中木浆、原木（包括针叶原木和阔叶原木）、锯材（包括针叶锯材和阔叶锯材）和刨花板均为净进口。胶合板、纸和纸制品、纤维板、单板均为净出口。从虚拟水净贸易量来看，2010年我国主要木质林产品虚拟水贸属于净进口，达1101.96亿 m³，相当于节约国内水资源1101.96亿 m³。相对于2006年我国农作物产品对外贸易中虚拟水净进口量1032.45亿 m³，基本相当。这种虚拟水贸易格局与我国贫水国的地位是相适应的，对于缓解我国水资源短缺的矛盾是有益的。

根据表5-10，可以得到图5-13、图5-14、图5-15、图5-16。

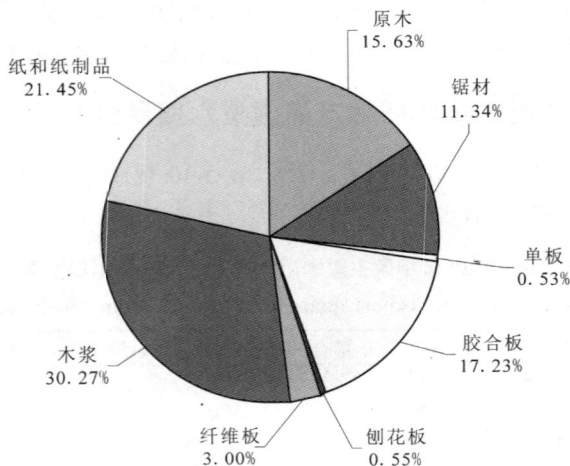

图5-13 2010年中国主要木质林产品虚拟水进出口贸易结构

Fig. 5-13   Virtual water trade（import＋export）structure of China's main woody forest products in 2010

从虚拟水进出口贸易结构看，2010 年我国主要木质林产品虚拟水进出口贸易总量依序为木浆、纸和纸制品、胶合板、原木、锯材，分别占 30.27%、21.45%、17.23%、15.63%、11.34%，所占份额达到 95.91%（图 5-13）。木浆虚拟水进出口贸易量大是因为其产品进口量较大，并且其本身单位产品虚拟水含量较高；纸和纸制品虚拟水进出口贸易量比较大是因为其产品进出口贸易量均比较大，且其本身单位产品虚拟水含量较高；胶合板虚拟水进出口贸易量也比较大是因为其产品出口量较大，且其本身单位产品虚拟水含量较高；原木、锯材虚拟水进出口贸易量相对比较大是因为它们产品进口量较大。

从虚拟水进口结构看，2010 年我国主要木质林产品虚拟水进口以木浆、原木、锯材、纸和纸制品为主，分别占 45.18%、23.32%、16.20%、13.03%，所占份额达到 97.73%（图 5-14）。木浆、纸和纸制品的虚拟水进口量较大的原因在于其产品进口量比较大，并且其本身单位产品虚拟水含量较高；原木和锯材虚拟水进口量也较大主要是因为它们产品进口量巨大；人造板类虚拟水进口量都比较少，主要原因在于人造板本身产品进口量较少。从虚拟水贸易角度看，木浆、纸和纸制品大量进口是相对合理的。

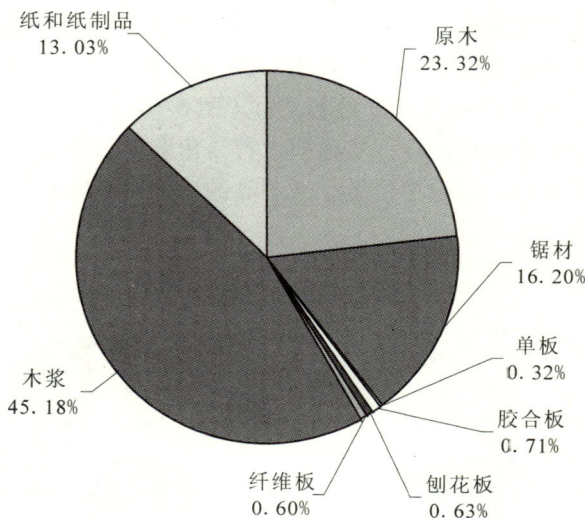

图 5-14　2010 年中国主要木质林产品虚拟水进口结构

ig. 5-14　Virtual water import structure of China's main woody forest products in 2010

从虚拟水出口结构看，2010 年我国主要木质林产品虚拟水出口以胶合板、纸和纸制品为主，分别占 50.66%、38.47%，所占份额达到 89.13%（图 5-15）。胶合板、纸和纸制品的虚拟水出口量较大的原因在于其产品出口量比较大，并且其本身单位产品虚拟水含量较高。其他木质林产品虚拟水出口量少的主要原因是产品出口量小，而且除木浆外其本身单位产品虚拟水含量较低。从虚拟水贸易角度看，胶合板、纸和纸制品大量出口是不合理的。

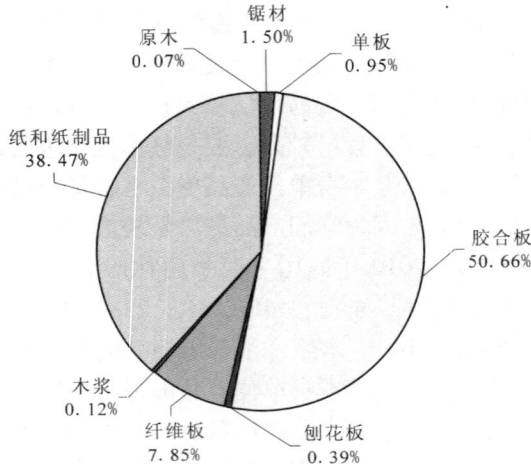

图 5-15　2010 年中国主要木质林产品虚拟水出口结构
Fig. 5-15　Virtual water export structure of China's main woody forest products in 2010

从虚拟水净进口结构看，2010 年我国主要木质林产品虚拟水净进口以木浆、原木、锯材为主；从虚拟水净出口结构看，2010 年我国主要木质林产品虚拟水净出口以胶合板、纸和纸制品、纤维板为主（图 5-16）。虚拟水净进口产品中，木浆的单位产品虚拟水含量最高，从虚拟水贸易角度看，是合理的；虚拟水净出口产品中，除纤维板外，胶合板、纸和纸制品的单位产品虚拟水含量也很高，从虚拟水贸易角度看，是不合理的。

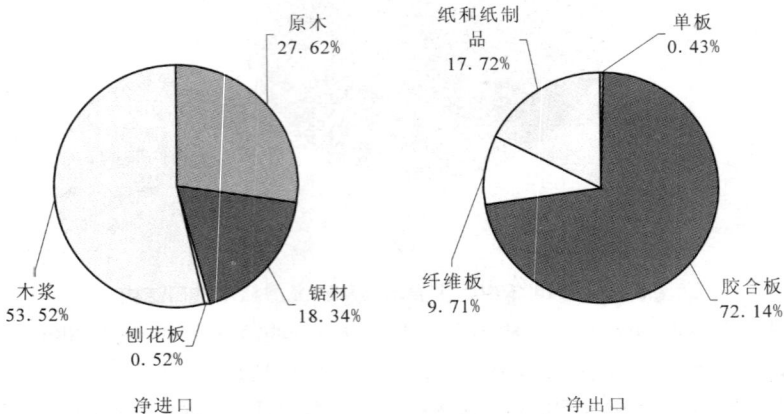

净进口　　　　　　　　　　　　　　净出口

图 5-16　2010 年中国主要木质林产品虚拟水净贸易结构
Fig. 5-16　The export net quantity（import-export）structure of China's main woody forest products in 2010

5.4 小 结

本章研究的主要内容为测算我国主要木质林产品国际贸易中虚拟水贸易情况，并从贸易规模、贸易结构和贸易平衡三个方面对我国主要木质林产品虚拟水贸易进行分析。

林产品是我国重要的大宗国际贸易产品，我国林产品进出口贸易以木质林产品为主，我国已经成为世界主要木质林产品贸易国。我国主要木质林产品虚拟水贸易的测算与主要木质林产品国际贸易数量直接相关。对我国主要木质林产品国际贸易的分析表明，原木、锯材、木浆是我国进口的主要木质林产品，而且近年来一直呈上升趋势，是净进口产品；胶合板、纸和纸板、纤维板是我国出口的主要木质林产品，而且近年来一直呈上升趋势，为净出口产品。总体而言，我国属于原料型木质林产品进口国和加工型产品出口国，整体上是木质林产品进口国。

林产品作为特殊的水密集型产品，其国际贸易中蕴含了巨大的虚拟水贸易，通过林产品贸易，每年有大量的虚拟水流入我国。结合 2000～2010 年我国主要木质林产品国际贸易情况，运用虚拟水贸易量计算公式，计算出我国主要木质林产品国际贸易中包含的虚拟水贸易量。分析表明：我国主要木质林产品虚拟水贸易规模巨大，远远超过同期农作物产品虚拟水贸易规模，而且不断快速增长。目前我国主要木质林产品虚拟水进出口贸易量中，以虚拟水进口贸易量为主，但虚拟水出口贸易量占比明显较农作物产品大，虚拟水贸易年净进口量相对稳定，略有下降，目前超过或相当于农作物产品虚拟水贸易年净进口规模，每年有大量的虚拟水通过林产品贸易流入我国，有力缓解了我国水资源短缺。我国主要木质林产品虚拟水进口以木浆、原木、锯材、纸和纸制品虚拟水进口为主，虚拟水出口以胶合板、纸和纸制品虚拟水出口为主。从虚拟水贸易角度看，胶合板、纸和纸制品大量出口是不合理的。

第 **6** 章
研究结论与建议

6.1 研究结论

6.1.1 研究结论和研究成果

（1）随着全球经济发展和人口剧增，水资源已逐渐成为影响世界发展的重要战略要素之一。1993 年，由英国伦敦大学 Tony Allan 教授提出并发展的虚拟水理论，为全球水资源平衡、提高水资源利用效率、缓解水资源短缺提供了新思想和新途径，引起了相关领域诸多学者和专家的广泛关注。我国是一个严重缺水的国家，是全球人均水资源量最贫乏的国家之一，水资源安全形势十分严峻，已经成为限制我国社会经济发展的"瓶颈"。因此研究虚拟水理论和贸易、实施虚拟水战略对解决我国严重的缺水问题和促进我国国民经济的全面发展具有重要意义。国内外农产品领域的虚拟水相关研究比较成熟，农产品虚拟水量化研究也有比较完备的模型，但是，木质林产品作为特殊的水密集型产品，同时存在巨量的国际贸易，但相关领域的虚拟水量化以及虚拟水贸易却鲜有研究。

（2）木质林产品是工业产品，但不同于一般工业产品，原因在于其主要原料来自于森林，因此对木质林产品虚拟水的研究是建立在森林虚拟水研究基础之上的。但森林虚拟水的研究远比农产品虚拟水的研究复杂。森林的生长周期长，成熟期、采伐期至少几年通常几十年乃至上百年，与农作物一年、一季成熟期完全不同。因此，森林虚拟水是森林在全生命周期的耗水量，是森林生长过程中每年耗水量的累积。森林生态系统是一个巨大的水循环系统，水循环过程包括水分收入（水源涵养作用）和水分支出（蒸散作用）两个过程，森林与水之间关系十分复杂，它们之间相互影响、相辅相成，这与农作物产品基本作为耗水产品完全不同。这极大增加了森林虚拟水研究的难度。不同于以往农业产品和工业产品虚拟水的单独研究，林产品虚拟水研究横跨了农业产品和工业产品两个领域，涉及植物生态、森林水文、林产品贸易、林产品加工多个学科。

（3）首次提出森林虚拟水的概念和森林虚拟水测度理论。森林虚拟水是指生产"森林"时耗用的水资源量。森林虚拟水是一个累积的耗水量，要考虑森林的水源涵养作用，是一个净消耗的概念。通过对森林虚拟水的构成分析，提出森林虚拟水主要是指森林生长过程中蒸发散作用耗费的水资源量，由土壤蒸发耗水量、林冠蒸发耗水量、林木蒸腾耗水量组成。气候条件、地理环境条件、森林自身条件是影响森林虚拟水的三个方面，其中每个条件都包含许多因素，多种因素交织在一起，相互影响相互作用。就森林蒸发散实际研究来看，研究方法的差异、试验区域差异的不可比性、研究尺度的差异性、森林本身的异质性，造成众多研究结果存在很大的差异。这也决定了进行全方位的森林蒸发散测定具有相当大的难度。因此，从全国范围来看，森林虚拟水的测度是一个十分困难的问题，只能采用替代的方法。

（4）首次对森林虚拟水进行了测算。限于数据缺乏，在分析总结了森林蒸发散和森林蒸腾量的关系、不同树种森林蒸腾耗水量的特点基础上，采用替代法，用森林蒸腾耗水量来推算森林蒸散耗水量，运用数学模拟方法以针叶林和阔叶林的代表性树种（落叶松和杨树）对针叶林和阔叶林两大森林类型进行森林虚拟水含量计算。研究结果显示，阔叶林单位面积虚拟水含量大大超过针叶林单位面积虚拟水含量。研究结果表明，我国森林中蕴藏了巨量的虚拟水。

（5）首次采用 Chapagain 和 Hoekstra 提出的"生产树法"对原木（包括针叶原木和阔叶原木）、锯材（包括针叶锯材和阔叶锯材）、木质人造板（包括单板、胶合板、刨花板和纤维板）以及以木材为原料的木浆、纸和纸板等主要木质林产品单位虚拟水含量进行了测算。木质林产品虚拟水的含量是由原料（木材及其他）包含的虚拟水量和林产品加工过程耗水量两部分组成。林产品加工过程耗水量包括加工过程实际耗水量和能耗所含虚拟水量。研究结果显示：木质林产品单位产品虚拟水含量的来源绝大多数是因为所耗木材所包含的虚拟水导致的，目前采用投入产出法计算产品虚拟水在涉及木质林产品时，仅仅用生产加工过程的实际耗水量（有的甚至是直接用水量）和其他投入品所包含的虚拟水来测算是不科学、不准确的。在主要木质林产品中，木浆单位产品虚拟水含量最高，在人造板中，胶合板单位产品虚拟水含量最高。总体来看，阔叶类林产品比针叶类林产品虚拟水含量高。由于我国制造木浆的主要原料是阔叶木，造成我国木浆以及由其加工形成的纸和纸板单位产品虚拟水含量远高于国外产单位产品虚拟水含量。总体来说，木质林产品属于水密集型产品，远高于农作物最终产品虚拟水含量。依据虚拟水贸易理论，我国木质林产品虚拟水贸易应以进口为主。

（6）木质林产品是我国重要的大宗国际贸易产品，林产品作为特殊的水密集型产品，其国际贸易中蕴含了巨大的虚拟水贸易。依据我国木质林产品单位产品虚拟水含量的测算结果，结合我国主要木质林产品国际贸易情况，运用虚拟水贸易量计算公式，计算出我国主要木质林产品国际贸易中包含的虚拟水贸易量。分析表明：我国主要木质林产品虚拟水贸易规模巨大，远远超过同期农作物产品虚拟水贸易规模，而且不断快速增长。目前我国主要木质林产品虚拟水进出口贸易量中，以虚拟水进口贸易量为主，但虚拟水出口贸易量占比明显较农作物产品大，虚拟水贸易年净进口量相对稳定，略有下降，目前超过或相当于农作物产品虚拟水贸易年净进口规模，每年有大量的虚拟水通过林产品贸易流入我国，有力缓解了我国水资源短缺。我国主要木质林产品虚拟水进口以木浆、原木、锯材、纸和纸制品虚拟水进口为主，虚拟水出口以胶合板、纸和纸制品虚拟水出口为主。从虚拟水贸易角度看，胶合板、纸和纸制品大量出口是不合理的。

6.1.2　研究中存在的不足

（1）在森林虚拟水含量测算中，由于不同树种、林龄、林种、林相、地形、土壤、气候、季节等，森林蒸发散的差异很大，森林生长成熟至少几年至几十年，这不同于一年、一季成熟的，测算已经程式化了农作物产品虚拟水含量的测定，关键是这方面的研究也很少，数据极为缺乏，给本研究造成巨大困难。在森林虚拟水含量测算中，只能采用替代法，用森林蒸腾耗水量来推算森林蒸散耗水量，运用数学模拟方法以针叶林和阔叶林的代表性树种（落叶松和杨树）对针叶林和阔叶林两大森林类型进行森林虚拟水含量计算。显然森林虚拟水测算的精度不足。

（2）在主要木质林产品虚拟水含量测算中，由于不同林产品加工过程复杂程度不一，即使同一产品由于设备、工序等原因也有很大不同，本研究中只考虑我国通常的林产品生产法。因此，木质林产品虚拟水含量的测度值是一个粗略的估计值，存在一定的误差，仅为以后的进一步深入研究提供参考。

（3）在研究我国林产品虚拟水贸易中，只测算、分析了我国主要木质林产品虚拟水贸易，没有将全部木质林产品纳入研究范畴，更没有将非木质林产品考虑进去。尽管本研究在研究范畴界定时已经做了解释，但毕竟是一个缺憾。尤其是我国木制品、家具出口量很大，很值得进一步研究。非木质林产品指人们从森林中获得的除木质林产品以外的其他产品，按《中国林业统计年鉴》得分类标准，涉及苗木类，菌、竹笋、山野菜类，果类，茶、咖啡类，调料、药材、补品类，林化产品类（松香等），竹藤、软木类（含竹藤家具）。它们当中有的可以单独计算其虚拟水含量，有的属于森林副产品，其虚拟水含量需要按重量比例或价值量比例等不同方法进行计算分配。当然，在国际林产品统计口径中，其中一些也不列入林产品，而是计入农产品。

但是，以上种种，并不影响木质林产品属于水密集型产品、林产品贸易中蕴含了巨大的虚拟水贸易的研究结论。只能说明，需要多学科的通力合作，进一步将林产品虚拟水贸易研究推向更高的水平。本研究只是个开始，仅仅提供了木质林产品虚拟水研究的一种新的研究思路或开辟了虚拟水研究的一个新的领域，希望更多的研究者加入到林产品虚拟水贸易的研究领域中来。

6.2 研究建议

6.2.1 建立森林虚拟水理论体系与规范测度方法体系

目前，国际上虚拟水的理论研究较为成熟，实证研究的发展也日趋完善。产品虚拟水含量的测定一直是虚拟水研究领域的重要课题。国外研究比较完善的是农产品领域中各种农作物产品、畜产品虚拟水含量的测定，总结并研究了相关的计算模型和方法，从而能够比较准确地测算出农作物产品和畜产品的虚拟水含量。然而，虚拟水理论及测度方法尚未拓展到林业领域，森林虚拟水理论体系与测度模型的研究处于空白状态。尽管本研究对森林虚拟水理论和测度方法进行了有一定的探索，但还有待进一步完善。因此，应对森林虚拟水进一步展开研究，深入探讨森林水循环和森林水作用，明确森林与水的关系，建立和完善森林虚拟水理论体系。更为重要的是，要规范森林虚拟水含量测度方法体系。森林虚拟水含量测度依赖于森林蒸发散量的测定。目前森林蒸发散研究中所应用的理论与方法大都来源于农田蒸发散研究，虽已形成一系列的蒸发散计算方法，但每一种方法都是根据一定的对象和条件发展起来的，至今还未形成一种公认的、相对标准的方法。政府相关部门应加大关注力度和投入程度，培养一批在这一研究领域的专业人才，鼓励和支持森林虚拟水理论与方法的科学研究。

6.2.2 对森林虚拟水进行全方位实测并建立数据库

在研究过程中，倍感研究资料的缺乏。不同森林类型的森林虚拟水差异很大。气候条件(降水、光照、温度、湿度、风等)、地理环境条件(土壤、地形、地质等)、森林自身条件(树种、林龄、林相等)是影响森林虚拟水的三个方面，其中每个条件都包含许多因素，多种因素交织在一起，相互影响相互作用。森林虚拟水的测定是基于森林蒸发散测定基础之上的。就目前森林蒸发散的实际研究来看，研究方法的差异、试验区域差异的不可比性、研究尺度的差异性、森林本身的异质性，造成众多研究结果存在很大的差异。因此，需要在规范森林虚拟水含量测度方法体系基础上，集合森林生态学、森林水文学的研究力量，对我国不同森林类型的森林虚拟水进行全方位、全周期的实际测度。由此形成我国不同气候、不同地域、不同树种、不同森林状况的森林虚拟水含量数据库，这样才能为林产品虚拟水测度打下坚实的现实基础。将此持续下来，可以形成森林虚拟水动态数据库，与森林分布、木材生产结合起来，将能精确测定生产每一单位林产品的虚拟水含量。这样，使林产品虚拟水的量化计算更符合区域内的实际生产状况。为此，政府相关部门应建立虚拟水相关数据的收集机制，并持续投入测定森林虚拟水的相关经费，以保证非私利性的实测工作的进行。

6.2.3　加强林产品虚拟水含量测度研究

　　林产品贸易是我国大宗产品贸易的重要组成部分，林产品是典型的水密集型产品，因此，林产品贸易中包含大量的虚拟水贸易。但是，目前有关林产品虚拟水或林产品虚拟水贸易的研究主要散见在国家或区域虚拟水研究中，主要是运用投入产出法研究，涉及木材加工及家具制造业、造纸印刷及文教用品制造业，没有具体到单个林产品。更为关键的是，目前的这些研究是忽略林产品所耗木材所包含的虚拟水的。恰恰这部分虚拟水含量巨大。甚至这些研究仅仅用生产加工过程的实际耗水量（有的甚至是直接用水量）和其他投入品所包含的虚拟水来测算林产品虚拟水含量。这是不科学、不准确的。本研究采用 Chapagain 和 Hoekstra 提出的"生产树法"对原木（包括针叶原木和阔叶原木）、锯材（包括针叶锯材和阔叶锯材）、木质人造板（包括单板、胶合板、刨花板和纤维板）以及以木材为原料的木浆、纸和纸板等主要木质林产品单位虚拟水含量进行的测算，仅仅是一个尝试和开端。由于不同林产品加工过程复杂程度不一，即使同一产品由于加工设备、工序等原因也有很大不同，本研究中只考虑我国通常的林产品生产法，而且林产品加工技术发展很快，管理水平在不断提高，显然目前所得的结果不够准确。因此，应当加强林产品虚拟水含量测度研究，深入不同类型林产品生产加工企业，运用实地调研所得数据，区分不同加工设备、工艺流程和管理水平，获得比较准确的林产品虚拟水含量数据，一方面为研究林产品虚拟水贸易奠定基础，另一方面也有利于基于虚拟水的视角对加工设备、工艺流程进行优化选择，改进管理水平，降低单位林产品虚拟水含量，提高水资源利用效率，从而在一定程度上缓解我国水资源短缺。

　　同样，也要建立我国林产品虚拟水数据库，并保持实时更新。一方面要建立林产品的木材原料追踪系统，因为林产品虚拟水含量与森林虚拟水含量密切相关，不同森林来源的木材虚拟水含量差异较大，只有确认了木材原料来源，才可以准确测定林产品虚拟水。另一方面，林产品生产加工技术的日益革新也会使生产加工当中的耗水量不断发生变化。例如，我国制浆造纸行业 2006 年的水重复利用率为 44.6%，2007 年为 50.7%，2008 年为 51.40%，2009 年为 55.18%，

2010 年达到 57.04%（中国造纸，2011）。所以，及时更新修正数据库中的基础
数据，能够保证相关研究的准确性，为政策制定提供可靠的依据。

6.2.4 树立森林虚拟水理念，调整区域造林树种选择

随着经济迅猛发展和生态环境问题日益严重，植树造林成为人类缓解地球自
然资源危机、保护生存环境的有效途径。我国不断加大人工造林力度，人工林面
积蓄积快速增长。第七次全国森林资源清查结果显示，比上次清查人工林面积净
增 843.11 万 hm²，人工林蓄积净增 4.47 亿 m³，目前我国人工林保存面积达到
0.62 亿 hm²，蓄积 19.61 亿 m³（国家林业局，2009），分别占全国森林面积和蓄
积的 31.79% 和 14.29%。但是，在造林过程中，树种的选择存在一定的问题。
这就是各地基本上将获得最多数量的木材产出或经济产出的作为人工林经营的目
标，这在速生丰产林基地建设中更为明显，实际上忽略了不同树种的不同耗水
量。研究表明，由于不同树种间的生理特性差异，不同树种的蒸发散差异很大。
例如本研究所测算的杨树和落叶松，在生长期内，相同林龄情况下，杨树林分的
年蒸腾量基本是落叶松的 5、6 倍以上（详见表 3-5、表 3-7）。一般针叶树与阔叶
树相比，蒸腾速率慢，蒸腾量小，因此森林虚拟水含量小。就是同为针叶树或阔
叶树，树种之间差异也很大（详见表 3-4、表 3-6）。因此，基于我国水资源短缺
的情况，各地在考虑树种选择时，应考虑造林树种的耗水量。例如，杨树是耗水
量比较大的树种，因此，杨树应栽植于水资源相对丰富的地区，像以干旱半干旱
区为主的西北地区，是不适宜大面积种植杨树的，否则，正如一些学者指出，杨
树成了缺水地区的"抽水机"。曾有报道，南方地区大量种植速生丰产的引进树
种桉树，导致当地大面积干旱时有发生。为此，应根据区域水资源丰缺程度和水
资源量不同季节变化，选择适合该区域水资源特点、又速生丰产的树种，而不能
一味选择所谓速生丰产树种。这样，既可以达到速生丰产的目的，又不会加剧当
地水资源的短缺，实现水资源的充分利用和水资源利用效率的提高。在这种情况
下，单位蓄积的森林虚拟水含量可以达到最小。因此，应树立森林虚拟水理念，
以单位蓄积的森林虚拟水含量衡量，调整区域造林树种选择，使造林的经济价值
和水资源利用达到最佳组合。

6.2.5 改进林产品生产加工技术，提高水资源利用效率

木质林产品虚拟水的含量是由原料（木材及其他）包含的虚拟水量和林产品
加工过程耗水量两部分组成。研究结果显示：木质林产品单位产品虚拟水含量的
来源绝大多数是因为所耗木材所包含的虚拟水导致的。因此，提高由森林转化为
原木时的原木出材率，降低以原木为基础原料的各种木质林产品的原木消耗系数

（对应为提高锯材出材率、单板出材率、人造板出板率、木浆得浆率等）对降低单位林产品虚拟水含量来说就至关重要。这方面我国还有很大潜力可挖。例如，目前，欧美、日本等发达国家和地区的现代化锯材加工企业，采用的都是一种高张紧带锯机，并且采用计算机选择科学设计及合理的下锯方式，其锯材出材率一般都在70%左右。有资料报道我国锯材出材率仅达到63%，与发达国家的先进水平尚有较大差距（海关统计资讯网，2011）。本研究中所采用的各种木质林产品的原木消耗系数，主要是基于我国企业的实际情况测算的，与国外先进水平甚至一般水平相比，基本都有一定的差距。表6-1列示了本研究所采用的各种木质林产品的原木消耗系数和《中国林业展报告》中将各类木质林产品进出口量折合成原木量时所采用的折算系数（原木当量），后者代表了一般水平。可以看出，大部分是存在一定差距的。

表6-1　中国主要木质林产品单位产品原木消耗

Tab. 6-1　Log consumption of China's main woody forest products

林产品种类	原木消耗系数（m³/m³，m³/t）	原木当量（m³/m³，m³/t）
原木	1	1
锯材	1.5	1.3
单板	2.5	2.5
胶合板	2.8	2.5
刨花板	1.4	1.5
纤维板	1.8	1.8
木浆	3.8	机械木浆3，化学木浆4，半化学木浆3.3
纸和纸板	3.5	2.8

但是，不能因为木质林产品虚拟水含量主要来源于木材原料，而忽视其他原料的水消耗和加工过程中的水消耗。这方面，我国也是大有潜力可挖的。例如，制浆生产中，我国化学浆用水量达190m³/t（张瑞霞等，2007），实际耗水约为81.62m³/t，现有制浆企业废水排放单位产品基准排水量为80m³/t，新建企业为50m³/t（详见表4-8），与国外相比相差很大。国外利用高得率法制浆，磨木浆（TMP）和纸浆机生产线用水（含生产用水和非生产用水）仅为25m³/t，总废水量也为25m³/t，漂白化学机械磨木浆（BCTMP）生产线用水（含生产用水和非生产用水）仅为14m³/t，总废水量也为14m³/t（张瑞霞等，2007）。

因此，我国应积极改进林产品生产加工技术，提高水资源利用效率，这将有效减低我国木质林产品单位产品虚拟水含量。为了激励企业主动改进林产品生产加工技术，提高水资源利用效率，可以采用类似森林认证或低碳认证的方法，其实更类似能源效率标识，对单位产品虚拟水含量低的木质林产品，将其虚拟水含量做相应标示，为消费者的购买决策提供必要的信息，以引导和帮助消费者选择高效节水产品。当然，虚拟水信息标签制度的范围不可能只限于林产品。其推广也将有助于在实际贸易活动中量化虚拟水，提高人们"完全"节水的意识。

6.2.6　转变传统林产品贸易理念，重视水资源比较优势

传统的比较优势理论，考虑劳动和资本两个生产要素，把产品划分为劳动密集型和资本密集型两类，以"两利相权取其重，两弊相权取其轻"的原则来确定一国进出口的产品类型。传统的林产品贸易遵循的也是这样的比较优势理论，并考虑每个国家自身林业产业条件，制定相应的林产品贸易政策。

现在，"虚拟水"概念的提出，将水资源作为一种新的生产要素纳入传统的比较优势理论中，使产品又有了新的分类标准：水密集型产品和水稀缺型产品。总体而言，木质林产品虚拟水含量高于农作物产品虚拟水含量，因此属于水密集型产品。依据虚拟水贸易理论，我国木质林产品虚拟水贸易应以进口为主。由于各种原因，诸如气候条件、树种、林龄、林相、土壤状况以及原木来源和消耗、林产品生产技术条件和加工方法的差异等，在木质林产品类别里，水密集程度差异很大。研究结果显示，在主要木质林产品中，木浆单位产品虚拟水含量最高，针叶原木最低，相差7倍之多；在人造板中，胶合板单位产品虚拟水含量最高，与最低的刨花板相比，接近其3倍(详见表4-13)。这样就为运用比较优势理论在不同类型林产品间开展虚拟水贸易创造了条件，通过调整产品贸易结构，可以进口水密集程度更高的林产品，出口水密集程度相对低(但并不是水稀缺型产品)，实现缓解水资源短缺的目的。这可以称之为虚拟水产业间贸易。即使是同一类型林产品，虚拟水含量也会存在差异。例如同是原木、锯材，阔叶类原木、锯材比针叶类原木、锯材虚拟水含量高(详见表4-13)。由于我国制造木浆的主要原料是阔叶木，造成我国木浆以及由其加工形成的纸和纸板单位产品虚拟水含量远高于国外产单位产品虚拟水含量(详见4.4的分析)。还有，北方地区树种虚拟水含量普遍低于南方地区树种虚拟水含量，同一树种北方地区虚拟水含量一般也低于南方地区，等等。如果同一类型林产品，各地区林产品水密集程度存在差异，同样也可以根据比较优势理论开展虚拟水贸易，实现利用虚拟水进口缓解水资源短缺的目的。这可以称之为虚拟水产业内贸易。

因此，在我国水资源短缺的情况下，应该转变传统的贸易理念，重视水资源比较优势，基于林产品贸易中蕴含了巨量的虚拟水贸易，利用林产品虚拟水含量各有不同，通过虚拟水贸易方式进口虚拟水，节约、替代国内水资源，以达到缓减我国水资源短缺的目的。

6.2.7   结合虚拟水贸易理论，优化林产品贸易结构

根据虚拟水贸易理论，作为水资源短缺的国家，我国应该出口水稀缺型林产品，进口水密集型林产品，保证虚拟水贸易逆差，从而通过林产品虚拟水贸易，使水资源流入我国。目前我国主要木质林产品虚拟水贸易保持净进口状态，每年在1000亿 m³以上，超过或相当于农作物产品虚拟水贸易年净进口规模，有力缓解了我国水资源短缺。但还有调整和优化的空间：首先，我国主要木质林产品虚拟水进出口贸易量中，以虚拟水进口贸易量为主，但虚拟水进口贸易量占比明显较农作物产品小（详见表5-8和图5-8）。如果降低虚拟水出口贸易量占比，将提高我国主要木质林产品虚拟水净进口量，使更多的虚拟水通过林产品贸易方式流入我国。其次，2000～2010年，我国主要木质林产品虚拟水净进口量经历了一个波动的过程，总趋势是缓慢下降（详见图5-7）。2010年我国主要木质林产品虚拟水贸易净进口量1101.96亿 m³，与2000年的1233.22亿 m³相比略有下降，降幅10.64%。与农作物产品虚拟水净进口量不断攀升形成鲜明对比（详见图5-9）。这对于单位虚拟水含量明显高于农作物产品、虚拟水进出口规模远远大于农作物产品的木质林产品来说，是不应该的。换言之，根据虚拟水贸易理论，我国应调整木质林产品进出口结构，主要是减少木质林产品出口规模，或进一步加大木质林产品进口规模，以保持和增加主要木质林产品虚拟水净进口的规模。

除了调整林产品进出口结构外，依据虚拟水贸易理论，我国林产品出口产品结构也应当适当调整。2010年我国胶合板虚拟水出口达到545.47亿 m³，占主要木质林产品虚拟水出口贸易总量的50.66%，胶合板虚拟水净出口530.02亿 m³，而恰恰胶合板单位虚拟水含量在人造板中最高，达到7227.65m³/m³，表现为出口水密集产品，这与我国水资源短缺需要通过进口水密集型产品获得水资源不符合。纸和纸板也类似，2010年我国纸和纸板虚拟水出口达到414.15亿 m³，占主要木质林产品虚拟水出口贸易总量的38.47%，纸和纸板虚拟水净出口130.19亿 m³，而纸和纸板单位虚拟水含量达8029.24m³/t。从虚拟水贸易角度看，胶合板、纸和纸板大量出口是不合理的，应采取相关措施，减少胶合板、纸和纸板等的出口，至少减缓胶合板、纸和纸板等不论实体产品出口还是虚拟水出口不断增长的趋势（详见图5-2、图5-11）。相对而言，由于刨花板、纤维板远远比胶合板单位产品虚拟水含量低（详见表4-13），应更多以刨花板、纤维板替代胶合板出口。目前纤维板出口已经表现出良好的发展势头（详见图5-2），但还要采取鼓励措施加大纤维板出口。目前刨花板出口量少而且近年来停滞不前（详见图5-2），尤其需要政策的支持。

以上主要从通过林产品贸易实现虚拟水净进口从而缓解我国水资源短缺来分

析的。另一方面，从虚拟水价值角度，林产品包含的虚拟水有其经济价值，虚拟水的经济价值是以本国水资源的经济价值来衡量的。由于我国南北方地区地理条件差异，水资源分布不均，获得水资源的难易程度不同，造成水资源的经济价值也存在地区性差异。因此，在优化林产品贸易结构时，还应考虑虚拟水的经济价值，即综合考虑虚拟水量和虚拟水价值两个方面。在制定林产品国际贸易政策时，可以按照虚拟水优势大小、单位水资源价值来安排林产品贸易发展的顺序和规模，在进出口价格比率、关税、出口保护（出口退税）等方面协调一致，促使虚拟水贸易符合高经济效益、低耗水的双重评价标准。

6.2.8　引入虚拟水资源管理，实现水资源有效配置

水资源属于共有资源，其属性决定了水资源开发使用中发生"公地悲剧"的可能性。水资源管理是水行政主管部门运用法律、行政、经济、技术等手段对水资源的分配、开发、利用、调度和保护进行管理，以求可持续地满足社会经济发展和改善环境对水的需求的各种活动的总称。水资源管理的目的是避免"公地悲剧"的发生。加强水资源管理，在我国水资源严重短缺、水资源分布不均衡的形势下，更具有现实意义。多年来我国水资源管理也取得了很大的成效。2009年，我国万元国内生产总值（当年价格）用水量为178m³，万元工业增加值（当年价）用水量为103m³。与2008年相比，按可比价计算，2009年万元国内生产总值用水量和万元工业增加值用水量分别比2008年减少了7%和8%（中华人民共和国水利部，2010）。然而目前我国的水资源管理还仅仅限于实体水的管理上，局限于本地实体水资源的利用，在问题发生的区域范围内寻求解决问题的方案，而忽略了伴随产品交易流动引起的水资源的隐形转移。Tony Allan教授提出的虚拟水理论，为在更大的范围尺度上解决水资源短缺和分配，提高水资源配置的效率，保障水资源安全，提供了一种新的可能和手段。通过虚拟水贸易，可以使一个水资源短缺的国家或地区，通过进口在生产过程中需要消耗大量水的产品（水密集型的产品），出口生产过程中耗水少的产品（水稀疏型产品），间接地满足区域水资源需求，缓解本国或地区水资源的压力。因此，十分有必要将虚拟水管理纳入到水资源管理中，有效地制定和实施虚拟水战略，在更大的范围尺度上实现水资源有效配置，缓减我国水资源短缺、解决水资源分布不均衡等问题。

为此，政府及其相关部门应树立虚拟水观念，积极鼓励开展虚拟水的研究，创新传统的水资源管理体制，实施虚拟水战略，并在水资源开发利用中，发挥政府的引导作用。要将水资源统一和同一定价，实现水资源全面市场化，与国际水平接轨，确保我国水资源的价格符合国际水平，从而使我国在国际贸易中的虚拟水贸易更加真实和合理化，达到规范我国虚拟水贸易、优化商品虚拟水贸易结

构、有效配置水资源和提高水资源利用效率的目的。要在制定相关产业政策和贸易政策时,确立虚拟水的评价和衡量标准,引导和促进耗水量低且国际价值高的产品生产和出口,限制耗水量高而国际价值又不高的产品生产和出口,要在补贴制度、税费优惠、金融支持、进出口价格比率、关税、出口保护(出口退税)等方面协调一致,促使虚拟水贸易符合高经济效益同时低耗水的要求。

6.3　小　结

本章主要总结了本研究的研究结论和研究成果,并提出了研究建议。

木质林产品作为特殊的水密集型产品,同时存在巨量的国际贸易,但相关领域的虚拟水量化以及虚拟水贸易却鲜有研究。不同于以往农业产品和工业产品虚拟水的单独研究,林产品虚拟水研究横跨了农业产品和工业产品两个领域,涉及植物生态、森林水文、林产品贸易、林产品加工多个学科,远比农产品虚拟水的而研究复杂。本研究首次提出森林虚拟水的概念和森林虚拟水测度理论,首次对森林虚拟水进行了测算,首次采用 Chapagain 和 Hoekstra 提出的"生产树法"对原木(包括针叶原木和阔叶原木)、锯材(包括针叶锯材和阔叶锯材)、木质人造板(包括单板、胶合板、刨花板和纤维板)以及以木材为原料的木浆、纸和纸板等主要木质林产品单位虚拟水含量进行了测算,论证了林产品国际贸易中蕴含了巨大的虚拟水贸易,并从虚拟水贸易角度,分析了林产品虚拟水贸易的规模、结构、变化,明确了林产品虚拟水贸易的地位。但限于资料数据缺乏,本研究对森林虚拟水、进而林产品虚拟水含量的测度只是一个粗略的估计值,存在一定的误差,也并没有对全部林产品进行研究。本研究仅仅提供了木质林产品虚拟水研究的一种新的研究思路或开辟了虚拟水研究的一个新的领域,供后来研究者参考。

结合本研究的研究成果,从虚拟水战略角度,提出了相关建议:①建立森林虚拟水理论体系与规范测度方法体系;②对森林虚拟水进行全方位实测并建立数据库;③加强林产品虚拟水含量测度研究;④树立森林虚拟水理念,调整区域造林树种选择;⑤改进林产品生产加工技术,提高水资源利用效率;⑥转变传统林产品贸易理念,重视水资源比较优势;⑦结合虚拟水贸易理论,优化林产品贸易结构;⑧引入虚拟水资源管理,实现水资源有效配置。虽然水从未作为林产品国际贸易的决定因素,但是在水资源越来越稀缺,需求越来越大的情况下,其将会在林产品贸易中发挥越来越大的作用,林产品虚拟水贸易随着我国林产品贸易的优化调整,也必将在我国水资源配置中发挥越来越大的作用。

参考文献

[1]A. K. Chapagain and A. Y. Hoekstra. The water needed to have the Dutch drink coffee[J]. Value of Water Research Report Series No. 14, IHE, Delft, the Netherlands, 2003.

[2]A. K. Chapagain and A. Y. Hoekstra. Virtual water trade: A quantification of virtual water flows between nations in relation to international trade of livestock and livestock products[C]// A. Y. Hoekstra edited. Virtual Water Trade: Proceedings of the International Expert Meeting on Virtual Water Trade. Value of Water Research Report Series No. 12. Delft, the Netherlands: NESCO-IHE Institute for Water Education. 2003, 2: 49~76.

[3]A. K. Chapagain, A. Y. Hoekstra, and H. H. G. Savenije. Water saving through international trade of agricultural products [J], Hydrology and Earth System Sciences. 2006, 10.

[4]A. K. Chapagain, A. Y. Hoekstra. Saving water through global trade[J]. Value of Water Research Report Series NO. 17, IHE, Delft, 2005: 1~40.

[5]A. K. Chapagain, A. Y. Hoekstra. The Water Needed to Have the Dutch Drink Tea [J]. Value of Water Research Report Series NO. 15, UNESCO-IHE, Delft, the Netherlands, 2003: 1~34.

[6]A. K. Chapagain, A. Y. Hoekstra. Virtual Water Trade: a Quantification of Virtual Water Flows between Nations in Relation to International Trade of Livestock and Livestock products[C]// A. Y. Hoekstra(ed.). Virtual Water Trade: Proceedings of the International Expect meeting on Virtual Water Trade No. 12, IHE Delft 2003: 49~76.

[7]A. Y. Hoekstra, A. K. Chapagain. The water footprints of Morocco and the Netherlands: Global water use as a result of domestic consumption of agricultural commodities[J]. ECOLOGICAL ECONOMICS. 2007, 64.

[8]A. Y. Hoekstra. and P. Q. Hung. Virtual water trade: A quantification of virtual water flows between nations in relation to international crop trade[C]// Hoekstra A Y Virtual water trade: Proceedings of the International Expert Meeting on Virtual Water Trade. Value of Water Research Report Series No. 12, IHE, Delft, the Nether lands, 2003.

[9]A. Y. Hoekstra. Virtual water trade: Proceedings of the international expert meeting on virtual water trade[A]. Value of Water Research Report Series No. 12[C]. the Netherlands: Delft, 2003, 12: 13~23.

[10]Chang M. Forest hydrology: An introduction to water and forest [M]. New York: CRC Press, 2002.

[11]Daniel Zimmer, Daniel Renavlt. Virtual Water in Food Production and Global Trade Review of Methodological Issues and Preliminary Results[C]// A. Y. Hoekstra(ed.). Virtual Water Trade: Proceedings of the International Expert Meeting on Virtual Water Trade. Research Report Series No. 12, IHE Delft, the Netherlands, 2003: 93 ~ 107.

[12]Dennis Wichelns. The role of virtual water in efforts to achieve food securities and other national

goals, with an example from Egypt [J]. Agriculture Water Management 2001(49): 131~151.

[13]Dolman. A multiple-source land surface energy balance model for use in circulation [J]. Agricultural and Forest Meteorology, 1993(65): 21~45.

[14]Food and Agriculture Organization of the United Nations. Classification and definitions of forest products[R]. Rome, 1982: 27~36.

[15]J. A. Allan. Contending environmental knowledge on water in the middle east: global, regional and national contexts[C]// Stott. P, Sullivan. S. Political ecology: science, myth and power. London [M]: Oxford University Press, 2000.

[16]J. A. Allan. Virtual water eliminates water wars? A case study from the Middle East. [A] Proceedings of the International Expert Meeting on Virtual Water Trade-Value of Water Research Report Series No12[C]. The Netherlands: IHE, 2003: 137~145.

[17]J. A. Allan. Virtual water: A long term solution for water short Middle Eastern economies? Paper Presented at the 1997 British Association Festival of Science, University of Leeds, 9 September 1997.

[18]J. A. Allan. Virtual Water-the Water, Food and Trade Nexus Useful Concept or Misleading Metaphor [J]. Water International, 2003, 28(1): 106~113.

[19]Oki T. , Sato M. , Kawamusa A. et al, Virtual Trade to Japan and In the World[C]//Hoekstra A. Y. , Virtual water trade: Proceedings of the International Expert Meeting on Virtual Water Trade, Value of Water Research Report Series No. 12, IHE, Delft, the Netherlands, 2003.

[20]P. R. Vanoel, M. M. Mekonnen, A. Y. Hoekstra. The external water footprint of the Netherlands: Quantification and impact assessment [J], Value of Water Research Report Series No. 33. The Netherlands: IHE. 2008.

[21]R. G. Allen, L. S. Pereira, D. Raes, M. Smith. Cropevapotranspiration-guidelines for Computing Crop Water Requirements[R]. FAO irrigation and drainage paper 56, 1998.

[22]Renault D. Value of virtual water in food: Principles and virtues [C], Virtual Water Trade: Proceedings of the International Expert Meeting on Virtual Water Trade, Value of Water Research Report Series No. 12, IHE, Delft, The Netherlands, 2003: 77~91.

[23]Renault D. Value of Virtual Water in Food: Principles and Virtues [C]// A. Y. Hoekstra (ed.). Virtual Water Trade: Proceedings of the International Expert Meeting on Virtual Water Trade No. 12, IHE Delft, 2003: 77~91.

[24]Saila Parveen, I. M. Faisal. Trading virtual water between India and Bangladesh A Politico-economic Dilemma[EB/OL]. [2003]. http: //www. siwi. org/waterweek2003/workshop_ 7. html.

[25]Schulte Bisping, H; Beese, F. ; Priesack, E. ; Dieffenbach-Fries, H. Water balance dynamics of a mature beech and pine stand in the northeastern German lowlands (Brandenburg) [J]. ALLGEMEINE FORST UND JAGDZEITUNG, 2005, 176 (8): 143~152.

[26]Smith M, R. G. Allen, J. L. Monteith. Report on the Expert Consultation on Revision of FAO Methodologies for Crop Water Requirements [R] . Rome: FAO Plant Production and

Protection, 1991.

[27]Stephen Merrett. Virtual Water and the Kyoto Consensus a Water Forum Contribution[J]. Water International, 2003, 28(4): 540~542.

[28]Taikan Oki, Shinjiro Kance. Virtual water trade to Japan in the world proceedings of the international expert meeting on virtual water trade [J]. Value of Water Research Report Series NO. 12, Delft, the Netherlands, 2003: 221~235.

[29]Tony Allan J. A.. Virtual Water the Water, Food and Trade Nexus Useful Concept or Misleading Metapha [J]. IWRA, Water International, 2003, 28(1): 106~113.

[30]Tony Allan. Hydro-peace in the Middle East: Why water wars? A case study of Jordan River Basin[J]. SAIS Journal, 2002, 22(2): 255~272.

[31]Tony Allan. Virtual Water: the Water, Food and Trade Nexus Useful Concept or Misleading Metaphor[C]. IWRA, Water International, 2003, 28(1): 106~113.

[32]Turton A R. Moodley S. Goldblatt, M. & Meissner R. An Analysis of the role of virtual water in southern Africa in meeting water scarity: an applied research and capacity building project [M]. Group for Environmental monitoring(GEM) and IUCN(NETCAB) Johannesburg, 2000.

[33]World Water Week in Stockholm. [EB/OL][2006－08]. http//www. World-waterweek. org.

[34]Zimmer D. and Renault D. Virtual water in food Production and global trade: Review of Method logical issues and Preliminary results[C]// A. Y. Hoekstra, Virtual water trade: Proceedings of the International Expert Meeting on Virtual Water Trade[C], Value of Water Research Report Series No. 12, IHE, Delft, the Netherlands, 2003.

[35]GB 15581－95. 烧碱、聚氮乙烯工业水污染物排放标准[S]. 中华人民共和国国家标准, 1995.

[36]GB 15581－95. 烧碱、聚氯乙烯工业水污染物排放标准[S]. 中华人民共和国国家标准, 1995.

[37]GB 20426－2006. 煤炭工业污染物排放标准[S]. 中华人民共和国国家标准, 2006.

[38]GB 25461－2010. 淀粉工业水污染物排放标准[S]. 中华人民共和国国家标准, 2010.

[39]GB 3544－2008. 制浆造纸工业水污染物排放标准[S]. 中华人民共和国国家标准, 2008.

[40]GB 8978－1996 污水综合排放标准[S]. 中华人民共和国国家标准, 1996.

[41]曹恭祥. 宁夏六盘山华北落叶松人工林与华山松天然次生林蒸散特征对比研究[D]. 内蒙古呼和浩特: 内蒙古农业大学生态学系, 2010.

[42]车成森译. 林产品及其分类[J]. 森林采运科学, 1993(2): 59~61.

[43]陈军锋, 李秀彬. 森林植被变化对流域水文影响的争论[J]. 自然资源学报, 2001, 16(5): 474~480.

[44]陈勇. 基于木材安全的中国林产品对外依存度研究[D]. 北京: 中国林业科学研究院, 2008.

[45]程宝栋, 宋维明, 田明华. 2004年我国主要木材产品进口分析[J]. 北京林业大学学报(社会科学版), 2006, 5(1): 51~54.

［46］程根伟，钟祥浩等. 森林水文研究中的悖论及最新认识［J］. 大自然探索，1996，15（2）：
　　　81~85.

［47］程国栋. 虚拟水—中国水资源安全战略的新思路［J］. 中国科学院院刊，2003（4）：260~265.

［48］崔向慧，李海静等. 江西大岗山常绿阔叶林生态系统水量平衡的研究［J］. 林业科学，
　　　2006（2）：34~37

［49］崔亚楠. 虚拟水理论与北京地区用水结构［J］. 分析与研究，2005（4）：33~35.

［50］邓东周，范志平. 林木蒸腾作用测定和估算方法［J］. 生态学杂志，2008，27（6）：1051~1058.

［51］邓世宗. 广西不同生态地理区域杉木林水量平衡的研究［J］. 林业科学，1995（1）：8~16.

［52］邓晓军，谢世友，杨诗源. 水足迹分析法在山东省的应用研究［J］. 农业现代化研究，
　　　2007，28（2）：232~234.

［53］狄乾斌，韩增林，刘桂春. 基于虚拟水消费的水足迹计算——以大连市为例［J］. 云南地
　　　理环境研究，2006，18（5）：28~30.

［54］丁凤梅，鲁法典，侯占勇等. 杨树速生丰产林经济成熟与经济效益分析［J］. 山东农业大
　　　学学报（自然科学版），2008（2）：233~238.

［55］董晓红. 祁连山排露沟小流域森林植被水文影响的模拟研究［J］. 北京：中国林业科学研
　　　究院，2007.

［56］范世香，蒋德明，阿拉木萨等. 论森林在水源涵养中的作用［J］. 辽宁林业科技，2001
　　　（5）：222~251.

［57］方为华. 基于虚拟水概念的若干问题探讨［J］. 广西水利水电，2005（2）：2~5.

［58］方文松，邓天宏，刘荣花，王友贺. 河南省不同土壤类型墒情变化规律［J］. 气象科技，
　　　2005（2）：182~184.

［59］福建省经济贸易委员会. 福建省制浆造纸行业工艺流程规范导引（试行）［J］. 福建纸业信
　　　息，2008（3）：2~5.

［60］高爱芳. 中国林产品出口影响因素研究［D］. 江苏南京：南京林业大学，2010.

［61］高洪亮. 落叶松人工林主伐年龄的研究［D］，黑龙江哈尔滨：东北林业大学，2009.

［62］高人. 辽宁东部山区几种主要森林植被类型水量平衡研究［J］. 水土保持通报，2002（2）：
　　　6~8.

［63］葛双兰，牛云. 祁连山青海云杉林水量平衡的研究［J］. 防护林科技，2004（6）：29~31.

［64］耿运生，乔裕民. 森林植被对降水径流的影响［J］. 南水北调与水利科技，2003，1（5）：
　　　15~16.

［65］顾宇书. 水源涵养林耗水、水文过程及其结构［J］. 水土保持应用技术，2010（4）：6~7.

［66］关博. 基于虚拟水理论的三江平原农畜产品需水量研究［D］. 黑龙江哈尔滨：东北农业大
　　　学，2009.

［67］郭斌，任志远. 陕西省2003年水资源足迹测评与分析［J］. 干旱地区农业研究，2006，24
　　　（6）：178~182

［68］郭乔羽翻译，许新宜校核. 有关虚拟水的声音［J］. 中国水情分析研究报告. 2003（12）.

［69］郭青俊. 中国人造板产业发展分析及对策研究［D］. 北京：北京林业大学，2011.

[70] 国家发展和改革委员会，水利部，建设部．节水型社会建设"十一五"规划[EB/OL]．[2006－12]．http：//www.cqszy.com/view.asp? id＝841.

[71] 国家发展和改革委员会．造纸产业发展政策(2007－71)．国家发展和改革委员会，2007－10－15.

[72] 国家经贸委．造纸工业"十五"规划．国经贸行业(2001)855，2001－8－20.

[73] 国家经贸委．造纸工业"十五"规划．国经贸行业[2001]855，2001－8－20.

[74] 国家林业局.2009年我国人造板产量[J]．林产工业，2010(5)：12.

[75] 国家林业局.2011中国林业发展报告[M]．中国林业出版社，2011.

[76] 国家林业局．林业发展"十一五"和中长期规划[R]．国家林业局，2006.

[77] 国家林业局．中国林业统计指标解释[M]．中国林业出版社，2000.

[78] 国家林业局．中国森林资源报告——第七次全国森林资源清查[M]．中国林业出版社，2009.

[79] 国家林业局森林资源管理司．第七次全国森林资源清查及森林资源状况[J]．林业资源管理，2010(1)：1~7.

[80] 国务院．国务院关于印发节能减排综合性工作方案的通知[R]．国发[2007]15号，2007.

[81] 海关统计资讯网．我国锯材制造业原料利用率亟待提高[EB/OL]．[2011－08－26]．http：//www.sme.gov.cn/web/assembly/action/browsePage.do? channelID＝1201615897776&contentID＝1314257439339.

[82] 韩永刚，杨玉盛．森林水文效应的研究进展[J]．亚热带水土保持，2007(2)：20~24.

[83] 何斌，黎跃，王凌晖．八角林分水源涵养功能的研究[J]．南京林业大学学报(自然科学版)，2003，27(6)：32~33.

[84] 何固心．美国森林植被对河川径流量影响的研究[J]．地理译报，1986(1)：35~40.

[85] 何志斌，赵文智，方静．黑河中游地区植被生态需水量估算[J]．生态学报，2005(4)：705~710.

[86] 和海云，邓宝忠，赵清峰等．落叶松人工林材种出材率表的编制[J]．林业科技，1990(69)：12~15.

[87] 胡广斌，肖小兵．我国刨花板生产现状[J]．中国人造板，2009(11)：10~13.

[88] 胡广录，赵文智．干旱半干旱区植被生态需水量计算方法评述[J]．生态学报，2008(12)：6282~6291.

[89] 胡习邦．重庆市虚拟水与水资源战略初探[D]．重庆：重庆大学，2007.

[90] 黄晓丽．杨木挤压法漂白化机浆制浆过程研究[D]．黑龙江哈尔滨：东北林业大学，2010.

[91] 黄晓荣，裴源生，梁川．宁夏虚拟水贸易计算的投入产出方法[J]．水科学进展，2005，16(4)：564~568.

[92] 纪尚安．我国农产品虚拟水贸易研究[D]．山东青岛：青岛大学，2008.

[93] 姜文来，唐曲，雷波等．水资源管理学导论[M]．北京：化学工业出版社，2005.

[94] 蒋其昌．造纸工业环境保护概论[M]．北京：中国轻工业出版社，1996.

[95]焦文献，徐中民，尚海洋，程怀文．基于 ImPACT 等式的人类活动环境影响分析——以甘肃省虚拟水消费为例[J]．冰川冻土，2006，28(5)：748~753.

[96]金栋梁．森林对水文要素的影响[J]．人民长江，1989(1)：28~35.

[97]康磊．基于冠层结构之森林土壤蒸发数学模型的研究[D]．北京：中国林业科学研究院，2009.

[98]柯兵，柳文华，段光明等．虚拟水在解决农业生产与粮食安全问题中的作用研究[J]．环境科学，2004，25(2)：32~33.

[99]孔维健，周本智，徐升华等．水源涵养林水文生态效应研究[J]．现代农业科技，2009(6)：235~236.

[100]邝仕均．2008 年世界造纸工业概况[J]．造纸信息．2009(11)，13~15.

[101]李宏，孙清江，郑朝晖等．俄罗斯杨胶合板材丰产林优化栽培模式的研究[D]．新疆乌鲁木齐：新疆农业科学，2001(4)：193~195.

[102]李磊，吴晓华．黑龙江省农产品虚拟水状况分析及对策研究[J]．科学·经济·社会，2008，26(4)：41~46

[103]李良．塞罕坝地区华北落叶松人工林水分特征的研究[D]．内蒙古呼和浩特：内蒙古农业大学水土保持与荒漠化防治系，2010.

[104]李梦，李长胜，张怡春等．长白落叶松人工林林分材种出材率的研究[D]．黑龙江哈尔滨：东北林业大学学报，1994(4)：33~39.

[105]李瑞林．胶合板产业何去何从？[N]．中国绿色时报，2011 – 5 – 26(B03).

[106]李世荣，周心澄，李福源等．青海云杉和华北落叶松混交林林地蒸散和水量平衡研究[J]．水土保持学报，2006，20(4)：118~121.

[107]李素娟，钱国玲，李珊珊．山东省农产品虚拟水结构的构建问题研究[J]．全国商情(经济理论研究)，2009(6)：79~80.

[108]李素娟．虚拟水与山东省农业产业结构优化[D]．山东济南：山东大学，2007.

[109]李铁民，杜向宽，杨静．华北落叶松次生林材种出材量[J]．山西林业科技，1995(4)：13~16.

[110]李新文，陈强强．国内外虚拟水研究的发展动向评述[J]．开发研究，2005(2)：110~114.

[111]李玉刚，刘焕彬，过盘兴，陶劲松，尹勇军．造纸企业节能降耗措施及案例分析[J]．造纸科学与技术，2007(6)：118~122.

[112]林洪孝．水资源管理理论与实践[M]．北京：中国水利水电出版社，2003.

[113]林乔元．中国造纸工业碱回收生产及废水排放状况[J]．造纸信息，2006(7)：18~19.

[114]林文耀．我国造纸工业碱法制浆工艺技术现状和发展前景[J]．造纸信息，2009(5)：31~36.

[115]林文耀．我国造纸工业制浆碱回收概况[EB/OL]．[2008 – 4 – 4]．http://www.chinapaper.net/club/model/luntan/view.asp? article_ id = 2328772.

[116]刘宝勤，封志明，姚治君．虚拟水研究的理论、方法及主要进展[J]．资源科学，2006，28(1)：120~122.

[117]刘波．虚拟水战略背景下我国农产品贸易发展对策[J]．企业经济，2009(4)：155~157.

[118]刘昌明，钟骏襄．黄土高原森林对年径流影响的初步分析[J]．地理学报，1978，33
　　（2）：112~126.

[119]刘红梅，王克强，刘静．国际农业虚拟水贸易国别研究[J]．农业经济问题，2007(9)：
　　96~100.

[120]刘七军，曲玮．虚拟水基础理论研究及展望[J]．水资源与水工程学报，2009(6)：120~123.

[121]刘世荣，常建国，孙鹏森．森林水文学：全球变化背景下的森林与水的关系[J]．植物
　　生态学报，2007，31(5)753~756.

[122]刘世荣，温远光．中国森林生态系统水文生态功能规律[M]．北京：中国林业出版
　　社，1996.

[123]刘文国．杨树人工林蒸腾耗水特性及其与环境因子关系的研究[D]，河北保定：河北农
　　业大学森林培育学系，2007.

[124]刘妍，郑丕谔．虚拟水贸易的机会成本[J]．天津大学学报(社会科学版)，2008(3)：
　　235~237.

[125]刘永杰，刘文耀，陈林．哀牢山两类山地森林林冠及林下腐殖质微生物群落比较[J]．
　　应用生态学报，2010，21(9)：2257~2266.

[126]刘园园．世界木材市场的国际竞争与中国木材贸易[D]．浙江杭州：浙江大学，2006：
　　28~35.

[127]刘哲，李秉龙．基于虚拟水视角的东北粮食作物发展战略分析[J]．技术经济，2009，
　　28(12)：66~70.

[128]刘致远．不同外界条件对土壤入渗性能影响研究[J]．山西林业，2008，21(5)：23~246.

[129]龙爱华，徐中民，张志强．西北四省(区)2000年的水资源足迹[J]．冰川冻土，2003，2
　　(6)：692~699.

[130]龙爱华，徐中民，张志强．虚拟水理论方法与西北4省(区)虚拟水实证研究[J]．地球
　　科学进展，2004，19(4)：577~584.

[131]卢晓宁，华毓坤．杨木单板出材率调查[J]．林业科技开发，2000(4)，24~26.

[132]陆仁书．胶合板制造学(第二版)[M]．北京：中国林业出版社，1993.

[133]陆仁书．刨花板制造学(第二版)[M]．北京：中国林业出版社，1994.

[134]陆仁书．纤维板制造学(第二版)[M]．北京：中国林业出版社，1993.

[135]绿色中国网．中国造纸业如何走出环境困局？[EB/OL]．2008-06-23．http://
　　www.china.com.cn/aboutchina/txt/2008-06/23/content_ 15874514. htm.

[136]马惠兰．区域农产品比较优势理论分析[J]．农业现代化研究，2004，25(4)：246~250.

[137]马静，汪党献，A. Y. Hoekstra，夏海霞．虚拟水贸易在我国粮食安全问题中的应用[J]．
　　水科学进展，2006，17(1)：102~107.

[138]马静，汪党献，来海亮．中国区域水足迹的估算[J]．资源科学，2005，27(5)：96~100.

[139]马李一，孙鹏森，马履一．油松、刺槐单木与林分水平耗水量的尺度转化[J]．北京林
　　业大学学报，2001，23(4)：1~5.

[140]马水英．虚拟水区域转移评估与贸易结构优化研究[D]．天津：天津大学，2010.

[141] 马雪华. 岷江上游森林的采伐对河流流量和泥沙悬移质的影响[J]. 自然资源, 1980 (3): 78~87.

[142] 马雪华. 森林水文学[M]. 北京: 中国林业出版社, 1993.

[143] 马雪华. 森林与水质[M]. 北京: 测绘出版社, 1989: 31~35.

[144] 马雪华. 四川米亚罗地区高山冷杉林水文作用的研究[J]. 林业科学, 1987, 23(3): 253~265.

[145] 马义虎, 陈丽华, 余新晓. 晋南人工刺槐林需水量计算及分析[J]. 水土保持研究, 2005(6): 89~91.

[146] 马义虎. 黄土高原刺槐、油松植被生态需水研究[D]. 北京: 林业大学, 2005.

[147] 马忠, 张继良. 张掖市虚拟水投入产出分析[J]. 统计研究, 2008, 25(5): 65~70.

[148] 孟广涛, 郎南军, 方向京等. 滇中华山松人工林的水文特征及水量平衡[J]. 林业科学研究, 2001(5): 13~19.

[149] 孟祥路. 中国火电再创最低煤耗世界纪录[J]. 中国能源报, 2011 - 02 - 28(18).

[150] 米庆元. 制浆造纸企业清洁生产探讨[J]. 西南造纸, 2005(3): 58~59.

[151] 牛树海. 虚拟水分析理论和方法[J]. 华侨大学学报, 2004, 25(3): 331~333.

[152] 欧阳琳. 中密度纤维板生产工艺学[J]. 北京木材工业, 1994(1): 4~25.

[153] 彭净宇, 王碧辉, 王秉泉等. 纤维板生产工艺(第二版)[M]. 北京: 中国林业出版社, 1997.

[154] 秦月. 2005年我国木材进出口情况点评及2006年走势预测[J]. 中国人造板, 2006(6): 37~39.

[155] 秦月. 市场在波动中平衡在震荡中上行——2010年我国木材进出口情况评析[J]. 中国人造板, 2011(4): 32~35.

[156] 邱尧荣, 周蔚, 骆钦锋. 杨树生长量及经济成熟龄研究[J]. 华东森林经理, 2010(4): 15~18.

[157] 仝大朋, 刘培斌, 李会安. 虚拟水战略下的北京市农业产业结构调整. 农业工程学报, 2009, 25(增刊): 11~16.

[158] 任世奇, 罗建中, 彭彦等. 桉树无性系的单板出材率与价值研究[J]. 草业学报, 2010 (6): 46~54.

[159] 山东省质量技术监督局. 制浆造纸综合能耗限额[J]. 中华纸业, 2009(12): 28~29.

[160] 尚海洋, 陈克恭, 徐中民. 甘肃省1992年~2005年城镇不同收入群体的虚拟水消费特征[J]. 资源科学, 2009, 31(3): 406~412.

[161] 沈振西. 宁夏南部柠条、沙棘和华北落叶松的液流与蒸腾耗水特性[D]. 北京: 中国林业科学研究院, 2005.

[162] 苏建平, 康博文. 我国树木蒸腾耗水研究进展[J]. 水土保持研究, 2004(6): 177~179.

[163] 苏筠, 成升魁. 我国森林资源及其产品流动特征分析[J]. 自然资源学报, 2003, 18 (6): 734~741.

[164] 孙才志, 张蕾. 中国农畜产品虚拟水区域分布空间差异[J]. 经济地理, 2009(5): 806~811.

[165]孙顶强，尹润生．全球林产品贸易格局变化及相关问题讨论[J]．林业经济，2006(5)：74~80.

[166]孙阁，张志强，周国逸等．森林流域水文模拟模型的概念、作用及其在中国的应用[J]．北京林业大学学报，2007，29(5)：178~184.

[167]孙克．比较优势理论在虚拟水贸易中的应用——以中美农作物产品贸易为例[J]．开发研究，2007(6)：53~56.

[168]孙铁珩，裴铁璠，张吉娜．森林流域洪涝灾害成因分析与防治对策[J]．中国减灾，1996，6(3)：35~38.

[169]孙学成，林乔元．刍议本色浆的高效率洗涤系统[J]．国际造纸，1999(6)：36~39.

[170]覃德华，李娜，何东进，吴承祯，洪伟．基于虚拟水的福建省 2006 年水足迹评价[J]．福建农林大学学报(自然科学版)，2009，38(4)：400~405.

[171]田明华，程宝栋，蔡琳珊等．我国木质林产品国际贸易的特点分析[J]．中国人造板，2008(10)：1~4.

[172]田砚亭，董世．氚水示踪法研究油松人工林的蒸腾[J]．核农学报，1989，3(3)：168~174.

[173]田颖，朱俊林．湖北省城乡消费结构变化对虚拟水消费的影响[J]．湖北大学学报(自然科学版)，2008，30(3)：313~316.

[174]王安志，裴铁．森林蒸散测算方法研究进展与展望[J]．应用生态学报，2001，12(6)：933~937.

[175]王安志．森林蒸散模型与模拟研究——以长白山阔叶红松林为例[D]．辽宁沈阳：中国科学院沈阳应用生态研究所，2003.

[176]王葆芳，杨晓晖，江泽平等．干旱区杨树用材林土壤特性和林木生长对供水的响应[J]．干旱区资源与环境，2006，20(6)：156~162.

[177]王道龙，罗旭．建设我国节水高效农业的战略对策[J]．人口、资源与环境，2001，11(3)：31~34.

[178]王红瑞，董艳艳，王军红等．北京市农作物虚拟水含量分布[J]．环境科学，2007，27(11)：2432~2437.

[179]王红瑞，王岩，王军红等．北京农业虚拟水结构变化及贸易研究[J]．环境科学，2007，28(12)：2751~2756.

[180]王华田，马履一．利用热扩式边材液流探针(TDP)测定树木整株蒸腾耗水量的研究[J]．植物生态学报，2002，6(6)：661~667.

[181]王礼先，张志强．森林植被变化的水文生态效应研究进展[J]．世界林业研究，1998，11(6)：14~23.

[182]王鹏程，涂炳坤，沈宝仙等．杨树人工用材林栽培模式研究[J]．南京林业大学学报(自然科学版)，2006(6)：73~78.

[183]王瑞辉．北京 15 种园林树木耗水性的比较研究[J]．中南林业科技大学学报，2009，29(4)：16~20.

[184]王新华．消费模式变化对虚拟水消费的影响[J]．中国农村水利水电，2006(2)：32~34.

[185]王新华.中部四省虚拟水贸易的初步研究[J].华南农业大学学报,2004,3(3):33~38.

[186]王学全,卢琦.青海共和盆地虚拟水消费及其在荒漠化防治中的应用[J].林业科学研究,2005,18(4):446~450.

[187]王宗汉,周洪,武铃等.杨树丰产林经济效益和经济成熟的研究[J].山西林业科技,1990(3):12~18.

[188]魏天兴,朱金兆.黄土区人工林地水分供耗特点与林分生产力的研究[J].土壤侵蚀与水土保持学报,1999(4):46~51.

[189]文飞宇.我国林产品对外贸易结构研究[D].江苏南京:南京林业大学,2006.

[190]文洋.虚拟水在我国农作物产品对外贸易中的应用[D].北京:外交学院,2009.

[191]闻靖.松花江干流水源涵养林林地蒸散及水量平衡[D].黑龙江哈尔滨:东北林业大学,2007.

[192]吴葆敦.造纸工艺及设备[M].北京:中国轻工业出版社,2009.

[193]吴福骞.制浆造纸工厂设计基础知识 第六讲技术经济指标[J].纸和造纸,1984(7):46~49.

[194]吴钦孝,韩冰.黄土丘陵区小流域土壤水分入渗特征研究[J].中国水土保持科学,2004,6(2):1~5

[195]吴晓华.黑龙江省虚拟水研究[D].黑龙江哈尔滨:哈尔滨理工大学,2007.

[196]夏丰昌,河南省杨树材种出材率表的研编[J].中南林业调查规划,2006(1):10~12.

[197]项学敏,周笑白,杨桦.草浆造纸制品虚拟水的计算[A].人水和谐理论与实践[C].2006.

[198]项学敏,周笑白,周集体.工业产品虚拟水含量计算方法研究[J].大连理工大学学报,2006(2):179~184.

[199]肖小兵.2008年我国中密度纤维板生产发展状况[J].林产工业,2009(2):3~4.

[200]谢鸿宇,谭韵静,胡安焱等.纸张生态足迹[J].生态学报,2008,28(5):2232~2236.

[201]辛颖,赵雨森.水源涵养林水文生态效应研究进展[J].防护林科技,2004(3):91~94.

[202]徐宏远,郑世错.I-72杨人工林的投入产出及经济成熟龄[J].林业科学研究,1991(5):539~544.

[203]徐振详,苗慧英,高巍.河北省虚拟水战略分析与思考[J].南水北调与水利科技,2008,6(3):54~56.

[204]许健,陈锡康,杨翠红.完全用水系数及增加值用水系数的计算方法[J].水利水电科技进展,2003(2):17~20.

[205]杨阿强,刘闯,赵晋陵,于伯华.中国与东盟农产品贸易虚拟水概算[J].资源科学,2008(7):999~1003.

[206]杨洪军,赵鹏舟,胡英阁.青山杨与小黑杨造林收益的对比[J].防护林科技,2006(5):60.

[207]杨培岭.水资源经济[M].北京:中国水利水电出版社,2003:23.

[208]杨清平,陈双林.试论森林水文效应趋向[J].浙江林业科技,2006,26(5):66~72.

[209]杨文斌，蒋士梅．半干旱区四种针叶林蒸腾作用的研究[J]．生态学杂志，1991，10（3）：18～21．

[210]姚治君，高迎春，苏人琼等．缺水地区农业灌溉用水替代与农业发展——以京津唐地区为例[J]．资源科学，2004，26（2）：54～61．

[211]叶兵．北京延庆小叶杨与刺槐林的蒸腾耗水特性与水量平衡研究[D]．北京：中国林业科学研究院，2007．

[212]尹增伟，李清磊，吴欲龙．落叶松人工林皆伐经济效益分析[J]，黑龙江生态工程职业学院学报，2006，19（5）：19～20．

[213]于长玲，陈海龙，张思宏等．长白落叶松人工林最佳经济成熟龄的确定[J]．林业科技，1999（1）：17～19

[214]于贵瑞．不同冠层类型的陆地植被蒸发散模型研究进展[J]．资源科学，2001（6）：72～83．

[215]于茜．新疆实施虚拟水战略构想[D]．新疆乌鲁木齐：新疆大学，2008．

[216]余鸽，龙凤来，王得祥，许海燕，刘宇峰．气候因子对油松林蒸发散的影响[J]．杨凌职业技术学院学报，2009（4）：7～10．

[217]张德成，殷明放，白冬艳等．测算辽东山区主要林分类型的蒸发散量[J]．西北林学院学报，2007（4）：25～29．

[218]张敦强．虚拟水：缓解我国水资源短缺的新途径[J]．中国水利，2004（5）：24～26．

[219]张建列，李庆夏．国外森林水文研究概述[J]．世界林业研究，1988，（4）：41～47．

[220]张莉莉．人工用材林经济利用优化分析方法的研究[D]．北京：北京林业大学，2010．

[221]张瑞霞，陈夫山，胡惠仁等．国内外制浆造纸废水处理研究进展以及纸浆造纸工业节水技术[J]．上海造纸，2007，38（3）：60～61．

[222]张天曾．从永定河东沟西沟河川特征看森林植被的水文作用[J]．自然资源，1984（4）：90～98．

[223]张文轩．浅谈万吨级制浆造纸厂节能[J]．节能，1995（6）：20～21．

[224]张小由，龚家栋，周茂先等．应用热脉冲技术对胡杨和柽柳树干液流的研究[J]．冰川冻土，2003，25（5）：585～589．

[225]张彦群，王传宽．北方和温带森林生态系统的蒸腾耗水[J]．应用与环境生物学报，2008，14（6）：838～845

[226]张燕．北京地区杨树人工林能量平衡和水量平衡[D]．北京：北京林业大学复合农林学系，2010．

[227]张韵萍，夏忠义，刘雅贤．吉林省西部地区小叶杨人工林成熟龄的研究[J]．防护林科技，2000（2）：8～10．

[228]张志强，程国栋．虚拟水、虚拟水贸易与水资源安全新战略[J]．科技导报，2004（3）：7～10．

[229]赵刚，姜以斌．长白落叶松人工林3种成熟龄的研究[J]．辽宁林业科技，1995（2）：30～34．

[230]赵晋陵，刘闯，石瑞香，王正兴．中国进入WTO以来与欧盟棉花贸易的虚拟水资源总量研究[J]．中国人口·资源与环境，2009，19（6）：115～118．

[231]郑绍伟，黎燕琼，慕长龙．森林水文研究概述[J]．世界林业研究，2009(2)：28~33.

[232]中国造纸．中国造纸工业 2009 年年度报告[EB/OL]．[2011 - 10 - 30]．http：// www.cppmp.com/tongji.asp? News_ Id =31.

[233]中国造纸．中国造纸工业 2010 年年度报告[EB/OL]．[2011 - 10 - 30]．http：// www.cppmp.com/tongji.asp? News_ Id =32.

[234]中国造纸化学品工业协会．中国造纸化学品行业"十二五"发展规划．中华纸业，2011 (17)：8~15.

[235]中国造纸协会，中国造纸学会，中国制浆造纸研究院，中国中轻国际工程有限公司．中 国造纸工业技术与装备六十年的发展和进步系列报道之二 木材纤维的制浆技术[J]．中 华纸业，2009，30(特刊)：171~180.

[236]中国造纸协会，中国造纸学会，中国制浆造纸研究院，中国中轻国际工程有限公司．中 国造纸工业技术与装备六十年的发展和进步系列报道之三 文化用纸抄造技术[J]．中华 纸业，2009，30(特刊)：181~185.

[237]中国造纸协会，中国造纸学会，中国制浆造纸研究院，中国中轻国际工程有限公司．中 国造纸工业技术与装备六十年的发展和进步系列报道之四包装用纸抄造技术[J]．中华 纸业，2009，30(特刊)：186~190.

[238]中华人民共和国海关总署．海关统计年鉴[M]．《中国海关》杂志社，2010.

[239]中华人民共和国林业部．胶合板厂建设标准[S]．中华人民共和国林业部，1992.

[240]中华人民共和国林业部．刨花板厂建设标准[S]．中华人民共和国林业部，1992.

[241]中华人民共和国林业部．森林采伐更新管理办法[R]．中华人民共和国林业部，1987 - 9 - 10.

[242]中华人民共和国林业部．制材厂建设标准[S]．中华人民共和国林业部，1992.

[243]中华人民共和国林业部．中密度纤维板厂建设标准[S]．中华人民共和国林业部，1992.

[244]中华人民共和国水利部．2008 年中国水资源公报[M]．水利水电出版社，2009.

[245]中华人民共和国水利部．2009 年中国水资源公报[M]．水利水电出版社，2010.

[246]中野秀章编．李云森译．森林水文学[M]．北京：中国林业出版社，1983.

[247]钟华平，耿雷华．虚拟水与水安全仁[J]．中国水利，2004(5)：22~23.

[248]周姣，史安娜．区域虚拟水贸易计算方法及实证[J]．中国人口·资源与环境，2008 (4)：184~188.

[249]周泽峰．出口退税对林产品贸易的影响研究[D]．北京：中国林业科学研究院，2007：61.

[250]朱启荣，高敬峰．中国对外贸易虚拟水问题研究——基于投入产出的分析[J]．中国软 科学，2009(5)：40~45.

[251]朱政德．中国森林的地理分布[J]．南京林业大学学报(自然科学版)，2004(1)：1~8.

[252]朱仲元．干旱半干旱地区天然植被蒸散发模型与植被需水量研究[D]．内蒙古农业大学，2005.

[253]邹君，胡娟．中国区域粮食生产与消费中的虚拟水平衡研究[J]．长江流域资源与环境，2010，(19)8：908~913.

[254]邹君,杨玉蓉,黄翅勤,毛德华.中国区域虚拟水战略优势度评价[J].地理科学,2009,29(1):79~81.

[255]邹君,杨玉蓉,毛德华.湖南省虚拟水战略初步研究[J.地域研究与开发,2008,27(3):75~78.